AS LETRAS

VOLUME 1

MÚSICA CULTURA POP ESTILO DE VIDA COMIDA
CRIATIVIDADE & IMPACTO SOCIAL

Paul McCartney
AS LETRAS

1956 ATÉ O PRESENTE

*Introdução e edição textual
de Paul Muldoon*

Tradução: Henrique Guerra

1ª reimpressão/2022

Copyright © 2021 by MPL Communications, Inc.
Todos os direitos reservados
Traduzido e publicado pela Belas Letras no Brasil em acordo com a Liveright Publishing Corporation www.wwnorton.com

Como esta página não pode acomodar de modo legível todas as notas de direitos autorais, as páginas 866 a 869 constituem uma extensão da página de direitos autorais.

Nenhuma parte desta publicação pode ser reproduzida, armazenada ou transmitida para fins comerciais sem a permissão do editor. Você não precisa pedir nenhuma autorização, no entanto, para compartilhar pequenos trechos ou reproduções das páginas nas suas redes sociais, para divulgar a capa, nem para contar para seus amigos como este livro é incrível (e como somos modestos).

Este livro é o resultado de um trabalho feito com muito amor, diversão e gente finice pelas seguintes pessoas:
Gustavo Guertler (*publisher*), Germano Weirich (coordenação editorial), Maristela Deves e Fernanda Fedrizzi (revisão), Celso Orlandin Jr. (adaptação da capa e do projeto gráfico) e Henrique Guerra (tradução).
Obrigado, amigos e amigas.

Traduções citadas:
Tristão da Cunha ("Hamleto", 1933): Epígrafe e p. 413.
Augusto de Campos ("Jaguadarte", 1980): p. 549.

Este livro é composto na fonte Rigby, fonte criada expressamente para este livro pela Triboro Design.

Este livro é impresso em papel que foi colhido de bosques manejados com um olhar para a sustentabilidade e a responsabilidade socioambiental.

2021
Todos os direitos desta edição reservados à
Editora Belas Letras Ltda.
Rua Antônio Corsetti, 221 – Bairro Cinquentenário
CEP 95012-080 – Caxias do Sul – RS
www.belasletras.com.br

Dados Internacionais de Catalogação na Fonte (CIP)
Biblioteca Pública Municipal Dr. Demetrio Niederauer
Caxias do Sul, RS

M123l	McCartney, Paul, 1942-
	   As letras / Paul McCartney, Paul Muldoon; tradutor: Henrique Guerra. - Caxias do Sul, RS: Belas Letras, 2021.
	    2 v.: il.
	
	   ISBN BOX: 978-65-5537-095-9
	   ISBN BOX BL: 978-65-5537-086-7
	   ISBN VOLUME 1: 978-65-5537-096-6
	   ISBN VOLUME 2: 978-65-5537-094-2
	
	   1. McCartney, Paul, 1942-. 2. Beatles (Conjunto musical). 3. Músicos de rock – Inglaterra. 4. Rock (Música). I. Muldoon, Paul. II. Guerra, Henrique. III. Título.

21/62	CDU 784.4(420)

Catalogação elaborada por Vanessa Pinent, CRB-10/1297

Dedicado à minha esposa, Nancy, e à minha mãe e ao meu pai, Mary e Jim

Sê leal a ti mesmo.

—WILLIAM SHAKESPEARE, *HAMLET*, ATO I, CENA 3

Volume 1

Prefácio de Paul McCartney	XII
Nota ao leitor	XXII
Introdução de Paul Muldoon	XXVI

A

All My Loving	2
And I Love Her	10
Another Day	14
Arrow Through Me	20
Average Person	26

B

Back in the U.S.S.R.	34
Band on the Run	38
Birthday	42
Blackbird	46

C

Café on the Left Bank	52
Calico Skies	58
Can't Buy Me Love	62
Carry That Weight	70
Check My Machine	74
Come and Get It	78
Coming Up	82
Confidante	88
Cook of the House	94
Country Dreamer	98

D

A Day in the Life	104
Dear Friend	108
Despite Repeated Warnings	114
Distractions	120
Do It Now	124
Dress Me Up as a Robber	130
Drive My Car	134

E

Eat at Home	140
Ebony and Ivory	146
Eight Days a Week	152
Eleanor Rigby	156
The End	164

F

Fixing a Hole	170
The Fool on the Hill	174
For No One	178
From Me to You	184

G

Get Back	192
Getting Closer	196
Ghosts of the Past Left Behind	202
Girls' School	210
Give Ireland Back to the Irish	216
Golden Earth Girl	222

Golden Slumbers	226
Good Day Sunshine	232
Goodbye	236
Got to Get You Into My Life	242
Great Day	246

H

A Hard Day's Night	252
Helen Wheels	258
Helter Skelter	264
Her Majesty	268
Here, There and Everywhere	272
Here Today	276
Hey Jude	282
Hi, Hi, Hi	292
Honey Pie	298
Hope of Deliverance	302
House of Wax	306

I

I Don't Know	312
I Lost My Little Girl	316
I Saw Her Standing There	324
I Wanna Be Your Man	330
I Want to Hold Your Hand	334
I Will	338
I'll Follow the Sun	342
I'll Get You	346

I'm Carrying	350
I'm Down	354
In Spite of All the Danger	358
I've Got a Feeling	364

J

Jenny Wren	370
Jet	376
Junior's Farm	382
Junk	388

K

The Kiss of Venus	394

Volume 2

L

Lady Madonna	402
Let 'Em In	406
Let It Be	412
Let Me Roll It	420
Live and Let Die	426
London Town	432
The Long and Winding Road	436
Love Me Do	442
Lovely Rita	446

M

Magneto and Titanium Man	452
Martha My Dear	458
Maxwell's Silver Hammer	462
Maybe I'm Amazed	466
Michelle	474
Mother Nature's Son	478
Mrs. Vandebilt	484
Mull of Kintyre	490
My Love	498
My Valentine	504

N

Nineteen Hundred and Eighty Five	512
No More Lonely Nights	516
The Note You Never Wrote	522
Nothing Too Much Just Out of Sight	528

O

Ob-La-Di, Ob-La-Da	536
Oh Woman, Oh Why	540
Old Siam, Sir	548
On My Way to Work	554
Once Upon a Long Ago	558
Only Mama Knows	564
The Other Me	568

P

Paperback Writer	576
Penny Lane	582
Picasso's Last Words (Drink to Me)	588
Pipes of Peace	594
Please Please Me	600
Pretty Boys	604
Pretty Little Head	610
Put It There	616

R

Rocky Raccoon	624

S

San Ferry Anne	630
Say Say Say	634
Sgt. Pepper's Lonely Hearts Club Band	638
She Came in Through the Bathroom Window	644

She Loves You	650
She's a Woman	654
She's Given Up Talking	658
She's Leaving Home	662
Silly Love Songs	666
Simple as That	672
Single Pigeon	676
Somedays	680
Spirits of Ancient Egypt	686

T

Teddy Boy	694
Tell Me Who He Is	700
Temporary Secretary	704
Things We Said Today	712
Ticket to Ride	716
Too Many People	720
Too Much Rain	726
Tug of War	730
Two of Us	736

U

Uncle Albert/Admiral Halsey	742

V

Venus and Mars/Rock Show/ Venus and Mars - Reprise	752

W

Warm and Beautiful	762
Waterfalls	768
We All Stand Together	774
We Can Work It Out	782
We Got Married	786
When I'm Sixty-Four	790
When Winter Comes	794
Why Don't We Do It in the Road?	800
With a Little Help from My Friends	804
Women and Wives	810
The World Tonight	816
The World You're Coming Into	822

Y

Yellow Submarine	830
Yesterday	836
You Never Give Me Your Money	846
You Tell Me	852
Your Mother Should Know	858

Agradecimentos	865
Créditos	866
Índice remissivo	870

Prefácio
de Paul McCartney

EM INCONTÁVEIS OPORTUNIDADES, EU FUI SOLICITADO A ESCREVER uma autobiografia, mas os pedidos nunca vinham em boa hora. Em geral, eu estava cuidando da família ou em turnê, circunstâncias longe de serem ideais para uma tarefa que demanda vastos períodos de concentração. Mas tem uma coisa que eu sempre consegui fazer, em casa ou na estrada: compor canções novas. Algumas pessoas, quando chegam a certa idade, gostam de consultar o diário e relembrar os fatos cotidianos de antigamente. Esse tipo de caderno eu não tenho. Mas tenho as minhas canções - centenas delas -, que na prática servem para a mesma finalidade. E essas canções abrangem a minha vida inteira, porque, desde os quatorze anos, quando adquiri o meu primeiro violão em nossa casinha em Liverpool, o meu instinto natural foi começar a compor canções. Desde então, nunca mais parei.

Existe todo um processo para aprender a compor letra e música das canções, mas para cada pessoa isso funciona de forma diferente. Para mim, o primeiro passo foi copiar outras pessoas, como Buddy Holly e Little Richard. E também Elvis - só mais tarde fui saber que as canções não eram de autoria dele. Em outras palavras, eu sabia de cor e salteado os clássicos desses artistas e fui aprendendo o bê-á-bá do rock'n'roll em suas origens. No começo da adolescência, eu quis me arriscar a escrever as minhas próprias canções. Eu começava com a ideia mais singela e via no que dava.

A letra mais antiga deste livro é da canção "I Lost My Little Girl". Eu a escrevi sob o impacto da morte de minha mãe. Ela estava com apenas 47 anos; eu, quatorze. Já em 1956, quando escrevi a canção, eu me embrenhei numa vereda musical: você pode escutar que a sequência de acordes desce, enquanto a melodia ou o vocal sobem. Estou brincando com coisinhas musicais, coisas muito simples, que já me fascinavam, embora eu nem soubesse direito o que eram. O mais espantoso é que John Lennon, na casa da tia dele, Mimi, fazia algo parecido. Por isso, na primeira vez que nos reunimos para mostrar um ao outro o que já tínhamos escrito, logo percebemos que nós dois éramos fascinados por composição de letra e música, e que, trabalhando em parceria, poderíamos chegar bem mais longe.

Em nossas primeiras tentativas, é possível notar o quanto éramos inexperientes. Não tínhamos uma consciência verdadeira sobre o ato da composição de letra e música. Mas, quando começamos os Beatles, percebemos que de repente já tínhamos um público ávido. No início, então, escrevíamos as canções com esse público em mente: em essência, meninas e moças. As primeiríssimas canções, como "Thank You Girl", "From Me to You" ou "Love Me Do", eram direcionadas a nossas fãs, embora muitas delas fossem inspiradas em nossas histórias pessoais. Sabíamos o potencial que essas canções tinham de se tornar sucessos e poderíamos ter continuado a compor canções assim para sempre. Mas, à medida que fomos amadurecendo, percebemos que era possível enveredarmos por outros caminhos da composição de letra e música, muitas vezes atingindo outro patamar. Em outras palavras, compor canções para nós mesmos.

Claro, era necessário manter o equilíbrio entre as canções que nos interessavam pessoalmente e aquelas dedicadas aos fãs, e isso é algo delicado. Mas, quanto mais arriscávamos do ponto de vista experimental, mais ficava evidente que poderíamos ir a qualquer lugar, ou seja, nos embrenharmos numa direção mais criativa. Poderíamos adentrar num mundo surrealista, onde as histórias não fossem exatamente lineares e onde as canções não precisassem necessariamente fazer sentido. Desde a infância, sou um grande fã de Lewis Carroll. Primeiro eu li as obras dele em casa, depois na escola. Assim, Carroll foi se tornando uma relevante inspiração quando comecei a fazer trocadilhos e jogos de palavras, quando a letra acaba evoluindo para algo mais inesperado, como em "Lady Madonna" ou "Penny Lane". Foi então que nos deparamos com esta incrível revelação: podíamos ser poéticos sem perder o contato com nossos fãs! Até podemos dizer que aconteceu exatamente o contrário. Ou seja, à medida que fomos nos tornando mais experimentais e enveredamos mais para o fluxo de consciência, a nossa base de fãs aumentou.

Com o tempo, passei a encarar cada canção como um novo quebra-cabeça. Ela iluminaria algo importante naquele momento da minha vida, embora os significados nem sempre fossem óbvios na superfície. Fãs ou leitores - ou até mesmo críticos - que realmente queiram aprender mais sobre a minha vida devem ler minhas letras: elas são mais reveladoras do que qualquer livro sobre os Beatles. Contudo, a ideia ficou em suspenso até 2015, quando John Eastman - que além de cunhado é meu amigo e conselheiro - e Bob Weil, meu editor, deram o incentivo inicial para que eu fizesse este livro. É que esse processo de repassar, uma a uma, centenas de letras, algumas delas compostas na minha adolescência, ainda me parecia um tanto desafiador, para não dizer condescendente. Era como se eu não pudesse me dar ao luxo de dedicar tempo a esse projeto. Sempre direcionei todas as minhas energias criativas à música. Só mais tarde comecei a me preocupar com os significados internos, se é que realmente me preocupei. Mas, assim que Paul Muldoon e eu começamos a discutir as origens e influências de todas essas canções, eu me dei conta de que explorar em profundidade as letras de minhas canções seria um processo útil e revelador.

Em primeiro lugar, porque notei que Paul era um bom ouvinte. Não era um biógrafo em busca de fofocas ou segredos, esperando descobrir algo mais sobre uma suposta rivalidade entre mim e John ou Yoko. Também não era um fã extremado que se tornou escritor, buscando transformar cada palavra enunciada numa espécie de texto sagrado. A primeira coisa que me atraiu foi o fato de Muldoon ser poeta. Assim como eu, ele aprecia as palavras e entende a poética das palavras - como a letra de cada canção se converte numa forma de música própria, que se torna ainda mais mágica quando combinada com a melodia.

As nossas conversas transcorreram ao longo de cinco anos, algumas em Londres, mas a maioria em Nova York. Sempre que eu estava na cidade, eu fazia questão de me encontrar com ele. Esse é um período de tempo considerável e, quanto mais conversávamos, mais percebíamos o quanto tínhamos em comum. Para mim foi algo natural me identificar com Paul, não só por ele ser um poeta, mas porque compartilhamos raízes irlandesas, esse elo ancestral que une o passado de nossas famílias. Sem falar que Paul realmente toca rock'n'roll e compõe suas próprias canções.

Nunca imaginei que eu iria querer analisar estas letras, boa parte delas escrita nas décadas de 1960 e 1970. Havia anos que eu não pensava em muitas delas, e fazia décadas que eu não tocava mais ao vivo outras tantas. Mas Paul atuou como minha caixa de ressonância, e o que seria um desafio se tornou algo muito agradável - revisitar as canções e decupá-las para descobrir padrões que eu nem sonhava que existiam.

O ato de compor uma canção é uma experiência única, diferente de tudo que eu conheço. Você tem que estar com o humor certo e começar com a mente limpa. Precisa confiar em seus primeiros sentimentos, porque no início, na verdade, você nem sabe para onde está indo. As conversas com Paul eram assim. Antes de cada reunião, definíamos as canções que seriam analisadas; afora isso, a liberdade era total. O inevitável aconteceu: lembranças há muito adormecidas foram despertadas, e novos significados e padrões subitamente emergiram.

A melhor comparação em que consigo pensar é um antigo álbum de fotos esquecido num sótão empoeirado. Alguém resgata o álbum e, súbito, página após página, as reminiscências vão sendo avivadas. Algumas das fotos antigas parecem nítidas e familiares, mas outras estão um pouco mais nebulosas. Ao me confrontar com as palavras, foi desafiador lembrar como essas canções surgiram: como eu as estruturei; que evento - uma visita ao set de um filme, uma rusga com alguém que eu considerava um amigo - as inspirou; e quais eram meus sentimentos na época.

Levando em conta como a memória funciona, com frequência as canções mais antigas, compostas na juventude, eram as mais fáceis de lembrar. Por exemplo, consigo facilmente evocar uma conversa com a mãe de Jane Asher, uma senhora com quem sempre tive uma grande afinidade, entabulada quando morei na Wimpole Street. Na época eu tinha vinte e poucos anos. Por outro lado, recordações de shows de apenas dez ou quinze anos atrás eram mais difíceis de recuperar. Por isso, as conversas com Paul foram inestimáveis. Um verso antigo conduzia a outro, até eu ser subitamente inundado por uma torrente de lembranças que eu nem sabia que existiam.

É bem parecido com entrar numa floresta. Primeiro, você só enxerga o matagal, mas à medida que vai penetrando mata adentro, começa a admirar coisas que antes talvez não houvesse notado. Você olha para todos os lados, para cima, para baixo, percebendo todos os tipos de detalhes que a princípio não eram aparentes. E, após explorar essas coisas, a sua inclinação é sair da floresta. Esse é um padrão desenvolvido ao longo de muitos anos; a tendência é trilhar sempre o mesmo caminho, mas se você continua a se repetir (e como é fácil fazer isso), talvez um dia acabe reconhecendo que não fez nenhum progresso.

Um marceneiro, genuíno artesão, talvez encare as coisas de modo diferente. Se ele fizer sempre a mesma cadeira, tudo bem para ele, mas que tal se ele abraçasse o desafio de fabricar sempre um modelo novo? Teria que pensar no feitio das pernas, na estrutura do assento e no peso que ele seria capaz de suportar. A mobília fabricada por ele começa a adquirir um certo estilo, mas cada cadeira sempre tem um diferencial. A mesma coisa aconteceu com minhas canções.

BOA PARTE DE MINHAS CANÇÕES É INSPIRADA EM PESSOAS QUE eu conheci em Liverpool ou no entorno da cidade. E os leitores destes comentários talvez se surpreendam com a frequência com que vou mencionar meus pais. Uma coisa é certa: quando comecei este projeto, Jim e Mary McCartney não foram as primeiras pessoas que me vieram à mente. Porém, à medida que comecei a pensar nas canções escritas ao longo de todas as fases da minha carreira, não pude deixar de perceber que, mesmo sem ter consciência disso, eles foram a inspiração original de muita coisa que eu escrevi.

Nesse ponto eu tive muita sorte, porque meus familiares mais próximos de Liverpool eram todos gente simples da classe trabalhadora. A postura deles não era religiosa, mas eram boas pessoas e nos mostraram o bom caminho. Na escola e na igreja, tivemos contato com uma religião mais formal - digamos, a versão de Jesus -, mas o meu próprio senso de bondade, de um certo tipo de espiritualidade, já vinha de berço. As convicções de meus pais tiveram um grande impacto em mim. Por isso, naturalmente, cresci pensando que a coisa certa é ser tolerante, a coisa certa é ser bom. Em casa, nunca ficavam nos dizendo: *não* faça isso, *não* faça aquilo. E na adolescência pensávamos que o mundo inteiro funcionava assim, então, quando amadureci e me tornei capaz de colocar meus próprios sentimentos e ideias nas canções, eu parti desses alicerces.

Eu tinha apenas quatorze anos quando a minha mãe morreu. Como ela faleceu tão precocemente, talvez você possa imaginar que ela não teve uma grande influência nas minhas canções. Porém, quanto mais eu penso no passado, mais percebo o efeito dela sobre minha identidade como compositor. Ao me lembrar dela agora, percebo que hoje, 29 de setembro, é o aniversário dela, então - espiritualmente falando - *com certeza ela está aqui*. A mãe que conferia se tínhamos raspado o prato e limpado a sujeira atrás das orelhas parece que nunca vai embora.

Ao me lembrar de minha mãe, eu penso no sotaque dela. Os sotaques em Liverpool variam muito, de meio suave e gentil a bem forte e agressivo, mas o dela era mais cadenciado. Isso porque ela era de família irlandesa, com influências da Irlanda e do País de Gales. E o jeito de ser dela era como o sotaque: muito dócil - tão dócil que eu nunca a ouvi gritar. Nunca precisou. Meu irmão Mike e eu sabíamos que ela queria o melhor para os filhos.

Ela não sabia tocar um instrumento musical, mas gostava de música. Não me esqueço até hoje. Ela preparava o almoço na cozinha assobiando melodias. Podia ser algo que tinha tocado no rádio ou talvez uma música que ela conhecia. E eu me lembro de pensar: "Ah, como é lindo que ela esteja feliz". Guardo comigo esse sentimento até hoje.

Naquela época, no pós-guerra, nós a víamos saindo de casa e voltando em seu uniforme de enfermeira. Cuidar dos outros era um ofício que ela exercia naturalmente, dentro ou fora de casa. Se algo acontecia conosco, uma doença ou um tombo no quintal, lá estava ela de prontidão. Às vezes, ela resolvia que precisávamos de um clister, mesmo sendo crianças, e isso já era um pouquinho de exagero. Mas, no geral, ela era muito amorosa e de voz mansinha.

Eu gostaria de pensar que sempre demonstrei muita empatia pelas mulheres, mas só me caiu essa ficha quando uma garota me fez parar e perguntou: "Já percebeu quantas de suas canções são sobre mulheres?". Eu nunca tinha parado para pensar nisso. A única resposta que me veio foi: "Sim, bem, é que eu amo e respeito as mulheres". Mas comecei a notar que os meus sentimentos em relação às mulheres talvez viessem todos de minha mãe – do fato de que sempre, em minhas recordações, ela é gentil e feliz. No nível mais básico, e de maneiras inexplicáveis, ela incorporava a humanidade que você consegue captar em minhas canções.

A minha mãe sempre gostou de música, mas quem tinha a musicalidade nas veias era o meu pai. Em outras épocas, suponho que ele próprio teria sido músico, mas trabalhou em Liverpool como vendedor de uma empresa que importava algodão dos EUA, Egito, Índia, América do Sul – o mundo inteiro. Como pianista amador, tocou numa pequena banda chamada Jim Mac's Jazz Band. Estamos na década de 1920, a era das "melindrosas" em Liverpool, então tocar numa banda deve ter sido muito emocionante para um jovem da idade dele. Nessa época eu não estava por perto, claro. Mas quando eu era criança eu o ouvia tocando piano em casa. Basicamente ele se sentava ao piano da família e tocava antigas melodias. Em geral, sucessos americanos, canções como "Chicago" ou "Stairway to Paradise", tocadas por Paul Whiteman e sua orquestra. Uma musiquinha chamada "Stumbling" serviu como uma verdadeira educação para mim, e até hoje sou capaz de cantarolar essa melodia. Mais tarde, fiquei sabendo que era um foxtrote americano de 1922. A síncopa em "Stumbling" me deixou fascinado. Eu me deitava no tapete, a cabeça apoiada nas mãos, só ouvindo o papai tocar. Todos na casa ouviam-no tocar seus clássicos prediletos, mas para mim era um aprendizado escutar todos esses exemplos de ritmo, melodia e harmonia.

Ele fez questão de passar o bastão adiante. Um dia ele posicionou meu irmão e eu na sala e nos mostrou o significado de harmonia. "Se você cantar essa nota ali, e ele cantar essa nota aqui", ensinou ele, "então vai haver uma combinação das duas notas soando simultaneamente, e isso se chama 'harmonia'." Às vezes, ouvíamos uma canção no rádio, e ele indagava: "Estão ouvindo este som grave aí?". Dizíamos: "Sim", e ele respondia: "Bem, esse é o contrabaixo".

Em geral, todo o público de papai consistia em apenas nós quatro, mas, uma vez por ano, tínhamos cantorias e festanças na véspera de Ano-Novo. A família estendida – a criançada da nossa idade, os filhos mais velhos, os pais mais jovens e os pais mais velhos – se reunia, e o resultado era uma visão ampla e saudável da vida de todas essas gerações. Os tapetes eram enrolados, e papai tocava piano. As damas se sentavam em cadeiras ao redor da sala e cantavam, às vezes dançavam, enquanto os homens, que sempre sabiam na ponta da língua as últimas piadas, ficavam em pé, circulando no ambiente e bebericando canecas de cerveja. Era mesmo incrível, e cresci pensando que todos tinham uma família amorosa como a nossa – adorável e sempre acolhedora. Quando me tornei um rapazinho, fiquei chocado ao descobrir que isso não era verdade, que muitas pessoas tiveram infâncias difíceis – e John Lennon era um deles.

Eu não sabia disso quando nos conhecemos, mas John tinha sofrido inúmeras tragédias pessoais. O pai dele sumiu quando ele tinha três anos e só ressurgiu muito mais tarde, quando John era famoso e o encontrou lavando pratos no pub local. Não houve um consenso para que John morasse com a mãe, então a família o enviou para ficar com os tios, Mimi e George. A família achou que essa seria a melhor situação para ele, e talvez tenha sido, quem vai saber realmente? John morou com Mimi e George a maior parte da infância, mas, quando ele tinha uns quatorze anos, George morreu. Eu não conhecia o tio dele, mas eu me lembro de que, anos depois, John desabafou comigo: "Acho que sou um pé-frio da linhagem masculina". Eu o tranquilizei e respondi: "Não, não é culpa sua se o seu pai o abandonou nem que o tio George morreu; não tem nada a ver com você". E assim tentei dar a ele o tipo de apoio que eu recebia em casa.

A influência de meu próprio pai se estendeu muito além da música. Ele me transmitiu um amor pelas palavras que já comecei a demonstrar na escola. Com meu olhar de menino, era difícil *não* perceber o jeito como ele fazia malabarismos com as palavras e o quanto ele apreciava palavras cruzadas. É uma coisa típica de Liverpool dizer coisas bobas, mas ele alçava isso a outro patamar, e eu precisava me esforçar para acompanhar as sutilezas de suas piadas e trocadilhos. Ele nos dizia: "A dor tem *intensão*", e você ficava pensando em uma dor com "intenção", mas ele só estava brincando que a dor era intensa (em pessoa, funcionava melhor!). Ele não era especialmente culto: teve de abandonar a escola porque a família não tinha dinheiro. Começou a trabalhar aos quatorze anos, mas a evasão escolar não sepultou o amor dele pelas palavras. Quando menino, eu não percebia o quanto eu estava absorvendo o amor que o meu pai tinha pelas palavras e expressões, mas isso, acredito, foi o começo de tudo para mim. Os musicistas têm apenas doze notas para trabalhar e, numa canção, é comum usarmos apenas metade delas. Mas com as palavras as opções são ilimitadas, então me dei conta de que eu podia brincar com elas, exatamente como meu pai fazia. Era como se eu pudesse jogá-las ao alto e ver, quando todas elas caíssem, como a linguagem poderia se tornar mágica.

P ARA MIM É FÁCIL RECORDAR DE MEU PAI, MAS EXISTEM TANTAS OUtras pessoas que também ajudaram a moldar o meu modo de compor canções. Ao longo destes comentários, em algumas oportunidades eu cito Alan Durband, o meu professor no Liverpool Institute High School for Boys. Ele fez aumentar o meu amor pela leitura e abriu as coisas para mim de tal forma que, por um tempo, eu passei a viver num mundo de fantasia que brotava dos livros. Primeiro, eu aprendia algo sobre um escritor ou poeta na escola; então passava na livraria para ampliar o conhecimento. Comecei a comprar brochuras - em sua maioria, romances, mas também livros de poesia e peças radiofônicas, como *Sob o bosque de leite* (*Under Milk Wood*), de Dylan Thomas, só para saber do que se tratava e ver como Thomas lidava com as palavras. Também comprei peças teatrais, como *Camino Real*, de Tennessee Williams, e *Salomé*, de Oscar Wilde.

Uma coisa puxa a outra, e comecei a frequentar o teatro em Liverpool. Eu só tinha grana para comprar o ingresso mais barato da casa. Em geral, eu gostava dessas peças teatrais, obras como *Hedda Gabler*, de Henrik Ibsen, mas eu também curtia escutar as conversas no intervalo, ouvir os bate-papos nas escadarias. Eu era o cara que ficava ali parado, só ouvindo discretamente, e valia a pena: eu captava opiniões, críticas, frases de efeito e coisas assim. Tudo que eu absorvia acabava virando matéria-prima de meus próprios escritos.

XVII

Foi mais ou menos nessa época que eu conheci John Lennon, e agora fica bem claro que fomos uma grande influência um para o outro. Os leitores talvez detectem emoções conflitantes em minhas lembranças de John; isso é porque meu relacionamento com ele teve altos e baixos. Às vezes, era repleto de grande amor e admiração, mas outras vezes não, em especial na época em que os Beatles estavam se separando. No começo, porém, o relacionamento era o de um jovem de Liverpool que admirava um cara um ano e meio mais velho.

Difícil *não* admirar a inteligência e a sabedoria de John. Mas quando comecei a enxergá-lo como pessoa e ser humano, houve, é claro, discussões, embora nunca algo violento. Tem até um filme por aí em que o personagem de John dá um soco no meu personagem, mas a verdade é que esse soco nunca existiu. Como acontece em muitas amizades, houve controvérsias e discussões, mas não muitas. Às vezes, porém, com certeza cheguei a pensar que John estava agindo como um completo idiota. Mesmo eu sendo mais jovem, eu tentava lhe explicar por que ele estava sendo estúpido e por que algo que ele tinha feito não combinava nada com o estilo dele. Eu lembro que uma vez ele me disse: "Sabe, Paul, eu me preocupo em como as pessoas vão se lembrar de mim quando eu morrer". Pensamentos como esse me deixavam chocado, e eu respondia: "Peraí um pouquinho. As pessoas vão pensar que você foi ótimo, e você já tem uma obra capaz de demonstrar isso". Muitas vezes eu me sentia um sacerdote para ele e dizia: "Meu filho, você é ótimo. Simplesmente não se preocupe com isso".

Meu apoio aparentemente o fazia se sentir melhor, mas quando estávamos compondo, às vezes eu tinha que ser duro. Eu o alertava quando ele sugeria um verso que eu já tinha ouvido, por exemplo, em *Amor, sublime amor*. Eu era o cara que precisava dizer: "Não, isso já foi feito antes". De vez em quando eu pegava uma canção que ele tinha escrito e sugeria que ele a moldasse de outra maneira. Preciso dar o crédito: ele aceitava os meus conselhos. Assim como eu aceitava os dele quando ele chegava para mim e dizia: "Ei, não podemos colocar isso", e então modificávamos o verso. E esta foi a grande vantagem da nossa colaboração: um respeitava as opiniões do outro, de mil e uma maneiras especiais.

Bem na época em que os Beatles começavam a se fragmentar, Linda Eastman entrou na minha vida - não só como minha esposa, mas também como minha musa. Naquela época, ninguém foi mais influente do que ela em minhas composições musicais. Só o fato de ela me entender, de captar o que eu estava tentando fazer, já era muito reconfortante, então ela aparece com frequência nos comentários. Eu compunha uma canção e tocava para ela. Eu sabia que a opinião dela seria franca, mas sempre em tom de muito incentivo. Ela sempre foi muito prática nesse sentido. O amor dela pela música se entrosava com o meu, e sugeríamos coisas um ao outro com tanta facilidade que, se ela tivesse uma ideia para uma ou duas canções, eu pegava e as executava. E naquele período eu realmente estava precisando de alguém assim, pois os Beatles tinham acabado de se separar.

E também sob outros prismas Linda se revelou especialmente prestativa, e espero que os leitores de *As Letras* percebam isso. Quando os Beatles começaram, apreciávamos coisas como recortes de jornais. Depois que o sucesso da banda começou a ficar insano, o meu pai continuou a recortar artigos dos jornais. Ele tinha um orgulho enorme de nosso trabalho. Mas foi Linda quem me ajudou a perceber a importância de guardar as coisas. Até então, sempre encarávamos as folhas com as letras escritas como itens efêmeros. Tomávamos nota daquilo só para conseguir compor e gravar a canção. Naquela época, o nosso foco parecia se concentrar todo na música, algo que você não enxerga fisicamente. Depois descartávamos as folhas com as letras, e é engraçado pensar em tudo que acabou nas lixeiras do Abbey Road Studios. Mas Linda tinha experiência como fotógrafa. Produzir belas imagens impressas era sua arte e habilidade, e ela estava imersa num mundo de artefatos físicos. Começou a pegar as letras manuscritas que deixávamos no estúdio e a guardá-las num álbum de recortes para mim. Ela via esse material como memórias e partes da minha história.

Disseram-me que hoje o arquivo conta com mais de um milhão de itens, o que serve para mostrar quantos objetos podem entrar e sair de uma vida. De vez em quando, eu me sento com esses itens - coisas que não vejo há muito tempo, como meus antigos livros escolares ou meu traje original do *Sgt. Pepper*. Para mim, é uma jornada pelas alamedas da memória, mas, no processo de criar este livro, eu fiz questão de que ilustrássemos os comentários com objetos e fotos do meu passado. Assim, os leitores podem se sentir imersos no período em que as canções foram escritas. Tudo no sentido de dar uma ideia do que estava acontecendo então.

As ilustrações do livro - algumas bastante diretas, outras bastante ousadas - vão impactar os leitores de maneiras imprevisíveis. Ao analisar as letras, alguém pode pensar que uma canção em particular veio de minha mãe ou de meu pai, ou foi inspirada pelo Maharishi, ou brotou de meu encontro com a rainha, uma pessoa que admiro muito. Mas a composição de letra e música, assim como o modo como as pessoas encaram as canções, com frequência emerge de pura serendipidade, mero acaso. Quem diria que o título surpreendente de "A Hard Day's Night" veio de um malapropismo que uma vez Ringo deixou escapar? Ou que "Lovely Rita" se inspirou numa multa que eu levei de uma guarda de trânsito, próximo à embaixada chinesa, na Portland Place? Ou que "Calico Skies" surgiu durante um blecaute em Long Island causado pelo furacão Bob? Ou que a inspiração para "Do It Now" foi meu pai ordenando que meu irmão e eu juntássemos esterco de cavalo em nosso bairro em Liverpool?

A VIDA ME ENSINOU QUE NÓS, COMO SOCIEDADE, ADORAMOS celebridades. E há sessenta anos enfrento o fato de ter me tornado uma celebridade, algo que eu nunca poderia ter imaginado quando eu estava começando em Liverpool. Mesmo agora, na idade em que estou, jornalistas e fotógrafos ainda querem divulgar uma história ou expor uma sujeira, como se, de repente, eu tivesse algum desentendimento com Ringo, meu colega Beatle, ou uma briga com Yoko, uma senhora octogenária. Não é difícil entender por que certas celebridades se tornam reclusas, como Greta Garbo ou o meu amigo Bob Dylan. Também tenho empatia por cantores que foram esmagados pela fama - uma lista bem extensa.

Por um lado, bem que eu gostaria de poder levar a minha esposa, Nancy, para jantar fora sem ser interrompido meia dúzia de vezes ou ser fotografado insistentemente enquanto mastigo o espaguete. Por outro, sou grato porque tive pais que acreditaram em mim e em meu irmão, nos amaram e nos deram a estrutura que me capacitou a lidar com todos os momentos difíceis que surgiram no meu caminho. Revisitar mais de 150 das minhas canções ao longo desses cinco anos me ajudou a colocar muitas coisas em perspectiva, em especial, o papel que Jim e Mary McCartney desempenharam em me ensinar que as pessoas são essencialmente boas - lições sólidas que absorvi e transmiti aos meus filhos. Existem alguns vilões, é claro, mas a maioria das pessoas tem um bom coração.

Ainda visualizo nós três, meu pai, meu irmão e eu, na fila de um ponto de ônibus em Liverpool. Quando passava uma dama, ele tirava seu chapéu *trilby*, que na época os homens usavam como se fosse um uniforme. E fazia questão de que imitássemos a saudação erguendo nossos bonés escolares. "Bom dia", dizíamos. Esse gesto tão doce e à moda antiga ficou impregnado em mim ao longo de todos esses anos. E também me lembro de papai sempre falando conosco sobre tolerância. "Tolerância" e "moderação" eram duas de suas palavras favoritas.

É um mistério como tudo isso aconteceu. As pessoas me fazem parar na rua e podem ficar muito emotivas. Declaram: "A sua música mudou minha vida", e eu entendo o que elas querem dizer - que os Beatles trouxeram algo muito importante para suas vidas. Mas ainda é um mistério, e não me importo de ser um mistério. Sobre esse mistério que tudo permeia, tem um incidente do qual nunca esqueço. Os Beatles estavam indo para o norte a bordo de uma van - só o nosso roadie além de nós quatro. Um frio de rachar em meio a uma grande nevasca, não enxergávamos um palmo à nossa frente, e era preciso mesmo enxergar, já que estávamos naquela van. Basicamente, o melhor que podíamos fazer era seguir as lanternas traseiras do carro à nossa frente. A tempestade de neve estava tão forte que não dava para ver a estrada. A certa altura, a nossa van derrapou e caiu numa valeta ao lado do barranco. Olhamos a estrada, assustados, mas sem ferimentos, e pensamos: "Como diabos vamos chegar lá?". Era um mistério. Mas um de nós - não me lembro quem - falou: "Vai acontecer alguma coisa".

Pode ser que alguém ache essa perspectiva - "vai acontecer alguma coisa" - simples ou banal, mas eu acho uma ótima filosofia. Um dia desses, contei essa história a um de meus amigos, um figurão no mundo dos negócios, e ele ficou tão impressionado com o meu relato que balbuciou: "Vai acontecer alguma coisa". A ideia é que não importa o quão desesperado você esteja, não importa o quão ruim tudo pareça, alguma coisa há de acontecer. Acho essa ideia útil e creio que vale a pena se apegar a essa filosofia.

Paul McCartney
Sussex, Inglaterra
Outono de 2020

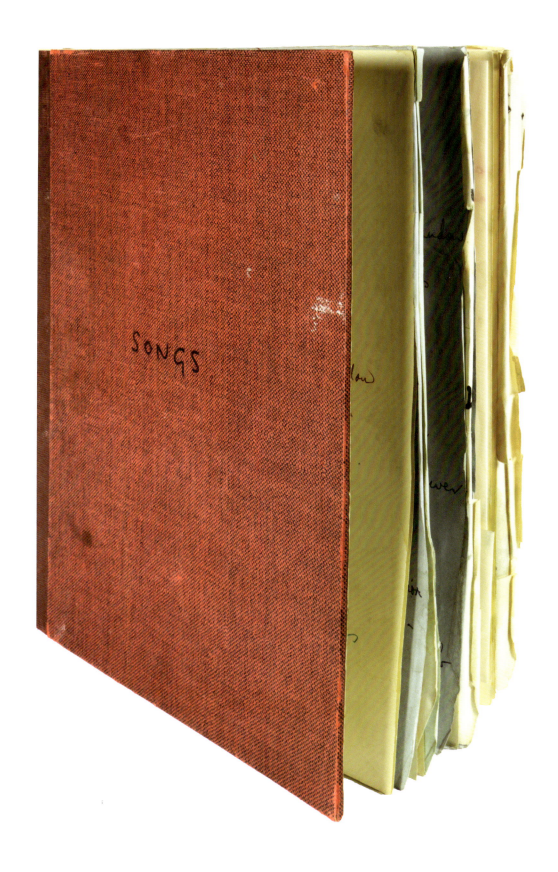

Nota
ao Leitor

AS CONVERSAS ENTRE PAUL MCCARTNEY E PAUL MULDOON, QUE formam a base dos comentários de *As Letras*, começaram na tarde da quarta-feira, 5 de agosto de 2015, em Nova York. Entre agosto de 2015 e a última sessão, na quarta-feira, 19 de agosto de 2020, os dois conversaram durante cerca de cinquenta horas, em vinte e quatro sessões. As últimas sessões foram realizadas por videoconferência, depois que boa parte do mundo entrou em *lockdown* em decorrência da pandemia da covid-19.

A equipe de produção de Paul McCartney na MPL ajudou a lançar o projeto do livro em 2015 com uma série de pesquisas iniciais, mas foi só em 2019, ao longo do verão no Hemisfério Norte, que começamos a trabalhar formalmente na obra. As tarefas eram inúmeras, como ajudar Paul Muldoon numa pesquisa detalhada e na transcrição das conversas com os comentários sobre as 154 canções aqui incluídas. Vários membros da equipe também fizeram um mergulho profundo nos arquivos da MPL a fim de encontrar imagens e objetos para ilustrar os comentários.

Um dos desafios primordiais foi padronizar as letras. Quando estavam disponíveis, começamos com as letras impressas nos encartes dos álbuns. Porém, como a formatação às vezes pode ser diferente entre os lançamentos, aplicamos algumas regras gerais: usar maiúsculas nos títulos de canções, manter um mínimo de versos repetidos, usar uma pontuação discreta e adotar como padrão a grafia britânica. Nos casos em que as versões impressas estavam indisponíveis, vasculhamos os arquivos da MPL, mas, em muitas ocasiões, encontramos rascunhos, não os textos finais. Assim, o box *As Letras* apresenta, pela primeira vez, o que acreditamos serem as letras definitivas dessas 154 canções.

Como o leitor bem pode imaginar, entre o final de 1956, quando Paul terminou de compor a sua primeira canção, e os dias atuais, muitos dados e nomes mudaram. Por exemplo, quando os Beatles iniciaram sua carreira na indústria fonográfica com George Martin em 1962, as sessões de gravação não aconteceram no Studio 2 do Abbey Road Studios, mas no então chamado Studio 2 do EMI Recording Studios. No intuito de manter a consistência da obra, Paul nos pediu para listar todas essas sessões como Abbey Road Studios. Abordagem semelhante foi adotada para outros estúdios, como o AIR e o Columbia. Padronizamos a localização do AIR Studios em Londres, já que ele mudou de endereço no começo dos anos 1990. Por sua vez, o CBS Studios é algumas vezes chamado de Columbia, mas nesse caso seguimos as fitas máster. Listamos os estúdios onde ocorreram a maior parte das gravações de cada canção, em vez de incluir detalhes de todas as sessões de overdubs.

Também criamos metadados padronizados. Para cada canção, a sua primeira presença em álbum e o lançamento em formato de single no Reino Unido e nos Estados Unidos foram incluídos. Esses dados são listados cronologicamente. Restringimos as informações sobre as canções a esses dois países. Fazer uma lista completa com os diversos lançamentos mundo afora nos pareceu um esforço inútil. Isso exigiria um terceiro volume e não parecia adequado a um livro cujo foco é a poética de Paul McCartney.

As fotografias e recordações que ilustram os comentários de Paul foram obtidas, em sua esmagadora maioria, nos arquivos da MPL. Como ele salienta em seu prefácio, esse arquivo contém mais de um milhão de itens, todos digitalizados e com palavras-chave. Quando iniciamos as pesquisas para o projeto, Paul pediu que incluíssemos os itens mais interessantes e dinâmicos que pudéssemos encontrar para contextualizar e dar vida ao período em que a canção foi escrita. Nas poucas ocasiões em que não tínhamos os itens adequados, licenciamos imagens de terceiros, a quem agradecemos (os créditos são encontrados no final do livro). Uma das vantagens consideráveis de escarafunchar tão profundamente os arquivos da MPL é que cerca de metade dos itens que estamos publicando nunca foram vistos antes pelo público. A pesquisa revelou até uma canção inédita dos Beatles: "Tell Me Who He Is".

As Letras, assim, é uma colaboração de enorme escopo. Foi um grande prazer montar esta obra e esperamos que a leitura seja igualmente prazerosa.

A Equipe da MPL

Introdução
de Paul Muldoon

N O FINZINHO DE 2016, RECEBI UMA LIGAÇÃO DE UM NÚMERO desconhecido. Mas eu reconheci a voz logo de cara. O recém-eleito Donald Trump se apresentou com muita naturalidade. Não perdeu tempo em chegar ao ponto: eu estaria disposto a ir a Washington para atuar como seu "Guru da Poesia"?

O fato de Sir Paul McCartney ser um talentoso imitador não deve ser uma surpresa. Como quase todos os grandes escritores, ele se tornou um aprendiz dos mestres do ramo, incluindo uma gama impressionante de mestres literários: Dickens, Shakespeare, Robert Louis Stevenson, Lewis Carroll - nomes que brotam naturalmente de sua boca. Todos os aprendizados se caracterizam por caricatura e personificação.

O contexto em que Paul McCartney foi exposto a *Rei Lear*, a peça de Shakespeare, e, não menos significativamente, ao pintor e escritor Edward Lear, é crucial para entendermos as suas conquistas. Nascido em 1942, tornou-se um dos primeiros cidadãos do Reino Unido a se beneficiar diretamente da Lei da Educação de 1944, que abriu um leque de possibilidades aos historicamente desfavorecidos. Os pais de Paul vieram de famílias de imigrantes de origem irlandesa e tinham, ao mesmo tempo, uma relação intrinsecamente complexa com o Reino Unido e um sentimento de pertencer à vasta comunidade irlandesa de Liverpool. E, mais significativo do que isso: eles se identificavam com a nova geração do pós-guerra, confiante e comparativamente otimista.

Como atesta Paul McCartney, seus pais sempre almejaram "grandeza" para ele e seu irmão Mike, então os garotos foram incentivados a frequentar as melhores escolas disponíveis. Seu pai, um vendedor de algodão, era "ótimo com as palavras", e o fato de sua mãe ser enfermeira garantiu que Paul fosse "o único menino na escola capaz de soletrar 'expectorar'".

A maior influência sobre o jovem McCartney, analisando-se isoladamente, acabou sendo seu professor de inglês do ensino médio, Alan Durband, egresso do Downing College, em Cambridge, e ex-aluno de F. R. Leavis, o precursor da leitura atenta das "palavras na página". A capacidade de Paul McCartney para a análise textual, tanto de sua própria obra quanto a de outros, pode então ser diretamente rastreada à influência de Durband. Tenho certeza de que, em outra vida, Paul McCartney teria sido um professor - talvez um professor universitário - usando um capelo de formatura com a mesma naturalidade que o "mop top", o famoso corte de cabelo tipo "capacete".

ESSA SÓLIDA BASE NO MUNDO DA LITERATURA INGLESA EXPLICA apenas parcialmente o sucesso de Paul McCartney. O fato de estar igualmente imerso na tradição da canção popular - não só em Little Richard e Chuck Berry, mas também nos compositores do Brill Building e da Tin Pan Alley - lhe conferiu um vocabulário musical extraordinariamente vasto. Entre seus primeiros heróis, podemos citar Fred Astaire, Hoagy Carmichael, George e Ira Gershwin e Cole Porter. Mais tarde, criou interfaces com compositores de vanguarda como Karlheinz Stockhausen e John Cage, mas as influências imediatas de Paul McCartney foram os Everly Brothers e, principalmente, Buddy Holly. Ele realça que "Elvis não era compositor nem guitarrista solo; ele só cantava. Duane Eddy tocava guitarra, mas não era cantor. Então Buddy tinha tudo". Aqui ele se refere ao fato de que Buddy Holly compunha suas próprias canções, cantava *e* tocava guitarra.

Em seu próprio parceiro de composição, John Lennon, desde o início, o que Paul McCartney reconheceu foi a igualmente prodigiosa capacidade de John como "ventríloquo". Por mais inovador que fosse o trabalho dos Beatles, a banda estava em constante diálogo com seus contemporâneos, fossem os artistas associados à Motown, The Beach Boys ou Bob Dylan, ou os cantores e compositores de um período ligeiramente anterior. Até mesmo hoje, Paul McCartney entra no espírito de uma canção canalizando Little Richard ou Fred Astaire. Ocasionalmente canaliza até John Lennon, em quem reconheceu um parceiro cujo nome, um dia, poderia vir junto com o seu, como nas parcerias de Gilbert e Sullivan ou Rodgers e Hammerstein. Ele afirma que a interação de Lennon e McCartney foi "nada menos que milagrosa" e descreve como eles "escreviam com dois violões". "O legal nisso era que eu era canhoto e ele, destro, então era como se eu estivesse me olhando no espelho e ele estivesse se olhando no espelho."

OUTRO DOM QUE PAUL MCCARTNEY LOGO RECONHECEU EM John Lennon foi sua disposição não só para improvisar, mas para melhorar. Juntos, estavam sempre "em busca do tipo de assunto que ainda não tivesse sido tema da canção popular". Compartilhavam o eterno envolvimento juvenil com o *nonsense* e as canções de ninar, e faziam isso com um gostinho byroniano por rimas inusitadas, vide *"Edison/medicine"* ou *"Valerie/gallery"*. Encontrar George Martin - um produtor que acompanhava o ritmo deles e, às vezes, estabelecia o ritmo - foi uma bênção para eles. As sugestões de Martin em termos de arranjos de cordas e sua abertura à inventividade de Robert Moog e seu moderno sintetizador permitiram que os próprios Beatles se tornassem, eles mesmos, cronicamente inventivos.

Um componente duradouro na paisagem sonora dos Beatles que muitas vezes é esquecido é o impacto do rádio. Paul McCartney descreve o *Sgt. Pepper* como "um grande programa de rádio". Como o restante dos Beatles, ele cresceu seguindo uma dieta de radiocomédias disparatadas, como *The Goon Show*, transmitido de 1951 a 1960, com Peter Sellers, Spike Milligan e Harry Secombe no elenco. Outras estrelas do rádio incluem o hilário ator de Liverpool Ken Dodd, muitas vezes considerado o último grande comediante do *music hall*, espetáculo com música, comédia e variedades. A influência do rádio realçou em Paul McCartney o fascínio com a "peça que está faltando" e também o fez perceber a importância de escolher as palavras certas para aumentar o impacto das cenas. Não podemos subestimar a influência dos radiodramas, incluindo a obra-prima de Dylan Thomas, *Sob o bosque de leite* (1954). Foi uma versão para o rádio do *Ubu Cocu*, de Alfred Jarry, transmitida em 1966, que apresentou a Paul McCartney a "patafísica", a ciência das soluções imaginárias. Temos também o papel do teatro e de peças como *Juno e o pavão*, de Sean O'Casey, ou *Longa jornada noite adentro*, de Eugene O'Neill. Nesse sentido, Paul McCartney pode ser considerado um escritor de minipeças teatrais. Ele tem a capacidade de moldar um personagem bem desenvolvido a partir de um simples esboço em miniatura.

Outras duas áreas de interesse de longa data para Paul McCartney se enquadram na categoria das artes visuais. A primeira é a pintura. Ele é um pintor tanto no sentido literal, tendo realizado centenas de óleos sobre tela, quanto no figurativo, de um apresentador de imagens. A segunda é o cinema. Ele nos apresenta imagens em movimento e, ao longo do caminho, insiste que "a minha câmera escrutina o entorno e perscruta a vida em busca de pistas".

PENSAR NA CANÇÃO COMO SE ELA FOSSE UM ROTEIRO DE filmagem é um ângulo de entrada na atmosfera planetária de "Eleanor Rigby", uma das canções mais conhecidas de Paul McCartney. Vou tentar aqui interpretar alguns aspectos dessa canção, como o professor Alan Durband, no compasso de F. R. Leavis, teria feito. Como Leavis, é bem provável que Durband resistisse ao impulso de desvincular a canção de seu momento histórico. Outro grande crítico que lecionava em Cambridge, I. A. Richards, insistia que o poema (ou a canção) é um artefato independente, mas Leavis e Durband se inclinavam mais a permitir a contextualização.

Analise o nome da personagem principal. A canção foi lançada em 1966, quando a Eleanor mais famosa do Reino Unido era Eleanor Bron. Estrela do popular seriado satírico de televisão de 1964-65, *Not So Much a Programme, More a Way of Life*, Bron também aparece em *Help!*, filme dos Beatles de 1965. É provável que as imagens visualizadas pelas primeiras plateias do Reino Unido ao ouvir a canção "Eleanor Rigby" tenham recebido a forte influência da belíssima sra. Bron. Em essência, "Rigby" é um nome viking que significa "fazenda na cordilheira" ou "aldeia na cordilheira" e tende a situar a canção em algum lugar

XXVIII

na metade norte da Grã-Bretanha. Sendo escocês, o Father McKenzie, o outro protagonista do poema, também evoca um cenário do norte do Reino Unido.

Parte do impacto de "Eleanor Rigby" é a sua estrutura cinematográfica, em que os dois personagens principais são apresentados na primeira e na segunda estrofes e, logo depois, reunidos na terceira. É uma adaptação da técnica que Alfred Hitchcock usou para a cena do chuveiro em *Psicose* (1960), no qual ele fixa a imagem da água com sangue escorrendo no ralo, corta e depois mostra uma tomada do mesmo ralo com um redemoinho de água limpa em vórtice. A cena do chuveiro em *Psicose* também é relevante porque a execução frenética do quarteto duplo de cordas orquestrado por George Martin nos remete à trilha sonora do filme, que lembra "golpes de faca", criada por Bernard Herrmann. Portanto, quem escutava "Eleanor Rigby" pela primeira vez podia visualizar duas imagens sobrepostas: a imagem de Eleanor Bron e a imagem da mãe mumificada de *Psicose*. Parte do impacto de "Eleanor Rigby" é esse subtexto quase invisível de isolamento e morte.

A MORTE DE SUA PRÓPRIA MÃE QUANDO ELE TINHA QUATORZE anos - tragédia que ele "nunca superou" - é o que conduziu Paul McCartney à canção. Desde "I Lost My Little Girl" a músicas como "Despite Repeated Warnings", Paul McCartney abrange um leque surpreendente de tópicos - tudo, desde seus relacionamentos com Jane Asher, Linda Eastman e Nancy Shevell, passando pelas mudanças climáticas e a injustiça racial, até os animais de estimação e o carro da família. Os leitores de *As Letras* vão sentir que estão na presença de um poeta para quem "as livrarias de Londres eram quase tão boas quanto as lojas de instrumentos musicais". Quando Paul McCartney nos lembra que "o que fez dos Beatles uma banda tão sensacional foi a diversidade do repertório", devemos ter em mente que, ao longo de sua longa carreira com o Wings e como artista solo, ele manteve essa infalível "aversão ao tédio". Há sessenta anos ele personifica a inquietude que associamos aos artistas de primeiro escalão. Além disso, Paul McCartney é extraordinário no sentido de ser um dos raros artistas que não só foi influenciado por seu tempo, mas cuja obra definiu substancialmente esse tempo. É a prova viva da brilhante afirmação de seu colega, o poeta lírico William Wordsworth (1770-1850): "Todo grande e original escritor, na mesma proporção em que é grande e original, deve criar, ele mesmo, o gosto pelo qual será apreciado".

U MA OU DUAS PALAVRAS SOBRE A METODOLOGIA DESSES DOIS tomos. Baseiam-se em vinte e quatro reuniões distintas, realizadas ao longo de um período de cinco anos, entre agosto de 2015 e agosto de 2020. Fui apresentado a Paul McCartney no comecinho de 2015, por Robert Weil e John Eastman. A maior parte dessas reuniões ocorreu em Nova York e cada uma envolveu duas ou três horas de intensas conversações. O processo lembrava um pouco as sessões de composição de duas ou três horas que se tornaram uma característica da parceria Lennon-McCartney, mas regadas a chá-verde, em vez do blend PG Tips da Brooke Bond. Os lanchinhos eram *bagels* com pasta de grão-de-bico, queijo e picles, e, de vez em quando, *marmite*, a tradicional pasta britânica feita de extrato de levedura. Em nossos encontros pulsava um otimismo universal - e, às vezes, ruidoso. Em parte, essa empatia mútua brotou dessas coisas que temos em comum, as nossas raízes e a nossa gama de referências culturais, já que apenas nove anos nos separam. Eu faço aniversário dois dias depois dele, e nós dois fomos batizados de "Paul" pelo mesmo motivo: o fato de que a Festa de São Pedro e São Paulo cai no dia 29 de junho.

Por maior que seja o talento dele em deixar as pessoas à vontade, e por mais confortável que ele se sinta consigo mesmo, não há como negar: Paul McCartney sempre será um ícone do século 20. Acho que isso é suficiente para justificar um momento ou outro de fascinação que me permiti. Sucessivos momentos de fascinação sempre ocorrem quando Paul McCartney sobe ao palco. A voltagem de seus shows ao vivo continua sendo tão alta que temos a impressão de que ele e a plateia vão se incendiar. Por isso, ao longo de nossa colaboração, foi um prazer especial vê-lo muitas vezes pegar o violão para demonstrar uma sequência de acordes e tocar compassos de uma de suas canções para o seleto público de um só espectador.

Apesar de todo esse vaivém, de alguma forma, a cada encontro, conseguíamos comentar seis a oito canções. As nossas conversas foram gravadas em dois dispositivos e mais tarde profissionalmente transcritas. Os comentários sobre as letras aqui incluídas então foram textualmente editados por mim, no formato de narrativa semicontínua, omitindo minhas próprias perguntas e comentários e, às vezes, ressequenciados para fazer sentido. O texto foi então revisado, linha por linha, pelo formidável Robert Weil e ocasionalmente aprimorado com informações factuais pelos não menos formidáveis Issy Bingham e Steve Ithell, ambos da MPL.

A PROFUNDIDADE E A LONGEVIDADE QUE SÃO AS MARCAS registradas das letras de Paul McCartney derivam da combinação de duas forças aparentemente irreconciliáveis que eu caracterizo como a "física" e a "química" da canção. A física tem a ver com a engenharia da canção, com o seu concomitante aprendizado do ofício a que me referi antes. Estima-se que os Beatles tenham feito cerca de 300 shows na Alemanha entre 1960 e 1962. Essa exposição direta ao modo como as canções são construídas está na raiz da palavra "poeta", que em grego significa *maker* ou *fabricante*. Não por acaso, um termo escocês para poeta ou bardo é *makar*.

O componente químico se reflete em outro termo que define a arte de poetar: "trovador". A palavra "trovador" está relacionada com a palavra francesa *trouver*, ou "encontrar". Muitas vezes, Paul McCartney usa uma variante da expressão "encontrei os acordes" para descrever como uma canção começa a sua vida misteriosa. É a combinação mágica de dois componentes - sejam notas musicais ou os elementos de uma comparação - que provoca a reação química.

Paul McCartney costuma dizer que há uma parte da inspiração diante da qual ele é praticamente inerte. Ele continua valorizando o elemento do ventriloquismo ao mencionar que "com o lance do Little Richard, você só tem que se deixar levar". Ele recorda que o pai dele sempre "fazia palavras cruzadas" e reconhece que "herdou esse amor pelas palavras e enigmas de palavras cruzadas". A palavra que ele usa para descrever sua postura diante do enigma de uma canção - a resposta à pergunta que só ela suscitou - é "fascínio". O que nos evoca a insistência de W. B. Yeats de que "O *fascínio* pelo que é difícil/ Secou a seiva em minhas veias". Como Yeats, Paul McCartney está comprometido com a praticidade da ideia da máscara, ou persona, nos lembrando que "começando por mim mesmo, os personagens que aparecem em minhas canções são imaginados" e têm "tudo a ver com fabricar".

Paul McCartney também concorda ao menos parcialmente com a descrição que o filósofo francês Roland Barthes fez da "morte do autor", a ideia pela qual o ato de ler necessariamente envolve um certo grau de escrita, ou mesmo reescrita, do texto. No caso de Paul McCartney, essa ideia é representada por sua confiança na ideia de que cada um de seus milhões de fãs ao redor do mundo vai completar a canção oferecida por ele. A canção cumpre o seu potencial de modo mais verdadeiro quando é ouvida e difundida. O primordial componente da grandeza de Paul McCartney, no entanto, é a sua já comprovada humildade. Isso nos remete à célebre frase do romancista, contista e eterno sábio Donald Barthelme, que, em seu ensaio intitulado "Não saber", classificou o escritor como "aquele que, ao embarcar numa tarefa, não tem ideia do que fazer". O alcance emocional e a robustez intelectual de *As Letras* servem de testemunho da profunda abnegação de Paul McCartney - o implícito reconhecimento de que ele representa, sem tirar nem pôr, a visão de Barthelme sobre o escritor: "A forma que a obra encontra para ser escrita".

Paul Muldoon
Sharon Springs, Nova York
Outubro de 2020

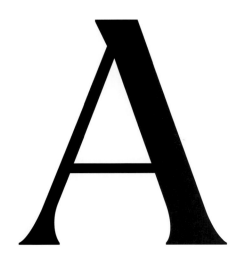

All My Loving	2
And I Love Her	10
Another Day	14
Arrow Through Me	20
Average Person	26

All My Loving

COMPOSITORES   Paul McCartney e John Lennon
ARTISTA   The Beatles
GRAVAÇÃO   Abbey Road Studios, Londres
LANÇAMENTO   *With The Beatles*, 1963
    Meet The Beatles! 1964

Close your eyes and I'll kiss you
Tomorrow I'll miss you
Remember I'll always be true
And then while I'm away
I'll write home every day
And I'll send all my loving to you

I'll pretend that I'm kissing
The lips I am missing
And hope that my dreams will come true
And then while I'm away
I'll write home every day
And I'll send all my loving to you

All my loving, I will send to you
All my loving, darling, I'll be true

Close your eyes and I'll kiss you
Tomorrow I'll miss you
Remember I'll always be true
And then while I'm away
I'll write home every day
And I'll send all my loving to you

All my loving, I will send to you
All my loving, darling, I'll be true
All my loving, all my loving
All my loving, I will send to you

ESTÁVAMOS EM TURNÊ COM CINCO OU SEIS BANDAS, PORQUE uma só não era suficiente para vender ingressos. Até mesmo em Nova York, um show reunia Buddy Holly, Jerry Lee Lewis, Little Richard, Fats Domino, The Everly Brothers - todos no mesmo *line-up*!

Então, lá estava eu no ônibus da turnê, em algum lugar do Reino Unido, sem nada para fazer, e comecei a pensar nestas palavras: "*Close your eyes...*" Jane Asher e eu já estávamos namorando, mas não tenho certeza se eu estava pensando especificamente nela quando eu escrevi esta canção. Talvez fosse mais um reflexo do que as nossas vidas tinham se tornado - deixar para trás a família e os amigos para sair em turnê e experimentar todas essas novas aventuras. É uma das poucas canções que eu compus em que a letra veio primeiro. É raro isso, pois em geral tenho um instrumento comigo. Então, comecei a trabalhar na letra no ônibus e, naquela época, tocávamos no circuito da Moss Empires. A empresa Moss Empires tinha vários locais de eventos em todo o país, e o itinerário da turnê incluía esses pontos. Eram auditórios amplos e bonitos na época, mas hoje em dia a maioria foi transformada em salas de bingo. Esses locais tinham áreas de bastidores ótimas e espaçosas, e eu me lembro de que estávamos numa turnê com Roy Orbison e chegamos ao local. Mesmo com toda aquela agitação ao redor - diversas bandas, equipes e auxiliares de palco correndo para lá e para cá -, enveredei rumo ao piano e, não sei como, encontrei os acordes. Àquela altura, era uma canção de amor bem direta, ao estilo country-and-western.

Na composição de letra e música, você concebe a canção num gênero (porque você não pode conceber as coisas em milhares de gêneros) e tem um jeito de ouvi-la. Se você a entender direito, no entanto, percebe que cada canção tem uma certa elasticidade; as canções podem ser flexíveis. E em geral essa elasticidade pulsava quando os outros membros dos Beatles entravam no estúdio.

O que me impressiona na gravação de "All My Loving" é o trecho de guitarra de John; ele toca os acordes como tercinas. Essa ideia de última hora foi transformadora e deu impulso à canção. A letra obviamente fala de alguém que sai para fazer uma viagem, e o ritmo intenso de John ecoa essa sensação de viagem e movimento. Soa como as rodas de um veículo na autoestrada, que, pode acreditar, só se tornou mesmo algo comum no Reino Unido no fim dos anos 1950. Mas, muitas vezes, funcionava assim quando estávamos gravando. Um de nós aparecia com aquela coisinha mágica. Isso permitiu que a canção se tornasse o que ela precisava ser.

Claro, a letra tem a estrutura de uma carta, na mesma linha da epistolar "P.S. I Love You", o lado B de "Love Me Do". Faz parte de uma tradição de canções epistolares, que incluem "I'm Gonna Sit Right Down and Write Myself a Letter", de Fats Waller, ou o hit de Pat Boone de 1956, "I'll Be Home". Nesse sentido, "All My Loving" é uma canção que pertence a uma linhagem.

E no âmbito da história dos Beatles, "All My Loving" também pertence a uma certa linhagem. Gravada no verão de 1963, entrou em nosso segundo álbum, *With The Beatles*, lançado mais tarde naquele mesmo ano. Pelo menos estava no *With The Beatles* do Reino Unido. Nos EUA, a canção apareceu no *Meet The Beatles!* no começo de 1964. No início de nossa carreira, até a época do *Help!*, os álbuns americanos eram diferentes dos do Reino Unido. Era o costume da Capitol pegar umas canções aqui, outras ali, adicionar uma ou duas e, assim, formatar o álbum dos Estados Unidos. Mas o que é legal no *With The Beatles* e no *Meet The Beatles!* é que os dois têm a mesma foto de Robert Freeman na capa.

Bob havia trabalhado com músicos de jazz incríveis, como John Coltrane e Dizzy Gillespie, e mostramos a ele algumas de nossas fotos prediletas tiradas da banda por nossa amiga Astrid Kirchherr, na fase de Hamburgo. Pedimos a Bob para manter esse tipo de estilo e, se você der uma olhada nas fotos que Astrid tirou de nós, com certeza perceberá a influência. Muita gente me pergunta detalhes sobre essa capa, e o pessoal fica surpreso ao saber que ela foi feita bem rapidinho. A foto aparenta ter sido tirada num estúdio com iluminação profissional para obter aquele efeito de sombra, mas na verdade tudo aconteceu no corredor de um hotel, em Weston-super-Mare, tradicional balneário na costa oeste da Inglaterra. Estávamos lá para fazer uma série de shows no Cine Odeon. Bob veio ao nosso hotel e ganhou uma hora para fazer a capa. Enfileirou umas cadeiras e tentou algumas conformações diferentes - umas com John na frente, outras comigo ou George. Mas tudo foi realizado com muita agilidade e luz natural. Hoje essa fotografia se tornou bastante icônica, então ficamos satisfeitos por ela estar na capa dos dois lançamentos.

Esses álbuns foram lançados quando a Beatlemania estava no auge. Uma jovem em Washington, DC, entrou em contato com a estação de rádio local, pedindo que tocassem "I Want to Hold Your Hand". Acho que primeiro tiveram de encomendar uma cópia da Inglaterra, mas a colocaram, e acho que até pediram para a moça ir à rádio e apresentar o disco. Esse foi o pontapé inicial e, semanas depois, a canção alcançou o primeiro lugar nas paradas. Sempre falávamos que não iríamos à América antes de ter um álbum em primeiro lugar, bem, agora tínhamos. Então, tudo isso nos levou à nossa primeira viagem para os EUA.

A imprensa em peso e milhares de fãs compareceram ao aeroporto de Londres para se despedir e nos desejar boa sorte, protagonizando cenas loucas. Cynthia, a esposa de John, achou que era um avião decolando - mas eram os gritos da multidão. Cenário mais louco ainda nos esperava em nossa chegada ao JFK. Na época, nem tínhamos nos tocado que o aeroporto havia sido recém-rebatizado em homenagem a Kennedy. A nossa viagem foi apenas uns meses após seu assassinato (que aconteceu no mesmo dia do lançamento de *With The Beatles* no Reino Unido) e, embora não caiba a mim ficar repetindo isso, alguns jornalistas escreveram que os EUA, em especial os adolescentes, buscavam algo novo, positivo e divertido para se agarrar e processar o luto. Isso pode explicar a rapidez com que a Beatlemania dominou os Estados Unidos.

A Capitol Records, a nossa gravadora nos Estados Unidos, fez uma campanha publicitária para garantir que as pessoas soubessem que estávamos chegando, e funcionou! Fomos recebidos em Nova York por cinco mil fãs delirantes e um cordão de isolamento de uma centena de policiais. Fizemos uma coletiva de imprensa logo após descer do avião, e tem um vídeo que mostra como tudo estava fora de controle.

Poucas semanas após o lançamento de *Meet The Beatles!*, tocamos no *Ed Sullivan Show*. Ed Sullivan foi um verdadeiro cavalheiro conosco, sempre naqueles ternos de corte fino. Na época, existiam apenas três canais de televisão importantes nos Estados Unidos, e o programa dele definia o que as pessoas falavam. Você só conquistava os EUA depois de se apresentar no programa dele. Tínhamos ouvido falar que alguns de nossos ídolos, como Buddy Holly and The Crickets, tinham tocado no programa,

À esquerda: Os Beatles durante sua primeira apresentação no *Ed Sullivan Show*. Nova York, 9 de fevereiro de 1964

sem falar naquela história de que deixaram Elvis Presley voltar ao programa para tocar "Hound Dog", mas a câmera o mostrou só da cintura para cima.

A nossa primeira apresentação no programa acabou se tornando meio mítica na história dos Beatles. Um pouco antes da transmissão, recebemos um telegrama de Elvis Presley nos desejando boa sorte. Eu ainda estava na escola quando Elvis chegou ao sucesso. Agora, a escola já era coisa do passado, mas ali estava ele para nos dar boa sorte. Depois veio o som da plateia, que até hoje ressoa em meus ouvidos. O programa recebeu cinquenta mil inscrições para setecentos lugares no estúdio. Quando o programa foi ao ar, 73 milhões de pessoas nos assistiram, o que se tornou um marco cultural. Muita gente tem me procurado ao longo desses anos para me dizer que nos assistiu. Gente como Bruce Springsteen, Tom Petty, Chrissie Hynde, Billy Joel – todos nos viram. É provável que não seja verdade, mas reza a lenda que a taxa de criminalidade também caiu; até mesmo os ladrões estavam sintonizados. Foi uma ótima maneira de sermos apresentados aos Estados Unidos. Em nossa segunda canção, "Till There Was You", eles deram closes em cada um de nós e colocaram os nossos nomes na tela. Quando chegaram a John, acrescentaram: "Desculpem, meninas, ele é casado" – o que tinha sido um segredo mal guardado até aquele momento.

Mas uma parte da imprensa no dia seguinte foi um pouco maldosa. O *New York Herald Tribune* (que, devo acrescentar, já não está mais conosco) escreveu que os Beatles eram "75% publicidade, 20% corte de cabelo e 5% cantilena". Mas nisso o corte de cabelo "mop top" se tornou uma inovadora tendência no visual dos adolescentes. Nesse ponto, a franja – ou "bangs" nos EUA – não deveria nem chegar perto das sobrancelhas. Isso tudo mudou. Você podia até comprar perucas dos Beatles.

E o *Ed Sullivan Show* nos traz de volta a "All My Loving". A canção sempre fez sucesso ao vivo. Por isso, tão logo ele nos apresentou como "esses jovens de Liverpool", ela se tornou a primeira canção que os Estados Unidos viram os Beatles tocarem ao vivo na tevê. Cerca de um mês depois, as cinco canções mais tocadas na parada da Billboard eram todas nossas.

Então, só para ilustrar a rapidez com que as coisas aconteciam conosco naquela época, "All My Loving" nos ajudou nessa transição do circuito da Moss Empires à conquista dos EUA, em pouco mais de seis meses. Meses depois, completei 22 anos.

A nossa primeira apresentação no programa acabou se tornando meio mítica na história dos Beatles. Um pouco antes da transmissão, recebemos um telegrama de Elvis Presley nos desejando boa sorte. Eu ainda estava na escola quando Elvis chegou ao sucesso. Agora, a escola já era coisa do passado, mas ali estava ele para nos dar boa sorte.

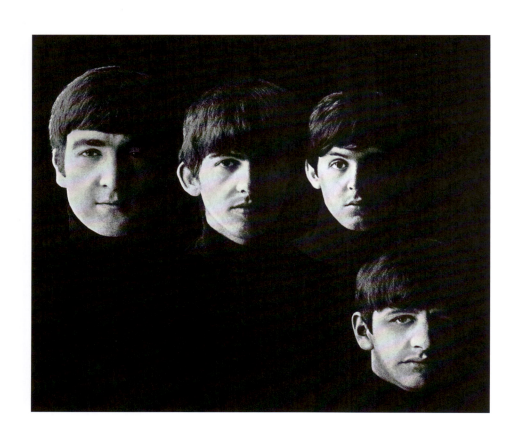

À esquerda: Fotografia tirada por Robert Freeman para as capas de *With The Beatles*, 1963, e *Meet The Beatles!*, 1964

À direita: Lista de shows dos Beatles marcados para junho-setembro de 1963, emitida pela empresa de Brian Epstein, a NEMS Enterprises Ltd. O nome "NEMS" vem da loja da família Epstein (North End Music Stores) em Liverpool, onde o pai de Paul, Jim, comprou o piano dele.

Abaixo: Robert Freeman, fotografado por Paul. Miami, fevereiro de 1964

And I Love Her

COMPOSITORES   Paul McCartney e John Lennon
ARTISTA   The Beatles
GRAVAÇÃO   Abbey Road Studios, Londres
LANÇAMENTO   *A Hard Day's Night*, 1964

I give her all my love
That's all I do
And if you saw my love
You'd love her too
I love her

She gives me everything
And tenderly
The kiss my lover brings
She brings to me
And I love her

A love like ours
Could never die
As long as I
Have you near me

Bright are the stars that shine
Dark is the sky
I know this love of mine
Will never die
And I love her

Acima: Jane Asher na casa da família dela. Wimpole Street, Londres, 1963

Abaixo: BT Tower (antigamente chamada de Post Office Tower) vista a partir da Wimpole Street, fotografada por Paul. Londres, 1964

A CHARMOSA WIMPOLE STREET FICA EM MARYLEBONE, O TIPO do bairro que muita gente visualiza ao pensar em Londres. Parece algo emergido de *Mary Poppins* – casas geminadas eduardianas com uma formação bastante literária: foi nessa rua que os poetas Elizabeth Barrett e Robert Browning se conheceram (história contada no filme *A família Barrett*); Virginia Woolf a descreveu como "a mais augusta das ruas de Londres"; e era ali que Henry Higgins, o professor de fonética de *Pigmalião*, supostamente morava. Mas vamos deixar de lado a família Barrett e todas essas referências. Quero falar de outra família que morava na Wimpole Street. Para ser mais exato, no número 57. A família Asher. E foi na casa de minha namorada Jane Asher que eu escrevi esta canção.

Quando as coisas realmente começaram a engrenar para os Beatles, por volta de 1963, saímos de Liverpool para morar em Londres. Em parte, isso aconteceu porque na capital ficava a "indústria" musical, mas também era um novo mundo de aventuras. A cidade ainda se recuperava dos bombardeios da guerra e passava por uma grande remodelação: no período em que morei na Wimpole Street, a Post Office Tower estava sendo construída, a uns dez minutos a pé da casa dos Asher. Por um tempo, aquele foi o prédio mais alto da cidade, e eu podia avistá-lo da janela de minha mansarda no sótão. Havia uma genuína sensação de renovação e agito em Londres; era um lugar empolgante para se estar.

Eu estava me hospedando na casa de Jane em parte porque não tinha gostado do local que Brian Epstein havia arranjado para nós ficarmos em Mayfair. Ele era um sujeito elegante, de gosto sofisticado, mas o lugar não tinha alma, e embora eu viesse de origens humildes – especialmente comparando com o distrito de Mayfair –, a nossa casa tinha alma, e todas as casas de meus tios e tias tinham alma. E aquele era um flat sem atrativos e sem mobília. Eu tinha apenas 21 anos e nunca pensei em comprar quadros para decoração. Simplesmente me irritei pelo fato de não ter nada pendurado nas paredes.

Jane e eu nos conhecemos na primavera de 1963, quando ela foi ao Royal Albert Hall entrevistar os Beatles para a revista *Radio Times*. Eu me lembro de que todos ficamos surpresos com os cabelos ruivos dela, porque antes só a tínhamos visto em preto e branco. Ela e eu começamos a namorar pouco depois e, mais perto do fim do ano, os Asher devem ter me ouvido reclamando sobre Mayfair e disseram: "Bem, você não quer ficar aqui?". Esse gesto seguia a longa tradição de oferecer um sótão a um artista faminto. Assim, ganhei um quartinho lá em cima, perto do quarto do irmão de Jane, Peter. Jane devia ter uns 17, 18 anos, e Peter era um pouco mais velho, 19 ou 20 anos nessa época. E, embora tecnicamente eu fosse um inquilino, eu costumava fazer as refeições com a família e me lembro de que tudo funcionava às mil maravilhas.

Morar lá me abriu os olhos, porque eu nunca tinha visto essa classe de pessoas, exceto talvez na televisão. Nunca tinha conhecido alguém assim antes. Brian Epstein era um tipo classudo, mas não daquele tipo de classe; de certa forma, essa era uma espécie de família do *showbiz*. Margaret, a mãe de Jane, a levou a testes, e Jane começou fazendo comerciais e coisas assim (o que me faz lembrar da velha canção de Noël Coward, "Don't Put Your Daughter on the Stage, Mrs. Worthington", ou "Não coloque sua filha no palco, sra. Worthington"). E com o sucesso de Jane como atriz, participando de filmes desde os anos 1950, acho que Peter e a caçula Clare também fizeram testes.

O fato é que a família sabia tudo sobre arte, cultura e sociedade, enquanto eu não conhecia ninguém que soubesse como fazer testes ou tivesse um agente. Era muito legal ficar naquela casa. Muitos livros para ler, obras de arte nas paredes, conversas interessantes; e Margaret era professora de música. Seja como for, era um lar, e eu sentia muita falta disso desde que eu tinha vindo de Liverpool e desde que a minha mãe tinha morrido, seis ou sete anos antes.

No que diz respeito aos tabloides de fofoca, Jane e eu éramos o que eles chamavam de um "casal badalado". Tanto que fomos ao teatro uma noite – eu curtia literatura e teatro, e claro que ela, como atriz, também curtia, e isso talvez explique a atração que senti por ela desde o começo –, e no intervalo as luzes se acenderam. Tínhamos decidido não ir ao bar e apenas ficar ali de boa. Tirando uns grandes shows iniciais, eu realmente não estava acostumado com os fardos pessoais impostos pela fama, então estávamos ali conversando em nossos assentos e de repente uns dez *paparazzi* vieram correndo com aquelas câmeras disparando um flash atrás do outro, como em *La Dolce Vita* e, num piscar de olhos, dispersaram. Pareciam os guardas Keystone daquele filme pastelão. Mas, meu Deus, ficamos *chocados*. Alguém do teatro provavelmente deu a dica a eles, a fim de angariar publicidade para a peça.

Mas, justamente porque Jane era minha namorada, eu quis dizer a ela *ali mesmo* que eu a amava, então essa foi a inspiração inicial desta canção, o gatilho que a desencadeou. Ao ouvi-la, tantos anos depois, acho que é uma melodia bonita. Ela começa em Fá sustenido menor, não com o acorde principal em Mi maior, e você paulatinamente reconstrói seu caminho de volta. Quando eu a concluí, quase na mesma hora senti uma pontinha de orgulho. Pensei: "Esta é das boas".

Ela realmente me tocou, então pensei que poderia tocar outras pessoas também. Eu a trouxe à sessão de gravação, onde o produtor dos Beatles, George Martin, a ouviu. Estávamos prestes a gravá-la quando ele disparou: "Ficaria melhor com uma introdução". E eu juro, na mesma hora, George Harrison falou: "Bem, que tal isto?". E dedilhou o riff de abertura, que é um gancho e tanto; a canção não é nada sem ele. Trabalhávamos muito rápido, e as ideias brotavam espontaneamente.

Vale a pena lembrar outro detalhe. Por iniciativa de George Martin, foi adicionada uma modulação de acordes no solo da canção, uma mudança na tonalidade que ele, com sua experiência, sabia que seria muito satisfatória musi-

Acima: Casaco usado no filme *A Hard Day's Night*, 1964

À direita: No teatro com Jane Asher, 1963

calmente. Mudamos a progressão de acordes para que ela começasse em Sol menor em vez de Fá sustenido menor – ou seja, um semitom para cima. Acho que o treinamento clássico de George Martin lhe sugeriu que seria uma mudança realmente interessante. E é. Esse tipo de ajuda foi o que tornou o material dos Beatles melhor do que o de outros compositores. No caso desta canção, os dois Georges – George Harrison com a introdução e depois George Martin na mudança de tonalidade para o solo – deram-lhe uma força musical extra. Estávamos dizendo às pessoas: "Somos um pouquinho mais musicais do que o normal". E então, é claro, a canção – que agora está em Fá maior ou, possivelmente, Ré menor – por fim desemboca naquele brilhante acorde em Ré maior, uma conclusão doce e agradável. Fiquei com muito orgulho dela. Foi muito gratificante ter escrito e gravado esta canção para Jane.

Muitos anos depois, e um bom tempo após termos morado no distrito de St. John's Wood, topei com ela quando fui a um médico na Wimpole Street, em Marylebone. Fui indo pela rua e me bateu uma nostalgia. Quando passei pela casa, pensei: "Uau, que recordações incríveis esse lugar me traz". E segui até onde ficava o meu médico. Apertei a campainha. Súbito, senti uma presença atrás de mim. Eu me virei, e era Jane. Falei: "Meu Deus, eu estava justamente pensando em você e na sua casa".

Essa foi a última vez que a vi, mas as lembranças não esvanecem.

Another Day

COMPOSITORES	Paul McCartney e Linda McCartney
ARTISTA	Paul McCartney
GRAVAÇÃO	CBS Studios, Nova York
LANÇAMENTO	Single, 1971

Every day she takes a morning bath she
    wets her hair
Wraps a towel around her as she's
    heading for the bedroom chair
It's just another day

Slipping into stockings, stepping into shoes
Dipping in the pocket of her raincoat
It's just another day

At the office where the papers grow she
    takes a break
Drinks another coffee and she finds it
    hard to stay awake
It's just another day

It's just another day
It's just another day

So sad, so sad
Sometimes she feels so sad
Alone in apartment she'd dwell
Till the man of her dreams comes
    to break the spell
Ah stay, don't stand her up
And he comes and he stays but he
    leaves the next day
So sad
Sometimes she feels so sad

As she posts another letter to The Sound of Five
People gather round her and she finds it
    hard to stay alive
It's just another day

It's just another day
It's just another day

So sad, so sad
Sometimes she feels so sad
Alone in apartment she'd dwell
Till the man of her dreams comes
    to break the spell
Ah stay, don't stand her up
And he comes and he stays but he
    leaves the next day
So sad
Sometimes she feels so sad

Every day she takes a morning bath she
    wets her hair
Wraps a towel around her as she's
    heading for the bedroom chair
It's just another day

Slipping into stockings, stepping into shoes
Dipping in the pocket of her raincoat
It's just another day

It's just another day
It's just another day

PENSE NUM HÍBRIDO ENTRE "ELEANOR RIGBY" E *A JANELA indiscreta* de Hitchcock. Afinal de contas, por mais que eu não queira admitir, de fato existe um aspecto voyeurístico nesta canção. Como muitos escritores, eu realmente sou um pouco *voyeur*; se houver uma janela iluminada e alguém lá dentro, vou ficar observando. Atire a primeira pedra. É uma coisa naturalíssima.

De uma forma estranha, talvez eu me interesse por esse assunto porque eu mesmo me sinto bastante vigiado. É porque as pessoas me reconhecem. Acontece no metrô, que eu pego quando posso. Você só percebe que está sendo observado um pouco depois, e é aí que a gente nota. Claro, eu também as fico observando. Então, experimento os dois lados da moeda.

Existe um decoro, uma regra não escrita de que é melhor disfarçar. Mas você realmente reconhece tipos de personalidade distintos. Algumas pessoas se aproximam e dizem: "E aí, amigão, tudo bem?". Você é cumprimentado com um soquinho e tudo mais. E tem as pessoas que não falam nada. Eu só dirijo a palavra às que ficam caladas. Por exemplo, lá estou eu no colchonete da academia com um monte de gente ao redor. Tem um cara fazendo *pole fitness* e isso me deixa fascinado. Comento: "Ah, isso é incrível". Então começamos a conversar e ele diz: "Eu me lembro de que você gosta de cavalos". E ele começa a discorrer sobre cavalos. Mas o diálogo pode versar sobre qualquer assunto - e até mesmo mergulhar no conteúdo da capa de chuva deles. É sempre interessante ouvir essas histórias, as quais, de forma indireta, às vezes acabam entrando na letra de uma canção.

Portanto, as pessoas realmente me notam e eu meio que tenho consciência disso, mas essa regra não escrita significa não puxar conversa sobre nenhum desses tópicos óbvios. E com certeza você não tira fotos ou pede autógrafos. Se alguém fizer isso, costumo dizer que estou curtindo um momento privado, e quase todo mundo entende isso.

Tanto "Eleanor Rigby" quanto esta canção focalizam a mesma ideia - a tentativa de capturar o dia a dia desse personagem. Mas aqui a linguagem é mais formal, menos impressionista. Eleanor Rigby vive a sonhar ("*lives in a dream*"), e isso se reflete em versos como "*Wearing the face that she keeps in a jar by the door*". Porém, aqui a protagonista trabalha num escritório, e a letra é quase uma lista, o itinerário do dia dela. Acontece que a pessoa para quem estou olhando aqui é uma variante de Linda morando sozinha em Nova York antes de eu conhecê-la, embora *The Sound of Five* fosse um programa de rádio britânico em que se liam cartas dos ouvintes desabafando sobre seus problemas. Portanto, a canção tem uma qualidade transatlântica também. Mas eu gosto de pensar que sou o homem dos sonhos ("*man of her dreams*") que aparece para a heroína. Assim, vem a calhar o fato de eu ter gravado esta canção em Nova York com Phil Ramone. Grande produtor, o Phil. Ele tinha feito muitos discos que eu admirava. Trabalhou com Paul Simon e Billy Joel.

O contexto disso foi logo depois da separação dos Beatles, e eu tentava me estabelecer como artista solo, com um novo repertório. Se era para funcionar como o repertório dos Beatles funcionou, eu precisaria de um hit. De cada duas canções, uma tem que fazer sucesso. Portanto, esse foi um esforço consciente para escrever um hit, e Phil foi muito útil. Sabíamos que, se tivéssemos um hit, isso cimentaria o nosso relacionamento e continuaríamos trabalhando juntos, e foi o que fizemos no álbum *RAM*. Também ficou comprovada a nossa qualidade - ele como produtor e eu como cantor-letrista-compositor.

Lançar a minha primeira canção solo após o término foi um momento especial. Emocionante, mas com um quê de tristeza. Também senti que eu tinha algo a provar, e esse tipo de desafio é sempre emocionante. A canção chegou ao segundo lugar na parada de singles do Reino Unido e ao quinto lugar na Billboard Hot 100 dos Estados Unidos, então ela se saiu muito bem.

Claro, nessa época ainda havia um pouquinho de tensão entre mim e John, e isso às vezes transparecia em nossas composições de letra e música. John fez troça desta canção em uma de sua autoria, "How Do You Sleep?":

The only thing you done was yesterday
And since you've gone you're just another day

Uma de suas tirações de sarro.

À direita: Linha Bakerloo.
Metrô de Londres, 1969

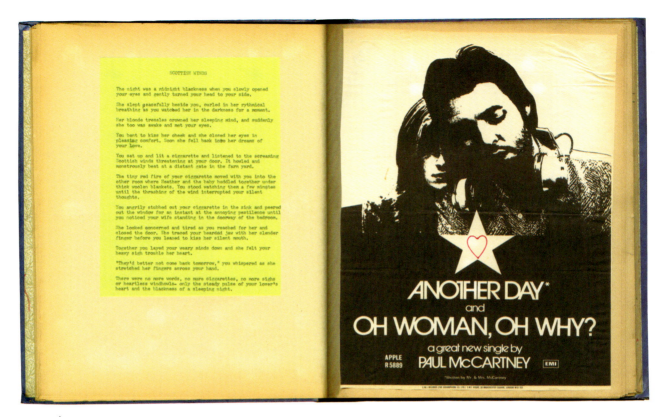

Acima: Álbum de recortes da família McCartney. Começo dos anos 1970

À esquerda: Regent's Park, Londres, 1968

Existe um decoro, uma regra não escrita de que é melhor disfarçar. Mas você realmente reconhece tipos de personalidade distintos. Algumas pessoas se aproximam e dizem: "E aí, amigão, tudo bem?". Você é cumprimentado com um soquinho e tudo mais. E tem as pessoas que não falam nada. Eu só dirijo a palavra às que ficam caladas.

Arrow Through Me

COMPOSITOR Paul McCartney
ARTISTA Wings
GRAVAÇÃO Abbey Road Studios, Londres; e Spirit of Ranachan Studio, Escócia
LANÇAMENTO *Back to the Egg*, 1979
Single nos EUA, 1979

Ooh baby, you couldn't have done
A worse thing to me
If you'd have taken an arrow
And run it right through me

Ooh baby, a bird in the hand
Is worth two flying
But when it came to love
I knew you'd be lying

It could have been a finer fling
Would have been a major attraction
With no other thing
Offering a note of distraction
Come on, get up
Get under way
And bring your love

Ooh baby, you wouldn't have found
A more down hero
If you'd have started at nothing
And counted to zero

Ooh baby, you couldn't have done
A worse thing to me
If you'd have taken an arrow
And run it right through me

It could have been a finer fling
Flying in a righter direction
With no other thing
Featuring but love and affection
Come on, get up
Get under way
And bring your love

Ooh baby, you wouldn't have found
A more down hero
If you'd have started at nothing
And counted to zero

Acima: Design inicial do logotipo do Wings. Usado pela primeira vez na turnê *Wings Over Europe*, em 1972

FORMAR A BANDA WINGS EM 1971, DE MUITAS MANEIRAS, FOI uma experiência para ver se existia vida após os Beatles, para ver se aquele sucesso poderia ter continuidade. Eu fiz a mim mesmo a pergunta: "Vou parar agora?", e Wings foi a resposta. Os Beatles foram tão maravilhosos e abrangentes, tão bem-sucedidos. E agora? Melhor parar e procurar outra coisa para fazer? Mas pensei: "Não. Música é o que eu adoro fazer, então, seja como for, terá de ser música". A verdade é que uma noite eu tinha visto o Johnny Cash na televisão com uma banda e, que eu soubesse, ele nunca tinha tido uma banda. Pensei: "Isso parece divertido", e Johnny parecia estar se divertindo. Eu estava com Linda; já estávamos juntos havia cerca de três anos, e a nossa filha Mary tinha um pouco mais de um aninho, então éramos uma família relativamente nova. Perguntei a ela: "Gostaria de formar uma banda?". Soava uma nova e divertida aventura para nós. E ela disse: "Sim".

O nome da banda, Wings, surgiu na época em que Stella nasceu. Foi um parto difícil e ela teve que ficar numa incubadora na UTI. Fiquei no hospital, dormindo numa cama de campanha, no quarto ao lado do de Linda enquanto elas se recuperavam. Em situações assim, a sua mente fica acelerada. Embarquei em pensamentos angelicais porque tínhamos acabado de passar por uma emergência familiar, e me veio a visão de um anjo com grandes asas. E essa imagem, Wings, realmente ficou comigo. Mas não seria *The* Wings, como The Beatles. Wings, apenas.

Depois dos Beatles, o meu problema era: quem será tão bom quanto eles? Pensei: "Não podemos ser tão bons quanto os Beatles, mas podemos ser outra coisa". Eu sabia que, se eu quisesse levar adiante esse projeto, teria que ser resiliente, mas eu ainda tinha uma reserva de coragem da época em que os Beatles estavam começando e nos jogavam moedinhas no auditório na cidadezinha inglesa de Stroud.

Tive que aturar de novo um comportamento equivalente. O mais difícil era a questão de Linda ser uma completa amadora, mas pensei: "Bem, George

21

também era quando se juntou ao grupo; eu também; John também; Ringo também". Mostrei a ela umas coisinhas sobre teclados, e então ela aprendeu sozinha e fez algumas aulas, e descobri que o teclado não era necessariamente o forte dela, embora ela cumprisse a missão. Era mais como um espírito. Ela era ótima em animar a plateia, em fazer o público bater palmas e cantar junto.

Naquela época, era rara a presença feminina em bandas, então Linda foi uma espécie de pioneira nesse aspecto e, se você ouvir os discos, vai notar que ela é uma excelente cantora, especialmente nas harmonias. Ela batia palmas e fazia o vocal de fundo ao mesmo tempo, coisa nada fácil de fazer - é por isso que as pessoas usavam fitas com playback. Começar uma nova banda é sempre muito divertido, mas também trabalhoso. Você tem que conquistar seu espaço. Vir após os Beatles foi uma das coisas mais difíceis para mim, simplesmente tentar corresponder a essas expectativas. Para Linda foi ainda mais difícil.

Comecei a compor canções para o Wings de 1971 em diante, e tentei mantê-las distantes do estilo dos Beatles. Podia me embrenhar em sendas que eu não tinha percorrido com os Beatles, trazer outras influências, como o reggae, com o qual Linda e eu travamos contato na Jamaica. Imaginei fazer umas loucuras, e no Wings tive um pouco mais de liberdade. Assim, a seta de Cupido é mencionada nesta canção, mas ela é uma seta maligna. Talvez eu tenha visto uma ilustração de Cupido e pensado: "Cupido dispara seu arco, mas vou inverter a história. Não será amor: será o contrário".

O herói da canção é atingido. Ele foi vítima de uma traição amorosa. E poderia ter sido um ótimo, um fantástico relacionamento. Pelo andar da carruagem, você não poderia ter encontrado um herói mais deprimido ("*have found a more down hero*"), porque naquela época era difícil achar alguém mais deprimido do que eu. Então, sacuda a poeira e traga o seu amor.

Sempre tive um fraco por esta canção. Tem um bom riff de trompete nela, e é funky. Às vezes, você compõe para obter uma espécie de sentimento, em vez de uma letra perfeitamente "correta". Às vezes, a letra pode ficar em segundo plano em relação ao sentimento. A letra desta aqui tem tanto ou mais a ver com a atmosfera da canção, com o groove.

À direita: Turnê *Wings Over Europe*. Agosto de 1972

Naquela época, era rara a presença feminina em bandas, então Linda foi uma espécie de pioneira nesse aspecto e, se você ouvir os discos, vai notar que ela é uma excelente cantora, especialmente nas harmonias.

ARROW THROUGH ME

① Oo baby you couldn't have done
   a worse thing to me
   If you'd have taken an arrow
   And run it right through me ...

Oo baby you wouldn't have found
   a more down hero
   If you'd have started at nothing
   and counted to zero

① MIDDLE
   It could have been a (finer) fling
                        MAJOR
   Would have been a well worn attraction
   with no other thing
   offering a (NOTE) of distraction
   Come on, get up, get underway
   and bring your love →

③ MIDDLE
   flying in a righter
   direction
   with no other thing
   featuring but love
   and affection

② Oo baby A bird in the hand's
   Worth two flying
   But when it came to love
   I knew you were lying

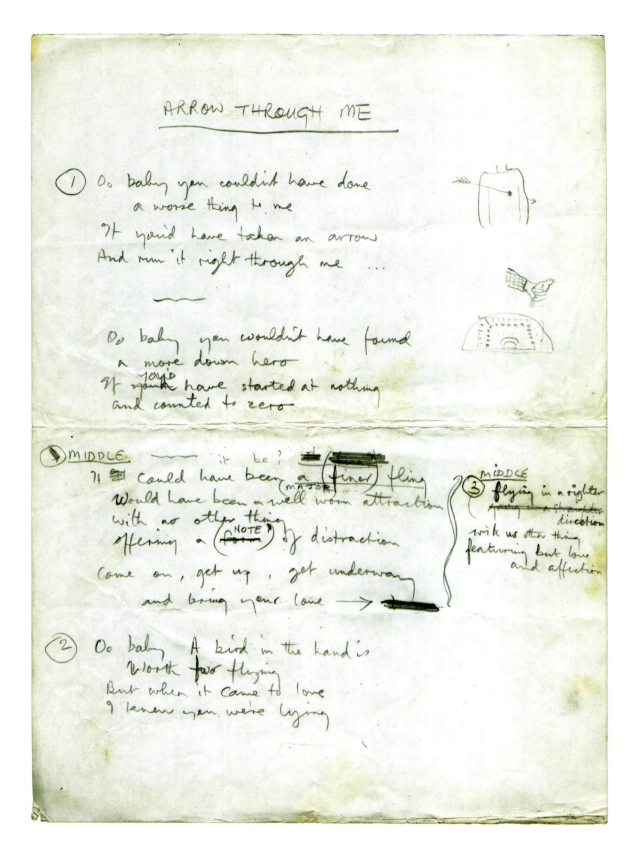

Com Mary, Stella e Linda no deque superior do ônibus da turnê *Wings Over Europe*. Suécia, 1972

Average Person

COMPOSITOR   Paul McCartney
ARTISTA   Paul McCartney
GRAVAÇÃO   AIR Montserrat; e AIR Studios, Londres
LANÇAMENTO   *Pipes of Peace*, 1983

Look at the Average Person
Speak to the man in the street
Can you imagine the first one you'd meet?

Well I'm talking to a former engine driver
Trying to find out what he used to do
Tells me that he always kept his engine
Spit and polished up as good as new
But he said his only great ambition
Was to work with lions in a zoo
Oh to work with lions in a zoo

Yes dear, you heard right
Told me his ambition was to work with
   lions every night

Look at the Average Person
Speak to the man on the beat
Can you imagine the first one you'd meet?

Well I met a woman working as a waitress
I asked exactly what it was she did
Said she worked the summer crowd at seasides
Wintertime she ran away and hid
Once she had a Hollywood audition
But the part was given to a kid
Yes the part was given to a kid

Yes sir, you heard right
Hollywood ambition made a starlet
   grow up overnight

Well I bumped into a man who'd been a boxer
Asked him what had been his greatest night
He looked into the corners of his memory
Searching for a picture of the fight
But he said he always had a feeling
That he lacked a little extra height
Could have used a little extra height

Yes mate, you heard right
He always had a feeling that he might have
   lacked a little height

Look at the Average Person
Speak to the man in the queue
Can you imagine the first one is you?

Look at the Average Person

Acima: Os Beatles com Marlene Dietrich. Londres, 1963

WHAT'S MY LINE (QUAL É O MEU RAMO) ERA UM PROGRAMA em que um painel de quatro pessoas tinha que descobrir as ocupações de convidados misteriosos fazendo-lhes perguntas do tipo sim ou não. Era divertidíssimo e extremamente popular. A edição do Reino Unido começou no início dos anos 1950, e muitas vezes assistíamos ao programa em nossa casa, então ele estava no fundo da minha mente e, eu diria, no recôndito desta canção.

Você está andando pela rua e todas as pessoas parecem comuns, mas uma delas pode ser um clérigo e outra pode ser um criminoso, um encanador ou um padeiro. A ideia de que as pessoas têm essas facetas e ambições ocultas me atrai. Acho que os escritores se interessam por gente assim. Se você tem alguém que é apenas puramente glorioso, não é tão interessante como se ele fosse glorioso, mas tivesse um ponto fraco em algum lugar. Todo esse pessoal tem um segredo oculto. Todo esse pessoal queria ser alguém diferente.

Acho que o meu interesse por essas histórias vem em parte de ter crescido numa comunidade tão coesa da classe trabalhadora. Sempre estávamos prontos para apoiar a nossa família e ajudar os nossos vizinhos. Papai costumava enviar o meu irmão Mike e eu para darmos uma volta no bairro, de porta em porta, e angariar novos membros para a Sociedade Speke de Horticultura, da qual ele era secretário. Toc, toc. "O senhor gostaria de entrar no clube de jardinagem?". "Cai fora." Ou seja, tínhamos que saber na porta de quem bater e quem evitar. Mas você tinha que ouvir sobre suas vidas, seus problemas. Isso foi no pós-guerra, lembre-se, e tínhamos sido alvo de bombardeios e sofrido racionamento alimentar. E isso faz você perceber que todos nós temos as nossas histórias, as nossas próprias preocupações. Torna-se um pouco comovente e tem a ver com empatia.

Também torna a história mais interessante. Sei que ele não seria considerado uma "pessoa mediana", mas estaríamos interessados em Hamlet se o pai dele tivesse morrido de causas naturais e ele tivesse acabado de ascender ao trono? É provável que não. É porque ele suspeita que o pai dele foi assassinado – e, portanto, é lançado em uma situação angustiante – que o drama é tão enriquecedor. Hamlet enfrenta conflitos internos e tem uma vida interior, e é isso que o torna um personagem tão atraente.

Outra inspiração para esta canção foi um velho número do *music hall* relacionado à identidade de um lavador de janelas que eu vi na televisão quando criança. Meu pai veio da era do *music hall*, e a família meio que estava imersa nisso; nós ouvíamos e cantávamos todas aquelas canções ao piano. As minhas tias, Milly e Jin, gostavam de cantar uma velha canção de *music hall* chamada "Bread and Butterflies". Mais tarde, ele trabalhou no comércio de algodão, é claro, mas na década de 1920 meu pai era operador das luzes de palco - as antigas luzes da ribalta - em um teatro em Liverpool chamado Royal Hippodrome. Foi assim que muitas dessas influências se impregnaram em nós, porque todas as noites ele ouvia canções de *music hall* dos anos 1920 e 1930, e todos aqueles artistas apareciam numa turnê. Eles se apresentavam no Hippodrome em Liverpool, depois no Manchester Hippodrome e assim por diante. Papai contou uma história sobre como ele manejava as luzes no *music hall* - o equivalente aos holofotes de hoje.

Assim, por causa do meu pai, essas velhas referências ao *music hall* às vezes aparecem nas minhas composições. Eu conhecia o trabalho de Noël Coward por causa do meu pai, e obviamente Noël era muito famoso. As canções dele atraíam meus ouvidos de compositor. Uma vez, ele estava em Roma ao mesmo tempo que os Beatles, e o nosso empresário Brian Epstein, sendo gay e muito sociável à sua maneira, conhecia parte do pessoal aglomerado ao redor de Noël. Estávamos no mesmo hotel, mas éramos uma espécie de garotada do rock'n'roll. Foi quando nos perguntaram se queríamos ir conhecê-lo, e os outros foram um pouco mais hesitantes. Mas eu disse: "É melhor eu ir". Em geral eu era o cara que pensava: "Ah, deixa pra lá, melhor não". Dessa vez a conversa foi diferente: "Não podemos esnobá-lo; ele é o Noël Coward".

Então desci com Brian e fomos visitá-lo em seu quarto de hotel, e ele me recebeu dizendo: "Olá, meu querido garoto". Ele era tão Noël Coward. Sua postura, seus maneirismos - exatamente como você imaginava que ele era.

Mas, às vezes, agíamos de modo um pouco estranho ao conhecer pessoas assim. Agimos de modo igualmente muito estranho com Marlene Dietrich, uma estrela colossal. Participamos de um show conjunto no Prince of Wales Theatre - a Royal Variety Performance de 1963, e John fez uma piadinha sobre gente chique sacudindo as joias delas. Acho que ela cantou "Lilli Marleen" e "Where Have All the Flowers Gone?". Foi bem na época em que a Beatlemania estava ficando mesmo insana, e alguém saiu do camarim dela para nos convidar para dar um oi a ela: "Vocês gostariam de conhecer Miss Dietrich?". Então respondemos: "Claro que sim!". Diziam que ela sentia muito orgulho de suas pernas. Mas, naquela altura, ela já estava na casa dos sessenta anos talvez, e todos nós na faixa dos vinte e poucos, então seria como ficar olhando as pernas da sua tia ou da sua avó. E eu não tinha certeza se queríamos fazer isso. Mas, assim que chegamos lá, um de nós disparou: "Puxa vida, que pernas mais lindas a senhora tem!". Alguém precisava dizer isso, suponho, mas foi um pouco constrangedor.

Numa canção como "Lilli Marleen", de Dietrich, você tem a luta de um casal apaixonado que vê seus sonhos dilacerados pela guerra. O que torna essa canção dela tão pungente é a saudade, a dor que vem do âmago. Acho que é esse o tipo de emoção que me atrai, é isso que desperta nas pessoas uma afinidade por personagens como Eleanor Rigby ou Father McKenzie. É por isso também que em "Average Person" nos deparamos com o ex-maquinista cuja ambição era trabalhar com leões no zoológico; a garçonete que fez um teste em Hollywood; e o boxeador que sempre achou que lhe faltava um pouco de altura. Gente como a gente, com problemas como os da gente.

THE AVERAGE PERSON

Look at the average person
Speak to the man in the (street)
(beat)
on the site,
Can you imagine the first one
you'd meet —

ENGINE DRIVER

(1) Talking to a former engine driver
Trying to find out what he used to do ...
Tells me that he always kept his engine
spik and polished (up as) good as new
(spanking)
But he said his only great ambition
was to work with (pythons) in a zoo .
LIONS
oh to work with pythons in a zoo
LIONS

yes dear — you heard right
He told me his ambition was to
work with pythons in a zoo every night
once a night .

Look at the average person
Speak to the man in the street
You can imagine the first one you'd meet—

② WAITRESS.

Met a woman working as a waitress
Asked ~~her just~~ exactly what it was she did
Said she (worked)(served) the summer crowd at seaside's
Wintertime she ran away and hid,
~~S~~ Once she had a Hollywood (ambition)(audition)
But the part was given to a kid,
Yeah the part was given to a kid.

Yes sir, you heard right
Hollywood ambition made a starlet
grow up overnight

CHORUS
③ ——————
BOXER.

I bumped into a man who's been a boxer
(had been his greatest night)
Asked him what ~~his greatest moment was~~

(he) looked into the corners of his memory
Searching ~~for the BONFIRE of~~ ... TITE - (fight')
~~(long forgotten)~~

~~he always had a small ambition~~
~~just to gain a little extra height~~

THEN ~~But~~ he says he always had a feeling
That he MIGHT ~~could~~ have lacked a little height
~~thought he might have lacked a little height~~
(. could have used a little extra height)

Eyes mate, you heard right

Always had a feeling that he
might have lacked a little height—
Yes — sir ———
Told me his ambition

Was to never have another fight.

B

Back in the U.S.S.R.   34
Band on the Run   38
Birthday   42
Blackbird   46

Back in the U.S.S.R.

COMPOSITORES	Paul McCartney e John Lennon
ARTISTA	The Beatles
GRAVAÇÃO	Abbey Road Studios, Londres
LANÇAMENTO	*The Beatles*, 1968

Flew in from Miami Beach BOAC
Didn't get to bed last night
On the way the paper bag was on my knee
Man I had a dreadful flight

I'm back in the U.S.S.R.
You don't know how lucky you are, boy
Back in the U.S.S.R.

Been away so long I hardly knew the place
Gee it's good to be back home
Leave it till tomorrow to unpack my case
Honey disconnect the phone

I'm back in the U.S.S.R.
You don't know how lucky you are, boy
Back in the U.S.
Back in the U.S.
Back in the U.S.S.R.

Well the Ukraine girls really knock me out
They leave the West behind
And Moscow girls make me sing and shout
That Georgia's always on my mind

Oh show me round your snow-peaked
	mountains way down south
Take me to your daddy's farm
Let me hear your balalaikas ringing out
Come and keep your comrade warm

I'm back in the U.S.S.R.
You don't know how lucky you are, boy
Back in the U.S.S.R.

Q UANDO OS BEACH BOYS LANÇARAM *PET SOUNDS* EM 1966, percebemos de uma vez por todas que a concorrência deles era séria. Até então, eles pareciam uma ótima banda de surf rock. Já tinham produzido coisas primorosas, uns trabalhos inovadores com raízes na tradição do *doo-wop*, o rock'n'roll impregnado de gospel, e já tínhamos pegado emprestadas algumas dessas coisinhas. Por exemplo, as harmonias. Claro, eles também pegavam emprestado de nós. Todo mundo pegava emprestado de todo mundo. Existia uma circularidade em toda a indústria.

Uma coisa é certa: o "protagonista" russo desta canção tem a influência dos Beach Boys, e também de "Back in the U.S.A.", de Chuck Berry. E essa influência dos Beach Boys no protagonista é perfeitamente normal. Afinal de contas, ele decola de Miami, onde andou ouvindo, em especial, "California Girls", e é por isso que a ponte de nossa canção cita como as moças da Ucrânia o deixam nocauteado ("*Ukraine girls really knock me out*"). Ao fundo se ouve uma paródia bem flagrante de um refrão dos Beach Boys.

Depois temos a referência humorística a "Georgia on My Mind", cantada por Ray Charles, mas claro, é a Geórgia da União Soviética, e não o estado homônimo dos EUA. Por algum motivo, o personagem prefere a URSS aos EUA, e a graça desta canção está justamente nisso. Quando começamos a citar os territórios da URSS, poderíamos continuar por horas a fio. É quase como se a canção estivesse escrevendo a si mesma a essa altura. O verso *"Show me round your snow-peaked mountains way down south"* tem um quê de travessura colegial, sugerindo que a moça mostre seus montes com picos nevados rumo ao sul, bem como *"Come and keep your comrade warm"*, um convite para esquentar seu camarada.

Em um ou dois pontos, a ideia de que um russo está dizendo que você não sabe a sorte que tem de morar na URSS fica meio enfraquecida. Estou pensando na referência sobre desconectar o telefone. A escuta telefônica provavelmente fazia parte da ideia que tínhamos da URSS. A alusão à fazenda de seu papai ("*your daddy's farm*") também é um tanto complexa, se você levar em conta que na URSS a coletivização da propriedade estava na ordem do dia. Portanto, o "papai" poderia ser Stálin ou Brejnev, que estava no poder na época.

Desnecessário dizer: os Beatles foram proibidos na URSS, o que, como de costume, teve o efeito de nos tornar muito populares por lá. Quando enfim cantei "Back in the U.S.S.R." na Praça Vermelha, em 2003, foi um momento para degustar.

Acima: Os Beach Boys fotografados por Linda. Plaza Hotel, Nova York, 1968

Acima: Turnê *Back in the World*. Praça Vermelha, Moscou, 24 de maio de 2003

À esquerda: Balalaica de Paul, conforme citado na letra

Flew in from Miami Beach B O A C
Didn't get to bed last night
On the way the paper bag was on my knee
Man I had a dreadful flight
I'm back in the U S S R
You don't know how lucky you are boy
Back in the U S S R .

Been away so long I hardly knew the place
Gee it's good to be back home.
leave it till tomorrow to unpack my case
Honey disconnect the phone
I'm back in the U S S R ------

Well the Ukraine girls really knock me out
They leave the west behind
+ Moscow girls make me sing + shout
that Georgia's always on my mm...mind.
                                  your
Show me round ~~the~~ snow peaked mountains
                              way down south
Take me to your daddy's farm
                 see
Let me hear your balalaika working out

Band on the Run

COMPOSITORES   Paul McCartney e Linda McCartney
ARTISTA   Paul McCartney e Wings
GRAVAÇÃO   EMI Studios, Lagos; e AIR Studios, Londres
LANÇAMENTO   *Band on the Run*, 1973
    Single, 1974

Stuck inside these four walls
Sent inside forever
Never seeing no one nice again
Like you, mama, you, mama, you

If I ever get out of here
Thought of giving it all away
To a registered charity
All I need is a pint a day
If I ever get out of here
If we ever get out of here

Well the rain exploded with a mighty crash
As we fell into the sun
And the first one said to the second one there
I hope you're having fun

Band on the run
Band on the run
And the jailer man and Sailor Sam
Were searching everyone
For the band on the run
Band on the run
For the band on the run
Band on the run

Well the undertaker drew a heavy sigh
Seeing no one else had come
And a bell was ringing in the village square
For the rabbits on the run

Band on the run
Band on the run
And the jailer man and Sailor Sam
Were searching everyone
For the band on the run
Band on the run

The band on the run
The band on the run
The band on the run
The band on the run

Well the night was falling as the desert world
Began to settle down
In the town they're searching for us everywhere
But we never will be found

Band on the run
Band on the run
And the county judge who held a grudge
Will search for evermore
For the band on the run
The band on the run
Band on the run
The band on the run

Acima: Em Lagos com Fela Kuti durante a gravação de *Band on the Run*, 1973

A PALAVRA "BAND" NO TÍTULO DESTA CANÇÃO SE REFERE basicamente à ideia de um bando de foragidos da prisão. Um grupo de bandidos. Certos aspectos me lembram do filme *Butch Cassidy*. O agente funerário toca o sino porque está chateado com a pouca clientela. Sailor Sam é um personagem de *Rupert Bear*, a tirinha cômica de Mary Tourtel. Mas de algum modo ele se encaixou.

E um fato inusitado: a canção foi gravada em Lagos, Nigéria, num estúdio da EMI. Lagos parecia legal, exótica. Não era como eu imaginava. Eu não tinha imaginado cólera, assaltos, estúdios semiacabados ou nossas filhas sendo informadas de que não podiam entrar na piscina do hotel por estarem nuas. Você apaga todas as partes ruins e guarda só as coisas legais.

Chefe Abiola: "Olá, Mac". (Ele me chamava de Mac.) "Mac, por que o senhor não tem quatro esposas?"

"Uma já dá trabalho suficiente, Chefe."

Em essência, a canção conta uma história. Uma canção sobre liberdade. Muitos de nós, naquela época, nos sentíamos livres das amarras da civilização. Esta é uma das coisas legais do rock'n'roll: ele nos permite quebrar as regras. Uma regra que se costuma quebrar é a de que uma peça musical precisa ser altamente complexa para ser boa.

Já mencionei isso várias vezes, mas vale lembrar: quando os Beatles começaram, as nossas habilidades técnicas eram limitadas. Só conhecíamos um acorde ou outro. Mas fomos evoluindo – a tal ponto que, ao nos separarmos, tínhamos nos transformado numa máquina bem sofisticada. Com o Wings, aparecíamos nas entidades estudantis e indagávamos: "Podemos fazer um show?", pois sabíamos que elas tinham um auditório e pessoas. Cobrávamos 50 *pence* na entrada. Tínhamos só onze canções, então precisávamos repetir algumas delas. Alguns dos shows devem ter sido muito precários porque não sabíamos direito o que estávamos fazendo.

BAND ON THE RUN.

Stuck inside these four walls
Sent inside forever
Never seeing no-one, nice again,
Like you, mama
You, mama ...... you...

If I ever get out of here
Thought of giving it all away,
To a registered charity
All I need is a pint a day
If I ever get out of here
(If we ever " " " ")
— LINK —

① Well the rain exploded with a mighty crash
As we fell into the sun
And the first one said to the second one there
I hope you're having fun
CHORUS Band on the run ; band on the run
And the jailor man, and sailor sam,
Were searching everyone
For the Band on the run
" " " "
" " " "
" " " "

② Well, the undertaker drew a heavy sigh
Seeing noone else had come
And a bell was ringing in the village square
For the rabbits on the run,
CHORUS   Band on the run

       and the "jailer" man etc...

③   Well the night was falling
As the desert world began to settle down
In the town they're searching for us everywhere
But we never will be found
CHORUS Band on the run
       "   "   "   "

And the county judge, who held a grudge
Will search forever more,
     For the   BAND ON THE RUN

Birthday

COMPOSITORES Paul McCartney e John Lennon
ARTISTA The Beatles
GRAVAÇÃO Abbey Road Studios, Londres
LANÇAMENTO *The Beatles*, 1968

You say it's your birthday
It's my birthday too, yeah
They say it's your birthday
We're gonna have a good time
I'm glad it's your birthday
Happy birthday to you

Yes we're goin' to a party, party
Yes we're goin' to a party, party
Yes we're goin' to a party, party

I would like you to dance
(Birthday) Take a cha-cha-cha-chance
(Birthday) I would like you to dance
(Birthday) Dance

You say it's your birthday
It's my birthday too, yeah
They say it's your birthday
We're gonna have a good time
I'm glad it's your birthday
Happy birthday to you

"*MACH SCHAU! MACH SCHAU!*" QUANDO OS BEATLES estiveram pela primeira vez em Hamburgo, em 1960, sobrevivíamos à base de leite com flocos de milho. Queríamos angariar fãs e nos disseram para gritar: "*Mach schau!*" ("Façam um show!"). Fazer shows sempre foi um elemento importante no que os Beatles faziam e no que eu continuo fazendo. Tentávamos atrair o público para o Indra Club em Hamburgo e o jeito era aprender certas habilidades para fazer isso. Por exemplo, tocávamos uma canção chamada "Dance in the Street" para atrair a galera. John ficava em pé, sem o violão, batendo palmas e "dançando na rua". Um espetáculo e tanto, e realmente atraía o pessoal.

"Birthday" é uma daquelas canções escritas para serem tocadas em shows – cujo foco é ser interpretada ao vivo. Outras canções, como "Sgt. Pepper", com seu verso "*We'd like to take you home with us*", funcionam à perfeição para concluir um show. "Birthday" ainda funciona bem ao vivo porque sempre tem alguém na plateia que está fazendo aniversário. Algumas de minhas canções têm funções maiores e mais elevadas do que só conquistar seu lugar no mundo.

E esta veio ao mundo em uma noite no Abbey Road. Nós meio que morávamos no Studio 2, e alguns de nossos amigos vieram nos visitar. Eu me lembro de que Pattie Boyd, a esposa de George Harrison, estava lá. Tenho certeza de que Eric Clapton também estava. Em geral, não recebíamos visitas no estúdio, mas era uma ocasião diferente. Talvez fosse até o aniversário de alguém.

Decidimos criar algo na hora. Era um costume nosso começar uma sessão com um riff, e para nós o riff dos riffs era o de "Lucille", de Little Richard. É o riff que Roy Orbison adaptou para "Pretty Woman". Fizemos a mesma coisa em "Birthday". Tudo bem básico.

Vou concentrar o foco em dois versos: "*I would like you to dance/ Take a cha--cha-cha-chance*". Eu me lembro de que na época outra banda estava muito em voga: o The Who. Eles tiveram um momento memorável em "My Generation", que envolvia gaguejar umas palavras, como na expressão "*fade away*". Mas quando você faz "f-f-f" ao vivo na televisão britânica, isso chama a atenção das pessoas. Eu me lembro desse momento com bastante nitidez. E esse, digamos assim, "gaguejo", inspirou o "cha-cha-cha" em "Birthday", assim como "Birthday" inspirou o "cha-cha-cha-cha" em "Changes", de David Bowie. Compor letra e música de uma canção tem a ver com pegar o bastão, segurá-lo por um tempo e depois passá-lo adiante.

RIFF

THEY SAY ITS YOUR BIRTHDAY
WELL ITS MY BIRTHDAY TOO YEAH
THEY SAY ITS YOUR BIRTHDAY
WE'RE GOING TO HAVE A GOOD TIME
I'M GLAD ITS YOUR BIRTHDAY
HAPPY BIRTHDAY TO YOU

DRUMS

I WOULD LIKE YOU TO DANCE
TAKE A CHA CHA CHA CHANCE
I WOULD LIKE YOU TO DANCE

SOLO

STAGGERS

THEY SAY ITS YOUR BIRTHDAY
WELL ITS MY BIRTHDAY TOO YEAH
THEY SAY ITS YOUR BIRTHDAY
WE'RE GOING TO HAVE A GOOD TIME
I'M GLAD ITS YOUR BIRTHDAY
HAPPY BIRTHDAY TO YOU.

Acima: No palco com Stuart Sutcliffe, John Lennon e George Harrison. Top Ten Club, Hamburgo, 1961

À direita: Os Beatles. Hamburgo, início dos anos 1960

Blackbird

COMPOSITORES Paul McCartney e John Lennon
ARTISTA The Beatles
GRAVAÇÃO Abbey Road Studios, Londres
LANÇAMENTO *The Beatles*, 1968

Blackbird singing in the dead of night
Take these broken wings and learn to fly
All your life, you were only waiting
For this moment to arise

Blackbird singing in the dead of night
Take these sunken eyes and learn to see
All your life, you were only waiting
For this moment to be free

Blackbird fly
Blackbird fly
Into the light
Of a dark black night

Blackbird singing in the dead of night
Take these broken wings and learn to fly
All your life, you were only waiting
For this moment to arise
You were only waiting
For this moment to arise
You were only waiting
For this moment to arise

Acima: Sessões de gravação do álbum *The Beatles*. Abbey Road Studios, Londres, 1968

O POETA ADRIAN MITCHELL E EU ÉRAMOS BONS AMIGOS, E quando escrevi um livrinho de poemas chamado *Blackbird Singing* [no Brasil, *O canto do pássaro-preto*], Adrian me ajudou no processo. Foi editado por Bob Weil, que também trabalha comigo neste livro. Comecei a fazer recitais para promover o livro e perguntei a Adrian: "O que você faz num recital? Só declama os seus poemas?". Ele me respondeu: "Bem, se você tiver uma história interessante sobre o poema, sempre é uma boa maneira de fazer a introdução. Depois pode ler o poema".

A letra de "Blackbird" era um dos textos que eu planejava ler e me lembrei de duas histórias sobre ela. Uma tinha a ver com a música, o trechinho do violão que faz parte dela, onde a letra diz *"Blackbird singing in the dead of night"*. Era algo que George Harrison e eu tocávamos em festinhas quando éramos meninos, uma peça para alaúde de Johann Sebastian Bach. Admirávamos o dedilhado de Chet Atkins, principalmente na faixa chamada "Trambone", que também foi tocada por Colin Manley, da banda The Remo Four. Eles começaram em Liverpool na mesma época que os Beatles.

A outra história tem a ver com "*blackbird*", o melro-preto, ser uma gíria para "jovem negra". Tenho plena consciência de que Liverpool foi um porto de escravos e que também abrigou a primeira comunidade caribenha na Inglaterra. Por isso, conhecíamos muitos negros, em particular no mundo musical, como Lord Woodbine, cantor de calipso e promotor de eventos que administrava bares em Liverpool, incluindo o New Cabaret Artists' Club, onde tocamos na época do The Silver Beetles, e o Derry, do Derry and The Seniors, grupo que abriu o caminho para nós em Hamburgo.

Quando eu compus "Blackbird", em 1968, eu tinha plena consciência das graves tensões raciais nos Estados Unidos. No ano anterior, 1967, os ânimos

À esquerda: Com Thelma Mothershed Wair e Elizabeth Eckford, dos "Nove de Little Rock", que em 1957 enfrentaram a segregação na Escola de Little Rock. Little Rock, 30 abril de 2016

se acirraram, mas em 1968 a coisa piorou. A canção foi composta semanas após o assassinato de Martin Luther King. As imagens contidas na letra (asas quebradas, olhos encovados, anseio geral por liberdade) têm muito a ver com esse momento.

E o conselho de Adrian Mitchell sobre a importância de fazer uma introdução ao ler uma poesia teve outro desfecho. Em meus shows rotineiros, passei cada vez mais a contextualizar as canções, contando algumas das histórias por trás delas. Acho que o público realmente aprecia descobrir um novo ângulo na atmosfera planetária da canção e, assim, dar uma espiada no lado oculto da Lua.

Black bird singing
in the dead of night
Take these broken wings
and learn to fly
All your life
you were only waiting for
this moment to arise
Black bird singing
in the dead of night
Take these sunken eyes
and learn to see
All your life

Paul McCartney

C

Café on the Left Bank	52
Calico Skies	58
Can't Buy Me Love	62
Carry That Weight	70
Check My Machine	74
Come and Get It	78
Coming Up	82
Confidante	88
Cook of the House	94
Country Dreamer	98

Café on the Left Bank

COMPOSITOR	Paul McCartney
ARTISTA	Wings
GRAVAÇÃO	*Fair Carol*, Ilhas Virgens
LANÇAMENTO	*London Town*, 1978

Café on the Left Bank
Ordinary wine
Touching all the girls with your eyes

Tiny crowd of Frenchmen
Round a TV shop
Watching Charles de Gaulle make a speech

Dancing after midnight
Sprawling to the car
Continental breakfast in the bar

English-speaking people
Drinking German beer
Talking far too loud for their ears

Café on the Left Bank
Ordinary wine
Touching all the girls with your eyes

Dancing after midnight
Crawling to the car
Cocktail waitress waiting in the bar

English-speaking people
Drinking German beer
Talking way too loud for their ears

Café on the Left Bank

Acima: Iate *Fair Carol*.
Ilhas Virgens, 1977

VINHO SIMPLES (EM FRANCÊS, *VIN ORDINAIRE*) ERA O ÚNICO tipo de vinho que conhecíamos naquela época. Eu não entendia por que as pessoas curtiam vinho: sempre que eu experimentava tinha gosto ruim. Quando John e eu pegamos carona até Paris em 1961, fomos a um café na Margem Esquerda. A garçonete era mais velha que nós – normal, pois John ia completar 21 anos e eu não tinha nem 20. Ela nos serviu duas taças de *vin ordinaire* e notamos os pelos nas axilas dela. Ficamos chocados: "Caramba, olha só isto, ela tem pelos embaixo do braço!". Isso é coisa das francesas, mas nenhuma garota britânica – tampouco americana, como descobriríamos mais tarde – usaria pelos nas axilas, nem morta. Você tinha que ser *beatnik* de verdade. É uma lembrança tão nítida para mim, então ela estava em minha cabeça quando comecei a montar essa cena.

Na verdade, sou um grande fã do que é "simples". Espero que de muitas maneiras essa palavra me defina, e também muitas das canções que escrevi. Não me interprete mal; eu aprecio pessoas e coisas fantásticas, mas se as pessoas puderem ser excelentes e simples ao mesmo tempo, isso para mim é especial. Nesse sentido, os meus familiares de Liverpool (meus pais, todos os tios e tias) eram excelentes e simples, e acho que o fato de que essa combinação pode facilmente passar despercebida a torna ainda mais especial. Aos olhos de muita gente, a minha família de Liverpool passou despercebida, mas na verdade eles são bem mais inteligentes do que Maggie Thatcher, digamos. A atitude deles em relação à vida não era tão rígida quanto a de muita gente que encontrei desde então. Por exemplo, estavam sempre prontos para uma canção ao redor do piano do pub. Portanto, a escolha é sua. Ser altamente sofisticado, mas muito rígido, ou menos sofisticado e estar em paz consigo mesmo. Tento mesclar um pouco isso e costumo me inspirar bastante nessa simplicidade.

Eu me lembro de ver televisores na vitrine de uma loja - eles ainda eram em preto e branco (é difícil para as gerações mais jovens imaginarem televisão sem cores), e o pessoal estava assistindo ao Charles de Gaulle, de quepe e tudo. Hoje em dia é raro ver uma cena dessas. Na verdade, atualmente não se vê mais isso. Era, e ainda é, uma imagem muito impactante.

Eu me recordo como se fosse ontem. Gravamos a canção num estúdio móvel instalado num iate ancorado nas Ilhas Virgens Americanas. O estúdio tinha vinte e quatro canais - não se esqueça de que o *Sgt. Pepper* tinha sido gravado com quatro canais -, então foi o melhor estúdio em que trabalhei depois do Abbey Road. A formação clássica do Wings participou das gravações: Denny Laine e Jimmy McCulloch nas guitarras, Joe English na bateria, Linda nos teclados e vocais, e eu no baixo e vocais. Também atuei na produção da faixa. Isso é um pouco como estar num café na Margem Esquerda e ser freguês e garçom ao mesmo tempo.

Acima: Gravando com Denny Laine. *Fair Carol*, Ilhas Virgens, 1977

À direita: Gravando com Joe English, Denny Laine, Jimmy McCulloch e Linda. *Fair Carol*, Ilhas Virgens, 1977

HOTEL BAKOUA MARTINIQUE

★ ★ ★ ★

BAKOUA (MARTINIQUE)
76.33.95
: 889
97207 FORT DE,FRANCE CEDEX
TELEX : BAKOUA 029 666 MR

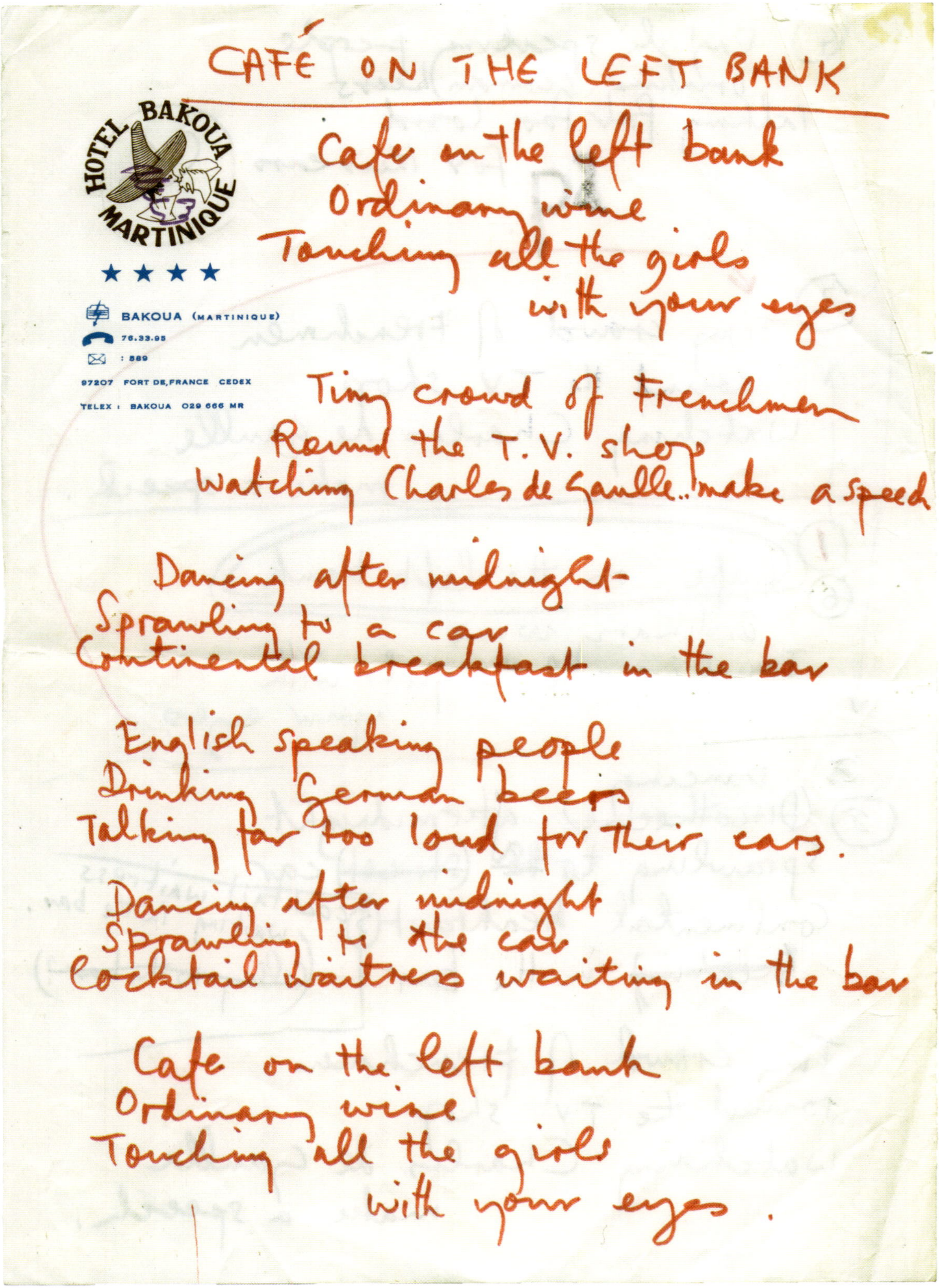

CAFÉ ON THE LEFT BANK

Cafe on the left bank
Ordinary wine
Touching all the girls
with your eyes

Tiny crowd of Frenchmen
Round the T.V. shop
Watching Charles de Gaulle.. make a speech

Dancing after midnight
Sprawling to a car
Continental breakfast in the bar

English speaking people
Drinking German beers
Talking far too loud for their ears.

Dancing after midnight
Sprawling to the car
Cocktail waitress waiting in the bar

Cafe on the left bank
Ordinary wine
Touching all the girls
with your eyes.

(4) English speaking people
Drinking (German) beers
Talking far too loud
for their ears

(2) Tiny crowd of Frenchmen
Round the T.V. shop
Watching Charles de Gaulle
make a speech.

(1)
(6) Cafe on the left bank
Ordinary wine
Touching all the girls with
your eyes

(3) Dancing
(5) (Discotheque) after midnight
Sprawling to the (Street) car
Continental breakfast (cocktail waitress
(Feeding) in the bar waiting in the bar.
(calling to the bar)

Tiny crowd of Frenchmen
round the TV shop
watching Charles de Gaulle
make a speech.

Calico Skies

COMPOSITOR   Paul McCartney
ARTISTA   Paul McCartney
GRAVAÇÃO   Hog Hill Mill, Sussex
LANÇAMENTO   *Flaming Pie*, 1997

It was written that I would love you
From the moment I opened my eyes
And the morning when I first saw you
Gave me life under calico skies
I will hold you for as long as you like
I'll hold you for the rest of my life

Always looking for ways to love you
Never failing to fight at your side
While the angels of love protect us
From the innermost secrets we hide
I'll hold you for as long as you like
I'll hold you for the rest of my life

Long live all of us crazy soldiers
Who were born under calico skies
May we never be called to handle
All the weapons of war we despise
I'll hold you for as long as you like
I'll hold you for the rest of my life
I'll hold you for as long as you like
I'll love you for the rest of my
For the rest of my life

SE ALGUÉM PERGUNTASSE A LINDA SE ELA PRESTAVA ATENÇÃO EM signos e sinais astrais, ela costumava responder que só prestava atenção em sinais de trânsito, em especial, "Proibido estacionar". Eu também nunca prestei muita atenção em astrologia, e acho que um dos motivos é aquele interminável blá-blá--blá sobre os signos do zodíaco nos anos 1960. Mas, a propósito, sou geminiano.

Quem é de Gêmeos nasce no meio do ano, então todo esse pedaço do ano já se foi e ainda temos toda a outra parte do ano pela frente, e você nasce exatamente a meio caminho andado. Ao que consta, me dizem, isso afeta seu caráter. Sem dúvida, eu tenho essa coisa de yin-yang, e suponho que todo mundo tenha um pouco desse contraste: *"ebony and ivory"*; *"goodbye, hello"*; *"I say yes, you say no"*. Muitas vezes, eu brinco com esse senso de dicotomia. Sou geminiano de verdade.

A frase que abre esta canção - *"It was written that"* - refere-se à ideia de que o destino de alguém está de fato "escrito" nas estrelas. *"Calico skies"*? Sabe-se lá o que significa um céu de calicó. Talvez eu tenha ouvido essa expressão em algum lugar, mas estou reivindicando a autoria. Sei que o calicó é um tipo de tecido de algodão que veio originalmente de Kolkata, mais conhecida como Calcutá, e seria legal pensar que esta canção aumentou a popularidade do calicó.

Estive dando uma olhada nas notas do encarte do álbum *Flaming Pie*, que tem esta canção, e me lembrei de como isso aconteceu. Enfim tinham começado a dar nomes masculinos aos furacões, e um poderoso furacão chamado Bob provocou uma queda de energia em Long Island: blecaute total. Essa é uma boa oportunidade: quando o mundo desliga, você cria. Seja como for, estou sempre procurando oportunidades assim. Se eu estiver numa casa compondo uma canção, eu tento me afastar o máximo possível do movimento, o que em geral significa um armário embaixo da escada, um closet ou um banheiro. Algum lugar onde eu possa me tornar um ermitão da caverna. Então, quando esses blecautes acontecem, de repente você não precisa se esconder aqui ou ali, basta descer ao porão e ficar totalmente a sós com a canção.

Se você estiver compondo a letra de uma canção, é normal fazer rimas. Isso tende a funcionar melhor do que versos brancos ou canção em prosa. Por isso, quando tenho uma ideia e sei que há uma boa possibilidade de rimar algo com *"eyes"*, começo a avaliar as alternativas. Gosto de pensar que meu pai resolvia as palavras cruzadas de um modo muito semelhante, apenas desembaralhando as possibilidades lexicais em sua cabeça. Então, ao escrever a letra de uma canção, eu apenas penso adiante, percebo que vai existir uma rima e tento enriquecê-la - e torná-la útil para dar andamento ao enredo. Nesta canção me veio a palavra *"skies"*, então pensei em abrir meus olhos num dia de céu nublado, de céu azul-marinho, de céu azul-profundo ou até mesmo de calicó. E você procura contextualizar a palavra.

"While the angels of love protect us/ From the innermost secrets we hide". Cada um de nós tem um turbilhão de coisas acontecendo por dentro, mas essa ideia de amor, respeito e decência nos protege dos segredos mais íntimos que talvez não sejam tão legais assim. Talvez você esteja pensando coisas desagradáveis sobre alguém, mas, a menos que essa pessoa o tenha irritado para valer, você não vai querer verbalizar isso, então é sinal de que você recebeu a proteção do anjo do amor. Creio que isso aconteça a toda hora. É algo que também pode ser chamado de sua consciência. Quer dizer, me agrada a ideia de que existem duas pessoas na minha cabeça. Duas, no mínimo.

"*Long live all of us crazy soldiers*". Existem certos políticos, presidentes, primeiros-ministros de quem não gostamos, que mentem descaradamente e, ao longo da minha vida, tento combatê-los, ao meu estilo. Para mim, o tipo de protesto representado por esse verso lembra o da canção de Pete Seeger, "We Shall Overcome" ("Vamos superar"), que mais tarde foi gravada por Bob Dylan. Canalizei isso numa canção romântica e, vindo na terceira estrofe, serve um pouco de alerta, porque até esse ponto a canção não era realmente sobre política ou sociedade, mas sim sobre indivíduos. Mas isso nos coloca num pelotão de soldados malucos – nós, irmãos de guerra – ao qual estou muito feliz de pertencer.

Quando somos estudantes, participamos desse tipo de debate. E, em nosso caso, os Beatles eram meus colegas de aula. Sentávamos para tomar uma bebida. Ato contínuo, entabulávamos uma conversa sobre isso ou aquilo e, por causa de nossa idade, começávamos a falar no que faríamos se uma guerra fosse declarada e fôssemos realmente convocados. Combateríamos no front? Acho que muita gente de nossa geração teve que considerar essa possibilidade. A grande sorte dos Beatles foi que, na época em que formamos a banda, o Reino Unido encerrou a convocação compulsória, que nos EUA chama-se "draft".

Não fosse isso, todos nós seríamos obrigados a fazer o serviço militar. Ringo era qualificado e, mais tarde, eu, John e George também seríamos qualificados. E nenhum de nós tinha aquele infame bico de papagaio que costumava livrar alguns do serviço militar. Sempre dizíamos que o fim da convocação foi como se Deus, ao estilo de Moisés, abrisse as águas para nós. E nós nos limitamos a fazer a travessia. Na realidade, tivemos muita sorte.

Então o assunto era: teríamos combatido no front? E a minha opinião era que eu não teria, a menos que as circunstâncias fossem como as de Dunquerque ou de uma invasão de Hitler, algo que me impelisse a lutar. Afora isso, minha escolha era a paz, e essa era a ideia que prevalecia em nossa geração. Na verdade, pensávamos que havia uma chance. Se conseguíssemos persuadir os políticos, de fato era possível termos paz.

No fim das contas, parece que você não consegue persuadi-los, mas é preciso continuar tentando. Fico feliz que Churchill se levantou contra Hitler enquanto muitos de seus colegas, incluindo Neville Chamberlain, preconizavam a "paz para o nosso tempo". E Chamberlain não estava só. Muita gente achava que deveria ceder porque – de modo muito equivocado – consideravam Hitler essencialmente inofensivo antes da guerra.

Algo que nos remete aos pronunciamentos públicos de um certo político sobre a covid-19.

Acima: Céu com nuvens fotografado por Linda

À direita: East Hampton, 1991

Can't Buy Me Love

COMPOSITORES	Paul McCartney e John Lennon
ARTISTA	The Beatles
GRAVAÇÃO	Pathé Marconi, Paris; e Abbey Road Studios, Londres
LANÇAMENTO	Single, 1964
	A Hard Day's Night, 1964

Can't buy me love, love
Can't buy me love

I'll buy you a diamond ring, my friend
If it makes you feel alright
I'll get you anything, my friend
If it makes you feel alright
'Cause I don't care too much for money
Money can't buy me love

I'll give you all I've got to give
If you say you love me too
I may not have a lot to give
But what I've got I'll give to you
I don't care too much for money
Money can't buy me love

Can't buy me love
Everybody tells me so
Can't buy me love
No, no, no, no

Say you don't need no diamond rings
And I'll be satisfied
Tell me that you want the kind of things
That money just can't buy
I don't care too much for money
Money can't buy me love

Can't buy me love
Everybody tells me so
Can't buy me love
No, no, no, no

Say you don't need no diamond rings
And I'll be satisfied
Tell me that you want the kind of things
That money just can't buy
I don't care too much for money
Money can't buy me love

Can't buy me love, love
Can't buy me love

DESDE MUITO CEDO COMEÇAMOS A PENSAR EM NÓS COMO Lennon e McCartney. Tínhamos ouvido falar em parcerias famosas, como Gilbert e Sullivan, Rodgers e Hammerstein. Lennon e McCartney? Soava bem. Trabalhávamos em dupla e podíamos nos enquadrar nesse padrão. Colocávamos nossos nomes lado a lado em nossos cadernos escolares. "Love Me Do" surgiu por volta dessa época, assim como "One After 909". Foi bem no comecinho, talvez em 1957. Há uns dez ou quinze anos, encontrei aquele caderno. Coloquei na minha estante. Agora já o extraviei. Não sei onde está. Talvez ainda apareça em algum lugar. É o primeiro manuscrito de Lennon e McCartney.

Seja lá como for, a gente sempre fazia isto quando comprava os discos: além de conferir o título da canção, conferia os nomes entre parênteses. Leiber e Stoller, Goffin e King. Eram nomes mágicos para nós - todos esses, em especial os americanos -, talvez nem tanto Rodgers e Hammerstein, pois eram de uma geração anterior. Essa era a nossa época, e esses eram os compositores de nossa época. Quando fomos morar em Londres, John e eu começamos a conhecer compositores profissionais - gente como Mitch Murray e Peter Callander. Eles eram ligados ao escritório de nossa editora musical e todas as canções deles se tornavam sucessos - era algo natural para eles. Mitch escreveu canções como "How Do You Do It?", que gravamos por sugestão de George Martin e quase se tornou o single de estreia dos Beatles. Então, John e eu olhávamos para esse pessoal e dizíamos: "Certo, podemos fazer isso. E se compusermos hits, vamos ganhar dinheiro. Talvez não nos compre amor, mas vai nos comprar um carro".

Não era só pelo dinheiro. Era o prazer de tirar uma canção da cartola e conseguir tocá-la com nossa banda, que precisava de canções. Então meio que estávamos alimentando a máquina. Perguntamos à nossa gravadora: "Quantas vocês querem, chefia?". Os caras da Capitol Records, Voyle Gilmore e Alan Livingston, vieram falar conosco. Dois cavalheiros bem californianos, em trajes feitos sob medida. Avisaram: "Bem, queremos quatro singles e um álbum por ano". Consideramos aquilo bem viável.

Nisso, Brian Epstein, o nosso empresário de fala mansa e afável, nos liga e diz em seu sotaque calmo e perfeito de classe alta, sem vestígio algum de ter sido criado em Liverpool: "Vocês têm a próxima semana de folga para compor o próximo álbum". E respondemos: "Beleza". Fazíamos uma canção por dia. A gente se encontrava na minha casa ou na casa de John. Dois violões, dois bloquinhos, dois lápis. O restante do material era composto na estrada - aqui, ali e em todos os lugares -, mas para fazer um álbum você realmente alocava uma semana ou mais e só administrava.

Era sempre uma boa ideia estar no meio do processo porque nos fazia pensar: "E se escrevêssemos algo que soasse assim?" ou "Melhor escrever uma que soe assado". Reconhecíamos uma lacuna que precisava ser preenchida e era justamente isso que nos inspirava, mais do que qualquer outra coisa. E o fato de estarmos lançando discos que faziam sucesso ajudava bastante. Era como se fôssemos atletas. Se está ganhando as corridas, pode falar: "Sim, acho que vou participar dessa também".

Esta canção foi escrita ao piano, no Hotel George V, em Paris. Poucos anos antes, John e eu fomos a Paris pegando caronas e passeamos nos cafés. Esta foi uma visita bem diferente. O hotel ficava perto da Champs-Élysées, e tínhamos suítes espaçosas o suficiente para ter um piano. Estávamos na cidade para fazer umas três semanas de shows no Olympia. Naquela época, os shows eram bem curtinhos, mas fazíamos duas apresentações diárias. Hoje, quando eu faço shows, tocamos cerca de quarenta canções em três horas. Naquela época, provavelmente eram menos de dez, em torno de meia hora, se você inserisse um pouco de bate-papo com o público. O set list incluía canções como "From Me to You", "She Loves You", "This Boy" e "I Want to Hold Your Hand". As outras eram covers, como "Roll Over Beethoven", "Twist and Shout" e, para terminar, "Long Tall Sally". Nossos dias em Hamburgo, quando tocávamos a noite inteira, todas as noites, serviram como um ótimo treinamento para temporadas como essa.

E como se quarenta e poucos shows não fossem suficientes, Brian também organizava todos esses outros compromissos, como sessões de composição e gravação. Nesse período em Paris, acabamos regravando "I Want to Hold Your Hand" e "She Loves You" em alemão: "Komm, gib mir deine Hand" e "Sie liebt dich". A banda? Die Beatles. O nosso produtor, George Martin, veio gravar no estúdio Pathé Marconi, e ao mesmo tempo gravamos os canais básicos para "Can't Buy Me Love".

É um blues de doze compassos, com um toque dos Beatles no refrão, em que introduzimos uns acordes menores. Em geral, os acordes menores são usados na estrofe de uma canção, e os acordes maiores elevam e iluminam o clima no refrão. Aqui fizemos o contrário. A ideia é que todos esses bens materiais são muito bons, mas o dinheiro não compra o que você realmente precisa. Tem uma ironia aqui. Um pouco antes de Paris, estávamos na Flórida, onde o dinheiro talvez não comprasse amor, mas certamente comprava muita coisa. Acho que a premissa continua valendo. O dinheiro não compra uma família feliz nem amigos em quem você possa confiar. Mais tarde naquele ano, Ella Fitzgerald também gravou a canção, o que foi uma verdadeira honra.

O single fez muito sucesso, chegou ao número um no Reino Unido e nos Estados Unidos ao mesmo tempo. E então, curiosamente, foi desbancado do primeiro lugar no Reino Unido por "A World Without Love", canção que escrevi para o irmão de Jane Asher, Peter. Ele e um amigo assinaram contrato com a EMI, e a canção foi lançada como a estreia da dupla Peter & Gordon. Tenho certeza de que também alcançou o primeiro lugar nos Estados Unidos. Escrevi essa canção quando eu tinha dezesseis anos em minha casa em Liverpool. Não achei que era forte o bastante para os Beatles, mas foi ótima para a carreira de Peter & Gordon. A canção começa com o verso "*Please lock me away*", e quando eu a tocava era como se estivesse pedindo para me trancafiarem. Então John respondia, "Sim, ok", e brincávamos que esse era o fim da canção.

Provavelmente muita gente por aí associa "Can't Buy Me Love" ao filme *A Hard Day's Night* (*Os reis do iê-iê-iê*). Ela toca numa cena em que enfim conseguimos sair do estúdio e nos divertir um pouco, numa espécie de videoclipe. Na realidade, a canção foi escrita especialmente para a trilha sonora do filme. O detalhado roteiro de Alun Owen resumia as nossas falas em breves tiradas, e assim não precisamos decorar muito. Mas, por isso, o filme é meio

À esquerda: Um dos primeiros set lists dos Beatles

À direita: Livro escolar do Liverpool Institute High School for Boys

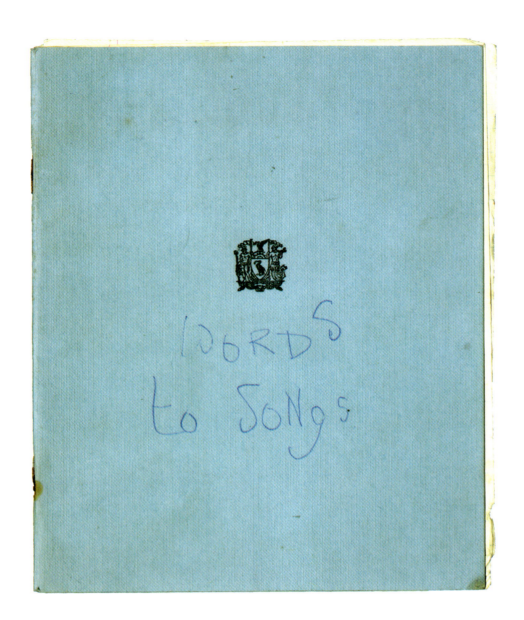

que responsável por imprimir em cada um de nós uma persona pública: John era o inteligente e mordaz; George, o calado; Ringo, o engraçado. Fui escolhido como o bonitinho. Era estranho ser reduzido a um par de características simplificadas aos olhos do mundo, e acho que muita gente até hoje ainda pensa em nós com base nos diálogos escritos para esse filme. Esse ponto de vista pode ser muito limitante, mas aprendemos a ignorá-lo.

Um detalhe importante não mudou: o tamanho do meu casaco. Em 1964, na estreia de *A Hard Day's Night*, em Londres, usei um casaco de smoking com detalhes em veludo. Em 2016, na estreia do filme sobre a turnê dos Beatles, *Eight Days a Week*, também em Londres (e talvez pelo fato de, àquela altura, eu ser vegetariano há quarenta anos), vesti o mesmo casaco.

Ao alto: Com John Lennon nos bastidores do Civic Center. Baltimore, 1964

Acima: Brian Epstein fotografado por Paul, 1964

Acima: Com Stuart Sutcliffe, George Harrison e John Lennon. Top Ten Club, Hamburgo, 1961

À direita: John Lennon. Paris, 1961

Abaixo: Single de
"A World Without Love",
lançado em 1964

À direita: Usando o
mesmo casaco da estreia
de *A Hard Day's Night* em
1964 na estreia de *Eight
Days a Week*, com Ringo
Starr. Londres, 15 de
setembro de 2016

Carry That Weight

COMPOSITORES Paul McCartney e John Lennon
ARTISTA The Beatles
GRAVAÇÃO Abbey Road Studios, Londres
LANÇAMENTO *Abbey Road*, 1969

Boy, you're gonna carry that weight
Carry that weight a long time
Boy, you're gonna carry that weight
Carry that weight a long time

I never give you my pillow
I only send you my invitations
And in the middle of the celebrations
I break down

Boy, you're gonna carry that weight
Carry that weight a long time
Boy, you're gonna carry that weight
Carry that weight a long time

Acima: Bob Dylan fotografado por Linda. Nova York, 1970

ENTRE MEADOS E O FIM DOS ANOS 1960 ENTRAMOS NUM PERÍODO em que tomávamos LSD e ficávamos acordados a noite inteira. Depois restava torcer para que passasse, mas não passava. Uma *bad trip* pode nos fazer sentir pesados, em vez de desfrutar a leveza normal da juventude. Sabe, começamos fumando maconha, e eram só risadinhas. Era muito divertido. Adoramos e era ótimo, e o pior que podia acontecer era você adormecer, e tudo bem. Quando se tornou algo mais sério, você fazia aquilo e não tinha esse alívio leve. Podia se tornar opressivo.

Isso se somou aos problemas de negócios na Apple Records, que eram muito complicados. As reuniões de negócios eram de destruir a alma. Sentávamos num escritório, basicamente um lugar onde você não queria estar, com gente com quem você não curtia estar. Linda tirou uma foto incrível de Allen Klein, na qual ele segura um martelo parecido com o martelo prateado de Maxwell. Ficou muito simbólico. E é por isso que citamos a seção intermediária de "You Never Give Me Your Money" nos versos: "*I never give you my pillow/ I only send you my invitations*".

Todo aquele período me pesou tanto que até comecei a pensar que estava tudo ligado à ideia do pecado original. Embora a minha mãe tenha me batizado como católico, não fomos criados como católicos, por isso no meu dia a dia eu não acreditava muito no conceito de pecado original. Sem dúvida, é muito deprimente pensar que você nasceu um perdedor.

A ideia de carregar um peso pode ter sido influenciada pela canção "The Weight", do álbum de estreia do The Band, *Music from Big Pink*, em julho de 1968. Acontece que eu já tinha citado essa canção na parte final do vídeo de "Hey Jude".

Travamos contato com The Band principalmente por meio de Bob Dylan, de quem gostávamos muito. Curtíamos o fato de ele ser um poeta. Sem dúvida ele tem jeito com as palavras. Também apreciávamos o estilo vocal dele. Tanto que John começou a cantar como ele; experimente só ouvir "You've Got to Hide Your Love Away". E, claro, foi o sr. Dylan que, há muito tempo, nos apresentou aos mistérios da maconha, no verão de 1964, na cidade de Nova York.

Boy, you're going to carry that weight
carry that weight a long time
Boy you're gonna carry that weight
carry that weight a long time.

I never give you my pillow
I only send you my invitations
And in the middle of the celebrations
I break down,

Boy you're gonna carry that weight
carry that weight a long time.

Repeat:....

À direita: Allen Klein.
Escritório da Apple,
Londres, 1969

Check My Machine

COMPOSITOR	Paul McCartney
ARTISTA	Paul McCartney
GRAVAÇÃO	Lower Gate Farm, Sussex
LANÇAMENTO	Lado B do single "Waterfalls", 1980

Hi George
Morning Terry
Sticks and stones may break my bones
But names will never hurt me

Check
My machine
Check
My machine
Check
My machine
Check
My machine

I want you to check
My machine

Check
My machine

Acima: Sessões de gravação de *McCartney II*. Sussex, 1979

UMA ÉPOCA EU TRABALHAVA SOZINHO NO ESTÚDIO – O MEU período de "Professor Pardal", lá no finzinho dos anos 1970. Eu fazia um disco e, quando chegava a hora de lançá-lo, alguém no meu escritório percebia que precisava das letras, então tentavam decifrar o que eu estava cantando. É provável que eu nem conferisse a transcrição. Acho que o mais provável é que todos ouvíssemos a gravação e pensássemos: "Até o fim do verso talvez eu diga algo que faça sentido".

Existe uma grande e antiga tradição do *scat-singing*, a técnica de improviso vocal do jazz, e sempre gostei de ouvi-la nos discos de Fats Waller ou Louis Armstrong. A maior improvisadora de todas foi Ella Fitzgerald. O modo como os *scatters* conseguiam encontrar ritmos em palavras sem sentido era tão inspirador; a gente percebia o quanto eles estavam se divertindo.

Nesta canção, eu sabia que tinha muito eco na minha voz e sabia, também, que ninguém se importaria muito com as palavras em si. Fui só inventando. A única ideia que aparece em alto e bom som é "Check My Machine", e isso é tudo o que eu quero transmitir.

Eu tinha alguns tipos de máquinas em mente. Uma delas era o computador. Diziam que o processo de gravação seria muitíssimo agilizado com os computadores, mas os Beatles teriam feito duas canções antes que você inicializasse o computador e o colocasse para funcionar.

A promessa de ser muito mais eficiente e muito mais veloz não era verdadeira. Contar com lápis, papel e violão é bem mais rápido e eficaz. Algumas das melhores ideias foram escritas em pedacinhos de papel, guardanapos ou no que estivesse à mão. Mas, claro, desde então, os computadores e a tecnologia já evoluíram bastante. Nessa época, as secretárias eletrônicas também faziam muito sucesso. Mal posso acreditar que a secretária eletrônica e o fax hoje são artefatos do passado.

Em casa. Sussex, 1980

Contar com lápis, papel e violão é bem mais rápido e eficaz. Algumas das melhores ideias foram escritas em pedacinhos de papel, guardanapos ou no que estivesse à mão.

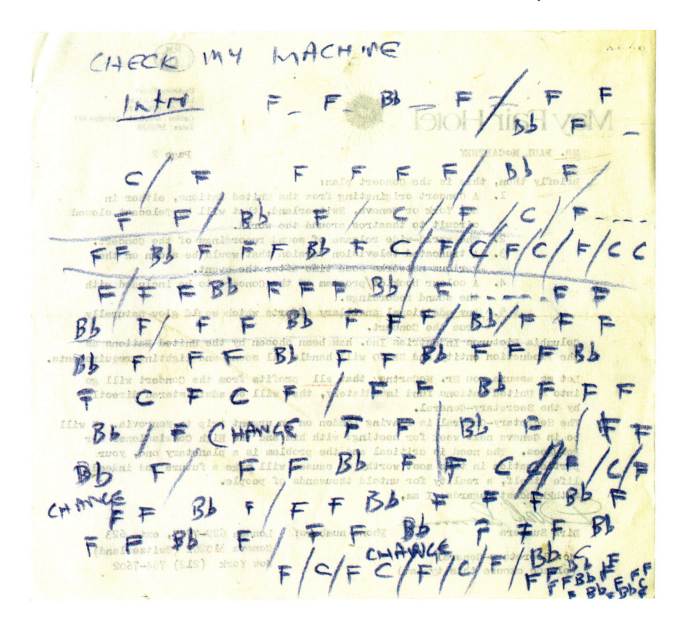

Acordes manuscritos de Paul para "Check My Machine"

Come and Get It

COMPOSITOR	Paul McCartney
ARTISTA	Badfinger
GRAVAÇÃO	Abbey Road Studios, Londres
LANÇAMENTO	Single, 1969
	Magic Christian Music, 1970

If you want it, here it is, come and get it
Make your mind up fast
If you want it, anytime, I can give it
But you'd better hurry 'cause it may not last

Did I hear you say that there must be a catch?
Will you walk away from a fool and his money?

If you want it, here it is, come and get it
But you'd better hurry 'cause it's goin' fast

If you want it, here it is, come and get it
Make your mind up fast
If you want it, anytime, I can give it
But you'd better hurry 'cause it may not last

Did I hear you say that there must be a catch?
Will you walk away from a fool and his money,
    sonny?

If you want it, here it is, come and get it
But you'd better hurry 'cause it's goin' fast
You'd better hurry 'cause it's goin' fast
Fool and his money, sonny

If you want it, here it is, come and get it
But you'd better hurry 'cause it's goin' fast
You'd better hurry 'cause it's goin' fast
You'd better hurry 'cause it's goin' fast

PERTO DO FIM DOS ANOS 1960, EU ESTAVA MORANDO EM LONDRES e, entre um projeto e outro dos Beatles, eu arranjava um tempinho para produzir outros artistas. Quando fundamos a nossa gravadora, a Apple Records, contratamos Mary Hopkin, por exemplo, que já era famosa por ter ganhado um show de talentos na televisão chamado *Opportunity Knocks*. Também assinamos com uma banda chamada Badfinger, uns caras ingleses e galeses que o nosso gerente de turnê, Mal Evans, tinha visto e sugerido para nós. Acho que, nessa época, eles ainda se chamavam The Iveys, mas teve uma confusão com outra banda homônima, então mudaram para Badfinger, em homenagem a "Bad Finger Boogie", o título provisório de "With a Little Help from My Friends".

Fiquei pensando que eu poderia me oferecer para produzi-los, mas queria algo para lançá-los que fosse um grande sucesso. Certa noite, lá estava eu, deitado na cama, mas, em vez de tentar dormir, fiquei pensando numa ideia para uma canção. Esta canção começou a girar na minha cabeça e então pensei: "Ah, isso é bom; isso é ótimo". Então me levantei pé ante pé - Linda e eu tínhamos casado havia pouco tempo, e eu não queria acordá-la, nem a filhinha Heather -, e desci ao térreo, onde eu tinha um gravador de rolo. Fechei todas as portas para não fazer muito barulho e escrevi esta canção. Em essência, uma canção para o Badfinger. Rock'n'roll bem direto, muito básico.

Lembra um pouco "Love Me Do" - ideias bem semelhantes. Mas, claro, eu tentava escrever um hit e não queria nada muito complicado. Quando você está escrevendo para uma plateia - como fez Shakespeare, ou Dickens, cujos capítulos serializados eram lidos para o público -, existe a necessidade de atrair as pessoas. Mas o interessante é que eu sabia exatamente como eu queria que esta canção soasse.

Então eu a escrevi à noite, e logo no dia seguinte tivemos uma sessão para o álbum *Abbey Road*, e fiz questão de chegar lá meia hora antes de a sessão começar, porque eu sabia que os caras chegariam na hora marcada. Falei com o engenheiro, Phil McDonald: "Olha só, eu fiz esta canção. Vou gravar bateria, piano, acrescentar baixo e vocal, e vamos fazer isso em quinze minutos". Ele entendeu o espírito, e foi exatamente o que eu fiz. Toquei piano, inseri a bateria, e foi tudo num só *take*. E então o pessoal chegou e começamos a sessão dos Beatles. Mas a essa altura eu já tinha em mãos essa demo. Acho que eu disse: "Vocês se importam se eu mixar isso rapidinho?". Mas ela meio que se mixou sozinha, sabe? Essa é uma coisa legal desta canção: era tão completa que simplesmente entrei correndo e, em quinze, vinte minutos, fiz a gravação.

Depois mostrei ao pessoal do Badfinger: "É assim que vocês devem fazer". E eles disseram: "Bem, vamos dar a ela um toque nosso". Eu disse: "Não, eu não quero que vocês façam isso. Quero que a gravem fielmente, porque esta é a fórmula do sucesso. Precisam fazer assim". Hesitaram um pouco, mas se você ouvir a gravação deles e a minha demo, elas são muito semelhantes. Você pode ouvir a minha versão no álbum *Anthology 3* dos Beatles e na reedição de cinquenta anos do *Abbey Road*.

Eu entendia que eles não queriam copiar servilmente algo que eu tinha feito, e eu entendia que eles queriam dar um toque pessoal a ela, mas eu estava com

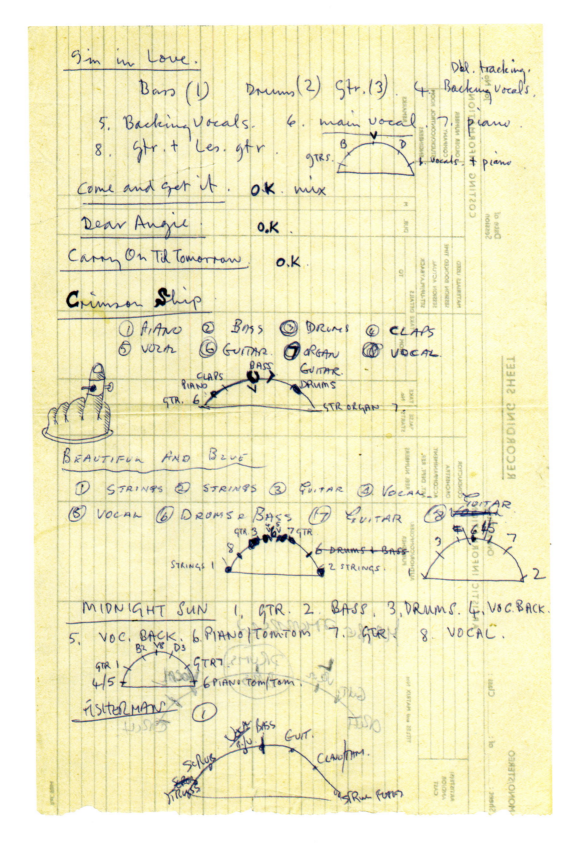

À esquerda: Anotações feitas durante a gravação do álbum *Magic Christian Music*, do Badfinger, 1970

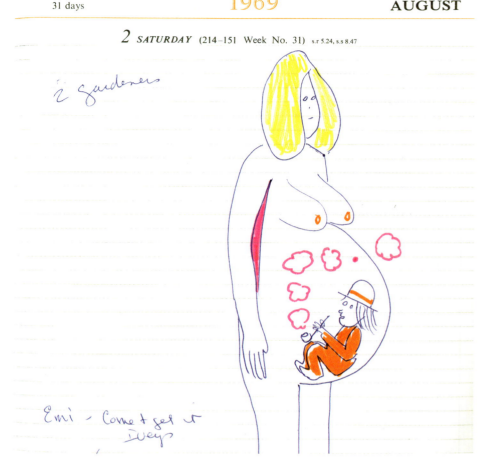

medo de que essa liberdade acabasse atrapalhando. Basicamente, eu estava dizendo: "Essa é uma pintura acabada, e se vocês fizerem uma reprodução, ela será de vocês, não vou publicar a minha. A pintura será de vocês".

A canção fez um grande sucesso - acho que foi o hit número um do Badfinger em alguns países -, e o álbum que trazia a canção também fez muito sucesso. Também me lembro de que eles fizeram mais uma ou duas coisas com a Apple. O vocalista deles era um sujeito chamado Pete Ham, um cara incrível e ótimo compositor. Com o parceiro dele no Badfinger, Tom Evans, ele coescreveu "Without You", grande sucesso na voz de Harry Nilsson. Meu Deus, que canção mais emocionante. E fiquei pensando: "Incrível, Pete, isso é fantástico. Meu Deus, como você fez isso?". Mas, que tristeza, logo depois ele cometeu suicídio.

Muito triste o final dessa história. Escreveu um grande sucesso e o entregou a Nilsson. Ou talvez fosse uma faixa do álbum do Badfinger e Nilsson a tenha ouvido e pensado: "Seria um ótimo single". Não conheço bem a história. É uma triste ironia, porém, o fato de que eu tenha escrito esta canção para Pete Ham e ele tenha dito: "Bem...". Depois ele escreve essa outra canção e a concede a outra pessoa, e é um sucesso arrasador. É assim que as coisas são.

Coming Up

COMPOSITOR   Paul McCartney
ARTISTA   Paul McCartney
GRAVAÇÃO   Spirit of Ranachan Studio, Escócia
LANÇAMENTO   Single, 1980
    McCartney II, 1980

You want a love to last forever
One that will never fade away
I want to help you with your problem
Stick around, I say

Coming up
Coming up, yeah
Coming up like a flower
Coming up, I say

You want a friend you can rely on
One who will never fade away
And if you're searching for an answer
Stick around, I say

It's coming up
It's coming up
It's coming up like a flower
It's coming up, yeah

You want some peace and understanding
So everybody can be free
I know that we can get together
We can make it, stick with me

It's coming up
It's coming up
It's coming up like a flower
It's coming up for you and me

Coming up
Coming up

It's coming up
It's coming up, I say
It's coming up like a flower
It's coming up, I feel it in my bones

You want a better kind of future
One that everyone can share
You're not alone, we all could use it
Stick around we're nearly there

It's coming up
It's coming up everywhere
It's coming up like a flower
It's coming up for all to share
It's coming up, yeah
It's coming up, anyway
It's coming up like a flower
Coming up

É UMA CANÇÃO BASTANTE POSITIVA. COISAS BOAS NOS ESPERAM. E isso reflete a minha postura bem positiva. Esta canção começou com uma vontade de simplesmente gravar, de me divertir um pouco no estúdio. Sempre comparo o trabalho solo no estúdio ao laboratório de um professor de química. Você pode fazer sua alquimia.

Então, entrei no meu estúdio na Escócia e comecei a trabalhar, fazendo a parte da bateria. Em geral eu começo com a bateria. Às vezes, utilizo bateria eletrônica, mas gosto de refazer com a bateria de verdade. Tocar bateria é uma curtição. Em seguida, acrescentei o baixo. Eu estava só fazendo uma coisa experimental. Brincando e experimentando. Retardando ou acelerando as fitas.

A canção foi tocada a primeira vez ao vivo pelo Wings em Glasgow, justo na época em que a banda estava chegando ao fim. Mas foi a minha gravação mais experimental que foi lançada, marcando o início da minha carreira solo. Fizemos um vídeo bem legal para ela, dirigido por Keith McMillan, no qual eu fingia ser todas as pessoas que tocavam os instrumentos. Coisa que, na verdade, eu estava mesmo fazendo.

A expressão "*coming up*" funciona principalmente no sentido do trailer de um filme. "Em breve" num cinema perto de você. Claro, quando você usa uma palavra como "*coming*", no fundo de sua mente há uma conotação sexual de "chegar lá". Por esse motivo, certas palavras assim são boas para brincar. Isso não me faz dizer: "Uau, estou sendo picante". Mas eu gosto do fato de que pode ser lido de várias maneiras.

Foi ótimo "Coming Up" ter chegado ao número um nos EUA. Um número um é sempre ótimo porque você não consegue alcançar muito mais do que isso. Não fico preocupado se uma canção não chega ao primeiro lugar, mas esse *status* é um indicador de que as pessoas estão gostando. John descreveu "Coming Up" em algum lugar como "um bom trabalho". Ele andava meio parado, e isso meio que o motivou a sair da inércia. Então, foi legal saber que a canção mexeu com ele. Logo após a separação dos Beatles, não mantivemos contato, mas existiam várias coisas sobre as quais precisávamos conversar. O nosso relacionamento era, às vezes, um pouco tenso, porque estávamos discutindo negócios e de vez em quando nos insultávamos ao telefone. Mas aos poucos fomos superando isso e, quando eu estava em Nova York, ligava para ele e dizia: "Que tal um chá?".

À esquerda: Gravando a bateria no banheiro para obter o "eco do lavabo". Spirit of Ranachan Studio. Escócia, 1978

Páginas 86-87: A sala de gravações. Spirit of Ranachan Studio, Escócia

Esta canção começou com uma vontade de simplesmente gravar, de me divertir um pouco no estúdio. Sempre comparo o estúdio ao laboratório de um professor de química. Você pode fazer sua alquimia.

COMING UP

1   2   3   4   SAX RIFF

1   2   3   4   RIFF

① You want a love   to last forever
One that will never   fade away
I wanna help you with your problems.
Stick around I say

CHORUS   Coming Up.

1   2

② You want a friend   you can rely on
One who will never fade away
+ if yourseaching for an answer
stick around I say

CHORUS Coming up.   like a flower   Hey !!
                                    HARMONY

1   2   3   4   (SOLO) Long (1 2 3 4)

③ You want some peace + understanding
So everybody   can be free
I know that   we can get together
we can make it stick with me

CHORUS   Coming up (like a flower
                      for you + me
1   2   3   4   1   2 (SOLO) short (1 2 3 4)

④ You want a better... kind of future
One that everyone can share
I know if we can get together
well hear — music everywhere .
CHORUS Coming Up   BREAK B/D.
1   2   3   4   Hand Claps Coming up ANYWAY.
1   2   3   4
CHORUS   Coming Up   I say —
                      like a flower
Feel it in my bones ———— yea yea yea yea
                                    yea

Confidante

COMPOSITOR   Paul McCartney
ARTISTA   Paul McCartney
GRAVAÇÃO   Hog Hill Mill, Sussex
LANÇAMENTO   *Egypt Station*, 2018

You used to be my confidante
My underneath the staircase friend
But I fell out of love with you
And brought our romance to an end

I played with you throughout the day
And told you every secret thought
Unlike my other so-called friends
You stood beside me as I fought

In your reflected glory I
Could dream of shining far-off lands
Where serpents turn to bits of string
And played like kittens in my hand

In our imaginary world
Where butterflies wear army boots
And stomp around the forest chanting
Long lost anthems
Long lost anthems

You used to be my confidante
My underneath the staircase friend
But I fell out of love with you
And brought our romance to an end

I played with you throughout the day
And told you every secret thought
Unlike my other so-called friends
You stood beside me as I fought
You stood beside me as I fought

You used to be my confidante

O VIOLÃO ESTAVA ESCORADO NA POLTRONA DIANTE DA janela, no canto da minha sala de estar em Sussex, no interior da Inglaterra. Eu me dei conta de que não o tocava havia algum tempo, olhei para ele e pensei: "Meu Deus, tem algo errado nisso, eu deveria estar tocando você, e você deve estar se sentindo tão só".

Eu me senti um pouco culpado, então fui até lá e comecei a tocar, e surgiu esta canção, como se eu estivesse falando diretamente ao violão, sobre todas as vezes em que ele me ajudou. A gente costumava dizer que, quando você se senta com o seu violão para compor uma canção, está contando seus segredos, que depois se tornam uma canção para o mundo. Mas naquele instante, quando você está sozinho, o violão é o seu confidente. Você o embala em seu colo. Também parece uma mulher. Tem muita coisa acontecendo ali. Quando você se senta ao piano, porém, é quase como se você o estivesse afastando; são ações totalmente distintas.

"*My underneath the staircase friend*". Essa é uma referência a uma das habitações municipais, chamadas de "casas camarárias", para a qual nos mudamos em Liverpool - acho que é aquela na Forthlin Road que hoje é um local do National Trust, mas também pode ser a casa anterior, em Speke. Embaixo da escada havia um armarinho triangular, como aquele onde Harry Potter cresceu. Em geral era ali que ficava o telefone da casa, mas também era um bom lugar se você estivesse procurando um cantinho para se refugiar, o que era o meu caso. Ainda estou; sempre estou procurando um refúgio. Comecei a pensar no passado e a me perguntar: "Quando é que começou toda essa coisa de confidente?". Lá estava eu embaixo da escada, recapitulando toda essa tradição na minha vida de embalar um instrumento e contar a ele os meus problemas. Eu simplesmente gostei da ideia de que, com esse violão, eu poderia dizer o quão grato eu era por ter um confidente que eu poderia levar comigo a viagens distantes. É assim que eu me sinto em relação a um violão.

A canção começa com "*You used to be my confidante*", mas chegando ao fim da canção a coisa muda: "*But I fell out of love with you/ And brought our romance to an end*", e então o amor vai se perdendo e o romance termina. O que eu gosto é de escrever uma letra e notar que ela sugere coisas diferentes a pessoas diferentes. Eu acho que eu não estava pensando em terminar o meu relacionamento com o tema da música - o violão -, mas eu gosto de usar uma linguagem que possa ser interpretada de maneiras diferentes e que permita às pessoas atribuírem o seu próprio significado à letra. Por isso, para muitos ouvintes, esse verso da canção naturalmente ecoa o fim de um relacionamento.

Na época eu pensei: "Ah, o pessoal vai achar que isso tem a ver com a separação dos Beatles. Que o meu violão ficava ao meu lado, e os meus companheiros de banda, não". E suponho que, lá no fundo de minha mente, isso fosse verdade, e mais ou menos o que passou por minha cabeça.

"*Serpents turn to bits of string*". Essa é uma referência a um fato ocorrido quando estávamos meditando com o Maharishi, em Rishikesh, em 1968. Todas as noites, as pessoas se encontravam para conversar, e o Maharishi recebia perguntas e as respondia, e uma coisa em particular ficou gravada em minha mente. O pessoal sempre dizia: "É só meditar. Não se preocupe, está tudo bem". E teve um cara que falou: "Maharishi, sou de Nova York e tenho uma coisa a dizer a você. Eu tenho medo de cobras". Ele tinha essa fobia, coitado. Então explicou:

CONFIDANTE

Intro.

1. You used to be my confidante
My underneath the staircase friend
But I fell out of love with you
And brought our romance to an end

(CH.) I played with you throughout the day
And told you every secret thought
Unlike my other so called friends.
You stood beside me as I fought

2. In your reflected glory I
Could dream of shining far off lands
Where serpents turn to bits of string
And play like kittens in my hand

(CH.) In our imaginary world
The butterflies wear (Army) boots
And stamp around the forest chanting
long lost Anthems ...

[Instrumental]

Repeat 1. You used to be my confidante
My underneath the staircase friend
But I fell out of love with you
And brought our romance to an end

Repeat
(CH) I played with you throughout the day
I told you every secret thought
Unlike my other so called friends.
You stood beside me as I fought

"Eu estava meditando e avistei essa cobra vindo para o meu lado no meio da meditação. Fiquei apavorado, mas lembrei do que você disse: basta olhar e meditar. E ela se transformou num pedacinho de corda". Sempre achei essa imagem ótima e me lembrei dela para escrever esse verso.

"These butterflies wearing army boots". Aqui eu dou asas à imaginação, estou num mundo quimérico, e há borboletas, mas sinto que posso visualizar qualquer coisa com essas borboletas, então me agrada a ideia de elas estarem usando enormes coturnos militares. E tão logo calçarem esses coturnos, elas vão caminhar na floresta, entoando hinos há muito tempo perdidos. Eu as imaginava como punks - borboletas punk, marchando e entoando canções punk. E tudo começou com um violão.

Não gosto de admitir isso, mas hoje eu tenho muitos violões e guitarras. Muitos, mesmo. Sempre penso nisso, sabe? Quando você é garoto, você tem só um, e é o seu precioso violão. Inevitavelmente o primeiro é acústico. Depois, se você fizer um pouco de sucesso, talvez adquira uma guitarra elétrica. Em seguida, à medida que o sucesso aumenta, outra guitarra, que faça algo um pouco diferente, talvez desperte o seu interesse. Daí em diante, o que acontece é que você compra outra porque se encanta com ela, ou, quando obtém aclamação de verdade, o pessoal começa a enviá-las a você. E isso é bonito e não tem como você dizer não. Alguém lhe envia um violão ou uma guitarra que faz isso ou aquilo - é um Alvarez e é muito legal, ou é uma Taylor - e, ao longo dos anos, empresas e pessoas têm me enviado violões e guitarras. Há pouco tempo, ganhei a guitarra que Scotty Moore, o grande guitarrista de Elvis, tocava. Essa tem um significado especial.

De todas elas, porém, a minha guitarra elétrica favorita é a minha Epiphone Casino. Fui à loja de guitarras na Charing Cross Road, em Londres, e disse ao cara: "Você tem uma guitarra que provoca feedback? Eu adoro o que Jimi Hendrix está fazendo". Sou um grande fã de Jimi. Tive a sorte de assistir a um de seus primeiros shows em Londres e foi como se o céu tivesse explodido. Ele era um sujeito muito legal, muito doce. Em nossas turnês atuais, muitas vezes prestamos homenagem a Jimi, improvisando em cima de "Foxy Lady". Seja como for, o pessoal da loja disse: "Esta é provavelmente a que vai dar mais microfonia, porque tem corpo oco e ela produz mais volume do que uma guitarra de corpo sólido". Então eu a levei ao estúdio, e ela veio com uma alavanca de vibrato Bigsby. Você podia brincar e controlar o feedback, e ela era perfeita para isso. Era uma guitarrinha muito boa, uma guitarrinha quente. Então ela se tornou a minha guitarra elétrica favorita, e eu a utilizei no riff da abertura de "Paperback Writer" e no solo da canção "Taxman", de George, assim como em várias outras canções ao longo dos anos. Até hoje eu toco nela. Essa Epiphone Casino tem sido uma fiel companheira ao longo da minha vida.

Não gosto de admitir isso, mas hoje eu tenho muitos violões e guitarras. Muitos, mesmo. Quando você é garoto, você tem só um, e é o seu precioso violão.

De todas elas, porém, a minha guitarra elétrica favorita é a minha Epiphone Casino. Fui à loja de guitarras na Charing Cross Road, em Londres, e disse ao cara: "Você tem uma guitarra que provoca feedback? Porque eu adoro o que Jimi Hendrix está fazendo". Sou um grande fã de Jimi. Tive a sorte de assistir a um de seus primeiros shows em Londres e foi como se o céu tivesse explodido.

Cook of the House

COMPOSITORES   Linda McCartney e Paul McCartney
ARTISTA   Wings
GRAVAÇÃO   Abbey Road Studios, Londres
LANÇAMENTO   *At the Speed of Sound*, 1976
Lado B do single "Silly Love Songs", 1976

Ground rice, sugar, vinegar, Seco salt
Macaroni too
Cook of the house
I'm the cook of the house

No matter where I serve my guests
They seem to like the kitchen best
'Cause I'm the cook of the house
Cook of the house

The salad's in the bowl
The rice is on the stove
Green beans in the colander
And where the rest is heaven only knows

Cinnamon, garlic, salt, pepper
Cornbread, curry powder, coffee too
Cook of the house
I'm the cook of the house

No matter where I serve my guests
They seem to like the kitchen best
'Cause I'm the cook of the house
Cook of the house

And the rest is heaven only knows

Cinnamon, garlic, salt, pepper
Cornbread, curry powder, coffee too
Cook of the house (that's the cook of the house)
I'm the cook of the house (she's the cook
    of the house)

No matter where I serve my guests
They seem to like the kitchen best
'Cause I'm the cook of the house (that's
    cook of the house)

Cook of the house (she's the cook of the house)
Cook of the house (that's the cook of the house)
I'm the cook of the house
Take it, fellow

Acima: Com a família. Brisbane Zoo, 1975

"*NO MATTER WHERE I SERVE MY GUESTS, THEY SEEM TO LIKE the kitchen best*" ("Onde quer que eu sirva a visita, a cozinha é a favorita"). Tinha essa placa na cozinha de uma casa que alugamos certa vez; se eu não me engano, foi na Austrália, talvez na turnê *Wings Over the World*, antes de nosso filho James nascer. Então éramos Linda, Heather, Mary, Stella e eu, todos na mesma casa.

E Linda se lembrou dessa coisa divertida, que a cozinha é o coração da casa – e na prática esta canção é de Linda, com um empurrãozinho meu. Naquela época, no Wings, cada membro da banda podia gravar uma canção de sua lavra, então esta foi a canção de Linda do álbum *At the Speed of Sound*. Às vezes, numa canção, basta olhar em volta e citar todas as coisas a seu redor. Nesse caso, ela enumerou todos os temperos – canela, alho, curry em pó –, porque, em família, a gente passava um tempão na cozinha colocando a mão na massa. Linda era uma ótima cozinheira e adorava alimentar nossa família e amigos, então nada mais apropriado que sua canção se chamasse "Cook of the House", a mestre-cuca da casa.

Tinha uma brincadeira que fazíamos quando as crianças eram pequenas. Colocávamos uma venda nos olhos delas, aproximávamos algo de seus narizinhos, e elas tinham que adivinhar o que era pelo olfato. Café e chá eram moleza, canela também, então aos poucos você ia experimentando e dificultando: farinha era meio difícil; o sal não era nada fácil. É esse tipo de coisa que a gente fazia para nos divertirmos. Isso foi na era pré-videogames. Na era pré-quase tudo.

De qualquer modo, esta canção tem uma sonoridade simples, de rock'n'roll clássico, basicamente três acordes com um quarto inserido na virada entre o refrão e a estrofe. Poderia ter sida gravada em qualquer momento, entre 1950 e agora. Não é todo mundo que está propenso a começar a canção com o som de bacon fritando em tom de Mi bemol. É isso que a torna especial. Além disso, estou tocando o contrabaixo que pertencia a Bill Black, o baixista de Elvis Presley, então esse legado contribui para a sensação *vintage*. Hoje eu tenho dois instrumentos que pertenceram a membros da banda de Elvis!

À esquerda: Linda cozinhando. Londres, 1977

À direita: Linda, Heather, Stella e Lucky na cozinha, Escócia, meados da década de 1970

Country Dreamer

COMPOSITORES	Paul McCartney e Linda McCartney
ARTISTA	Paul McCartney e Wings
GRAVAÇÃO	Abbey Road Studios, Londres
LANÇAMENTO	Lado B do single "Helen Wheels", 1973

I'd like to walk in a field with you
Take my hat and my boots off too
I'd like to lie in a field with you
Would you like to do it too, May?
Would you like to do it too?

I'd like to stand in a stream with you
Roll my trousers up and not feel blue
I'd like to wash in a stream with you
Would you like to do it too?

You and I, country dreamer
When there's nothing else to do
Me oh my, country dreamer
Make a country dream come true

I'd like to climb up a hill with you
Stand on top and admire the view
I'd like to roll down a hill with you
Would you like to do it too, May?
Would you like to do it too?

You and I, country dreamer
When there's nothing else to do
Me oh my, country dreamer
Make a country dream come true

I'd like to climb up a hill with you
Take my hat and my boots off too
I'd like to lie in a field with you
Would you like to do it too, May?
Would you like to do it too?

Would you like to do it too?

SIMPLICIDADE. ISSO DESCREVE A MINHA FILOSOFIA NUMA SÓ PALAVRA. E A DE Linda também. Amávamos a liberdade, a natureza - todas as coisas boas da vida. Até hoje eu cultivo um sentimento muito profundo pela natureza. Eu sinto que faço parte dela. Aqui estamos todos nós neste planeta - humanos, animais, criaturas -, e este é o motivo pelo qual eu não me alimento de animais: eu quero que eles tenham sua chance, como eu tive a minha. Sou capaz de criar filhos. Sou capaz de fazer amor. E os animais, por que não seriam? Em essência, porque nós os matamos. Sou vegetariano por mais tempo do que fui um carnívoro tradicional.

Acho que o primeiro verso de "Country Dreamer" é uma homenagem a Ivor Cutler, brilhante poeta e compositor escocês que certa vez se descreveu como um "filósofo musical oblíquo". Ele, como eu, era fã do surreal. Uma vez eu o ouvi no rádio, talvez no famoso programa de John Peel (mas pode ser também que Peel o tenha conhecido por meio dos Beatles). De um modo ou de outro, telefonei a Ivor e perguntei: "Que tal um jantar?". Foi assim que a nossa amizade começou. Ivor encarnou Buster Bloodvessel em nosso filme *Magical Mystery Tour* e compôs a adorável cançãozinha "I'm Going in a Field". Até hoje eu a adoro:

> *I'm going in a field*
> *I'm going in a field*
> *I'm going in a field to lie down*
> *I'll lie beside the grass*
> *I'll lie beside the grass*
> *I'll lie beside the green grass*

E a minha canção começa assim: "*I'd like to walk in a field with you/ Take my hat and my boots off too*". Era muito parecido com o que fazíamos na Escócia no verão, e eu gosto dessa ideia de que o protagonista use chapéu e botas. Na Escócia, chuva e lama são coisas comuns, ainda mais na fazenda, então era costume usar galochas. Não eram botas exatamente glamorosas. Mas você ia até o riacho, as tirava e entrava.

"*Would you like to do it too, May?*". Estou ciente de que "*too, May*" pode soar como "*to me*", mudando o sentido de "quer fazer isso também, May?" para "quer fazer isso pra mim?", então há um aspecto erótico nisso. Mas estou sempre fazendo isso - inserindo algo um pouco atrevido. É permitido, como diria Linda. Esse era um dos bordões dela: "É permitido".

May se torna uma sonhadora do interior: "*You and I, country dreamer/ When there's nothing else to do*". São justamente as coisas mais simples da natureza que eu gosto mesmo de fazer. "*I'd like to climb up a hill with you/ Stand on top and admire the view/ I'd like to roll down a hill with you*". Como Jack e Jill da antiga canção de ninar. É o que toda criança gosta de fazer. Subir o monte, admirar a vista e descer rolando. É o que você deve fazer numa colina. À medida que vamos envelhecendo, já não fazemos isso com tanta frequência. Com o tempo, começa a doer.

Aqui estamos todos nós neste planeta - humanos, animais, criaturas -, e este é o motivo pelo qual eu não me alimento de animais: eu quero que eles tenham sua chance, como eu tive a minha.

COUNTRY DREAMER

① I'd like to walk through a field with you
Take my hat & my boots off too
I'd like to lie in a field with you
Would you like to do it to ▬▬,
would you like to do it too,

②   I'd like to stand in a stream with you
Roll my trousers up & not feel blue
I'd like to wash in a stream with you
Would you like to do it to me,
..   .. Too,

CHORUS
me oh my COUNTRY DREAMER
When theres nothing else to do
You & I COUNTRY DREAMER
Make a country dream come true.

③) I'd like to climb up a hill with you
Stand on top & admire the view
I'd like to roll down a hill with you

Na fazenda. Escócia, 1970

D

A Day in the Life	104
Dear Friend	108
Despite Repeated Warnings	114
Distractions	120
Do It Now	124
Dress Me Up as a Robber	130
Drive My Car	134

A Day in the Life

COMPOSITORES	John Lennon e Paul McCartney
ARTISTA	The Beatles
GRAVAÇÃO	Abbey Road Studios, Londres
LANÇAMENTO	*Sgt. Pepper's Lonely Hearts Club Band*, 1967

I read the news today, oh boy
About a lucky man who made the grade
And though the news was rather sad
Well I just had to laugh
I saw the photograph

He blew his mind out in a car
He didn't notice that the lights had changed
A crowd of people stood and stared
They'd seen his face before
Nobody was really sure if he was from
the House of Lords

I saw a film today, oh boy
The English army had just won the war
A crowd of people turned away
But I just had to look
Having read the book

I'd love to turn you on

Woke up, fell out of bed
Dragged a comb across my head
Found my way downstairs and drank a cup
And looking up, I noticed I was late

Found my coat and grabbed my hat
Made the bus in seconds flat
Found my way upstairs and had a smoke
And somebody spoke and I went into a dream

I read the news today, oh boy
Four thousand holes in Blackburn, Lancashire
And though the holes were rather small
They had to count them all
Now they know how many holes it takes to fill
the Albert Hall

I'd love to turn you on

A INFLUÊNCIA DO RÁDIO NOS BEATLES NÃO PODE SER subestimada. De fato, você pode pensar no disco *Sgt. Pepper* como um grande programa de rádio. E entender o nosso uso de efeitos sonoros como um jeito de ampliar nosso repertório e alcance. A EMI era uma gravadora tão abrangente e com tanta diversidade antiga que eles tinham uma biblioteca de sons no mesmo prédio do estúdio. Se eu quisesse incluir o canto dos melros--pretos na canção "Blackbird", era só localizá-lo no catálogo, fazer o pedido, e alguém ia buscar na biblioteca e trazia a gravação ao estúdio. Então começamos a esquadrinhar essa biblioteca, e foi muito libertador.

Uma das coisas que sempre me intrigou quando criança foi como um apresentador era anunciado no rádio. Digamos que fosse Ken Dodd, o grande comediante de Liverpool. Ele chegava dizendo: "Bem", e então o público do estúdio dizia "Uau" e caía na gargalhada. A minha cabeça se incendiava. O que será que ele fez? Baixou a calça? Fez uma careta? Mostrou sua famosa varinha de cócegas? O que será que ele fez? Esse mistério me empolgava. Então, eu dizia aos outros caras: "Vamos usar um som da biblioteca, um som do público rindo quando 'o primeiro e único Billy Shears' é apresentado para cantar 'With a Little Help from My Friends'". Usávamos esse efeito como Ken Dodd. Realmente gostávamos de excitar a imaginação.

E não há força mais poderosa do que a sua imaginação. Com a televisão e os filmes, está tudo mastigado; você enxerga o visual da personagem Henrietta Gibbs. No rádio, você cria a sua própria Henrietta Gibbs. Essa era a grande sacada do *Sgt. Pepper*. Tentaram fazer um filme disso, mas não deu certo, porque todo mundo já tem seu próprio filme.

A outra grande influência do *Sgt. Pepper*, que certamente ganha destaque em "A Day in the Life", é que naquela época eu ouvia muita coisa de vanguarda. Stockhausen. Luciano Berio. John Cage - sabe, a peça silenciosa *4'33"*. Intrigado com tudo isso, eu queria ter um extraordinário momento instrumental no meio de "A Day in the Life". Daí conversei com George Martin, que fazia o arranjo orquestral. Na mesma linha do coreógrafo Merce Cunningham, que costumava dizer "puxe-os pelo palco com uma corda", aqui a minha instrução foi para que todos na orquestra começassem com a nota mais baixa em seu instrumento e subissem para a nota mais alta em seu instrumento, ao longo de um certo número de compassos.

No dia da sessão, George Martin teve que ensaiar com eles as diferentes etapas do processo. Julga-se que músicos com formação clássica não gostam da ideia de improvisação, mas achei interessante a divisão da orquestra em grupos. A sessão de cordas era como um grupo de ovelhas: "Se você subir, eu subo junto. Não vou ficar para trás". Mas os trompetes e os instrumentos de sopro foram muito receptivos à ideia de se expandir, talvez porque seja uma parte meio esquecida da orquestra. Estavam prontos para qualquer coisa.

Estávamos mesmo determinados a evoluir e encontrar meios de agregar todos esses outros componentes ao que era conhecido como música "popular". Esta ideia nos atraía: a ideia de ampliar - não só seguir - a tradição.

Daí conversei com George Martin, que fazia o arranjo orquestral. Na mesma linha do coreógrafo Merce Cunningham, que costumava dizer "puxe-os pelo palco com uma corda", aqui a minha instrução foi para que todos na orquestra começassem com a nota mais baixa em seu instrumento e subissem para a nota mais alta em seu instrumento, ao longo de um certo número de compassos.

Acima: Conduzindo a orquestra. Studio 1, Abbey Road Studios, Londres, fevereiro de 1967

À direita: Capa do álbum *Sgt. Pepper's Lonely Hearts Club Band*, com Karlheinz Stockhausen (fileira de trás, quinto da esquerda para a direita), 1967

Dear Friend

COMPOSITORES Paul McCartney e Linda McCartney
ARTISTA Paul McCartney e Wings
GRAVAÇÃO Abbey Road Studios, Londres
LANÇAMENTO *Wild Life*, 1971

Dear friend, what's the time?
Is this really the borderline?
Does it really mean so much to you?
Are you afraid, or is it true?

Dear friend, throw the wine
I'm in love with a friend of mine
Really truly, young and newly wed
Are you a fool, or is it true?

Are you afraid, or is it true?

MUITAS VEZES, EU PENSAVA EM JOHN E EM COMO FOI UMA PENA termos discutido em algumas ocasiões de modo tão público e tão cruel. Quando eu compus esta canção, no comecinho de 1971, ele tinha chamado o álbum *McCartney* de "lixo" na revista *Rolling Stone*. Foi um período bem complicado. Me bateu uma tristeza pelo rompimento da nossa amizade, e esta canção meio que veio à tona. "*Dear friend, what's the time?/ Is this really the borderline?*". Vamos nos separar? É aqui que você pega o seu rumo, e eu sigo o meu caminho? ("*you go your way; I'll go mine*").

No finzinho de 1969, John veio muito faceiro e nos disse que estava tudo acabado. Na ocasião, alguns de nós estávamos presentes na sala de reuniões da Apple. Acho que George estava visitando a família, e Ringo e eu estávamos lá, mas John dizia "não" a toda e qualquer sugestão. Eu achava que deveríamos voltar a tocar em shows menores, mas a resposta veio: "Não". Por fim, John disparou: "Sabe, eu tenho uma coisa para dizer a vocês: estou saindo dos Beatles". Ficamos todos chocados. As relações estavam tensas, mas ficamos ali sentados nos perguntando: "Como é? Por quê? Por quê? Por quê?". Era como um divórcio, e ele tinha acabado de se divorciar de Cynthia no ano anterior. Eu me lembro de que ele disse: "Ah, isso é muito emocionante". Isso era bem típico de John, e eu admirava esse tipo de comportamento contraditório nele desde que éramos garotos, quando o conheci. Ele era mesmo um pouco maluco, no melhor sentido possível. Conseguimos entender o que ele quis dizer, mas não pareceu tão emocionante para quem ficou do outro lado.

Na imprensa, eu mantive silêncio sobre a separação de John e os Beatles. Eu realmente não tinha muitas acusações para lançar, mas John lançava algumas nas entrevistas. Ele me acusou de anunciar a separação dos Beatles para promover o álbum *McCartney*, mas eu só estava respondendo com honestidade às perguntas da coletiva de imprensa na Apple. Eu não queria dar entrevistas para promover o disco, mas Peter Brown da Apple fez perguntas como: "Está planejando um novo álbum ou single com os Beatles?". Minha resposta foi: "Não". Eu não via razões para mentir.

John dizia coisas como: "Foi uma porcaria. Os Beatles eram uma droga". Além disso: "Eu não acredito nos Beatles, não acredito em Jesus, não acredito em Deus". Farpas muito dolorosas de se atirar por aí, e eu era o alvo das farpas, e isso foi doído. Lá estava eu, tendo que ler tudo isso e, por um lado, fiquei pensando: "Vá se ferrar, seu idiota maldito". Mas, por outro, pensei: "Por que você está dizendo isso? Está aborrecido comigo, com ciúme ou o quê?". E pensando cinquenta anos depois, eu ainda me pergunto como ele deve ter se sentido. Ele tinha enfrentado muita coisa. O pai dele sumiu de casa, ele perdeu o tio George, que era uma figura paterna; a mãe dele; Stuart Sutcliffe; Brian Epstein, outra figura paterna; e agora a banda dele. Mas John pegou todas essas emoções e as envolveu numa bola de Lennon. Era isso que o formava. Era esse o fascínio.

Eu bem que tentei. Eu estava meio que respondendo a ele aqui, perguntando: "Precisa ser assim tão doloroso?". Eu acho que este é um bom verso: "*Are you afraid, or is it true?*". Em outras palavras: "Por que essa discussão está acontecendo? Será porque você tem medo de alguma coisa? Tem medo da separação? Tem medo de que eu faça algo sem você? Tem medo das consequências de seus atos?". E a parte "*Or is it true?*": São verdadeiras todas essas alegações lesivas? Esta canção brotou nesse tipo de espírito. Poderia ser chamada de "What the Fuck, Man?" ("Que porra é essa, cara?"), mas não sei se teríamos escapado impunes então.

Será que nós três - George, Ringo e eu - pensamos em continuar sem John? Acho que não. Éramos uma unidade, um quarteto. Chegamos até a brincar sobre formarmos um grupo chamado "The Threetles", mas não pensamos nisso seriamente. Nunca passou de uma piada.

Fizemos algumas coisinhas juntos antes de cada um seguir o seu caminho. Yoko, John e eu fizemos "The Ballad of John and Yoko". Ele me chamou porque sabia que essa era uma ótima maneira de fazer um disco. "Vamos dar uma passadinha no estúdio Abbey Road. Quem mora ali perto? Paul. Quem vai tocar bateria nessa gravação? Paul. Quem sabe tocar baixo? Paul. E quem vai fazer isso se eu pedir com jeitinho? Paul." Não se acanhou nem um pouco em perguntar. É provável que ele tenha dito algo como: "Ah, tem esta canção que eu quero gravar. Quer participar?". E é provável que eu tenha dito: "Sim, por que não?".

Ainda existiam muitas pontas soltas a amarrar. Ainda tínhamos que superar toda a questão comercial. Lembre-se de que eu o processei no tribunal. Processei meus amigos de Liverpool, meus amigos de longa data, no tribunal. Mas, no final, acho que tocar naquela sessão com ele e Yoko contribuiu para que depois tivéssemos algumas reuniões e conversas amigáveis. Acho que esta canção, "Dear Friend", também ajudou. Imagino que ele tenha ouvido. Acho que ele ouvia os meus discos quando eram lançados, mas nunca me respondia diretamente. Esse não era o estilo dele. Éramos dois caras; não era tipo menino e menina. Naquela época, dois amigos não costumavam demonstrar muitas emoções um para o outro.

Fiquei muito contente por termos voltado a nos dar bem naqueles últimos anos, por termos passado bons momentos antes de ele ser assassinado. Sem dúvida, para mim, teria sido a pior coisa do mundo se ele tivesse sido morto enquanto o nosso relacionamento ainda estava ruim. Eu ia pensar: "Ah, se eu tivesse feito isso, se eu tivesse feito aquilo...". Teria sido uma grande jornada de culpa para mim. Mas, felizmente, o nosso último encontro foi muito cordial. Conversamos sobre técnicas de fazer pão.

Abaixo, à esquerda: Single "The Ballad of John and Yoko". Foto da capa feita por Linda, 30 de abril de 1969

Abaixo, à direita: John Lennon fotografado por Linda. Santa Monica, 1974

Na página oposta: Com John Eastman, John Lennon, Yoko Ono, Allen Klein, Ringo Starr, Maureen Starkey e Peter Howard. Escritório da Apple, Londres, 1969

SEPTEMBER	1969	9th month

16 TUESDAY (259–106 Week No. 38)

Cy Davis call agent
Call Davis
Mary's Rice Cereal

12:00 Mrs. Meyer

THE • END

Justin + Twiggy's dinner

30 days	1969	SEPTEMBER

17 WEDNESDAY (260–105 Week No. 38) Ember Day

Alex   Barbara
Prent—   agents
              studio

1:00 Lew Grade
Lunch – a-la- deli
by Kathy
3:00 Meeting – Capital EMI agreement

111

À esquerda: John Lennon e Yoko Ono. Sala de estar de Paul. Londres, 1969

À direita: Londres, 1969

Será que nós três – George, Ringo e eu – pensamos em continuar sem John? Acho que não. Éramos uma unidade, um quarteto. Chegamos até a brincar sobre formarmos um grupo chamado "The Threetles", mas não pensamos nisso seriamente.

Despite Repeated Warnings

COMPOSITOR	Paul McCartney
ARTISTA	Paul McCartney
GRAVAÇÃO	Henson Studios, Los Angeles;
	Hog Hill Mill, Sussex; e Abbey Road Studios, Londres
LANÇAMENTO	*Egypt Station*, 2018

Despite repeated warnings
Of dangers up ahead
The captain won't be listening
To what's been said

He feels that there's a good chance
That we have been misled
And so the captain's planning
To steam ahead

What can we do?
What can we do?
What can we do to stop this foolish plan going
    through?
What can we do?
What can we do?
This man is bound to lose his ship and his crew

Despite repeated warnings
From those who ought to know
Well he's got his own agenda
And so he'll go

Those who shout the loudest
May not always be the smartest
But they have their proudest moments
Right before they fall

Red sky in the morning
Doesn't ever seem to faze him
But a sailor's warning signal
Should concern us all

How can we stop him?
Grab the keys and lock him up
If we can do it
We can save the day

The engineer lives with
His wife and daughter Janet
But he misses them so

Although he's working with
The best crew on the planet
They never want him to go

He had a premonition
He senses something's wrong
And by his own admission
He knew it all along

The captain's crazy
But he doesn't let them know it
He'll take us with him
If we don't do something soon to slow it

How can we stop him?
Grab the keys and lock him up
If we can do it
We can save the day

Below decks the engineer cries
The captain's gonna leave us when
    the temperatures rise
The needle's going up
The engine's gonna blow
And we're gonna be left down below
Down below

Yes we can do it
Yeah we can do it now

If life would work out
The way you plan it
That'd be so fine
For the wife and Janet
Sometimes you might
Have to battle through it
But that's the way you learn
How you've got to do it

Yes we can do it, whoa whoa

Despite repeated warnings
Of dangers up ahead
Well the captain wasn't listening
To what was said

So we went to the captain
And we told him to turn around
But he laughs in our faces
Says that we are mistaken

So we gather around him
Now the ropes that have bound him
Prove that he should have listened
To the will of the people
It's the will of the people
It's the will of the people

E RA UMA VEZ UM PRESIDENTE CHAMADO TRUMP QUE ACHAVA que a mudança climática era uma farsa – uma farsa criada pelos chineses. É triste, mas ele não foi o único a ignorar essa ameaça ambiental. Eu me lembro de ter lido um artigo de jornal no Japão que dizia: "Ninguém está fazendo nada a respeito, apesar dos repetidos avisos". Gostei dessa expressão. Foi o suficiente para me inspirar.

Toda essa questão da mudança climática não é novidade. Na verdade, quando eu era criança em Liverpool, eu me lembro de ter assistido a um programa em preto e branco, nos primórdios da televisão, um programa infantil nos moldes de *Blue Peter* – com variedades e fatos atuais. Três cientistas bem velhinhos falaram sobre o futuro do mundo e o que tínhamos que fazer. Chamaram aquilo de "Plano para o Futuro", e eu, na minha pré-adolescência, fiquei muito impressionado. Pensei: "Bem, é uma boa ideia começar a trabalhar nisso agora".

Sempre componho canções sobre o que me interessa. O tema não precisa ser importante; pode ser só uma canção de amor sentimental ou uma canção triste. E, às vezes, pode ser uma canção na qual estou tentando dizer algo às pessoas, algo que eu considere uma mensagem que vale a pena ser transmitida. Paradoxalmente, nem sempre são essas que o público acaba curtindo, mas sei que alguém lá fora vai captar a mensagem e, por isso, vale a pena fazer.

Quando começamos a gravar "Despite Repeated Warnings", no Henson Studios em Los Angeles, a coisa toda em minha mente foi ganhando meio que o formato de uma ópera. Comecei a imaginar as falas como se fossem uma cena no palco, uma ópera de Gilbert e Sullivan, a tripulação do navio em uniformes listrados e o capitão louco num espalhafatoso chapéu dourado berrante.

"Despite Repeated Warnings" é uma espécie de épico e passa por uma série de mudanças, tanto em andamento quanto em tonalidade. É uma forma de medley semelhante a "Band on the Run" e o lado B de *Abbey Road*. Gosto muito do desafio de elaborar essas canções que embarcam numa jornada. E sempre gostei de visualizar esta canção sendo encenada. Na minha cabeça, era quase como se

Henson Studios, 2017

a cena se desenrolasse no átrio de uma igreja, uma pequena produção escolar, cantando em coro: "*What can we do?/ What can we do?/ What can we do?/ ... / this foolish plan*". Como diz aquela folclórica canção: "O que vamos fazer com o marujo bêbado?". A melodia fica bem semelhante a isso.

"*The best crew on the planet*" é como eu chamo o meu pessoal de palco, então num show eu digo ao público: "E vamos escutá-la com a melhor equipe do planeta". E isso também se infiltrou na canção.

Do ponto de vista panorâmico, enfrentávamos uma situação política, em especial nos Estados Unidos, em que estava no comando um fanfarrão de comportamento bastante instável, para dizer o mínimo. Ele até pode gritar mais alto, mas não necessariamente é o mais inteligente. Tem gente que acredita tanto em seus próprios mitos que esses mitos acabam se tornando fatos em suas mentes. Muitas vezes eu penso: "Como é que uma pessoa consegue se safar dizendo as coisas que ele diz?". Mas então, dois dias depois, o ciclo de notícias nos traz outra coisa que ele disse, e então a declaração anterior, aquela que pensávamos que ele jamais se safaria por ter dito aquilo, fica para trás, e é difícil o assunto voltar à pauta.

É como quando os jornais dizem algo completamente errôneo sobre você, daí você liga pra eles e diz: "Isso é pura invenção, eu não fiz isso". Eles respondem: "Ok, vamos corrigir isso". A primeira reportagem estava na primeira página, mas quando você procura a correção, está na página 29, e é claro, no rodapé: "Há indícios de que não foi bem isso que aconteceu". E o que é pior, o público se lembra da reportagem inicial e nunca lê a retratação.

Mas sou uma pessoa esperançosa, e é por isso que lançamos a campanha "Meat-Free Monday" (Segunda-feira sem carne). A meta é lembrar às pessoas que não é preciso uma grande mudança no estilo de vida para obter um impacto positivo no meio ambiente. Claro, gostaríamos que você fizesse isso não só às segundas-feiras, mas ficar sem carne um dia por semana já faz uma grande diferença. E se você for avaliar o impacto de alguém como Greta Thunberg, é inspirador. Em um ano, ela passou de solitários protestos contra a crise climática no pátio da escola para atrair dezenas de milhares de pessoas que hoje a ouvem falar. A crise climática é, com razão, uma grande preocupação para as novas gerações. Então, talvez esses avisos repetidos estejam começando a surtir efeito.

> **E se você for avaliar o impacto de alguém como Greta Thunberg, é inspirador. Em um ano, ela passou de solitários protestos contra a crise climática no pátio da escola para atrair dezenas de milhares de pessoas que hoje a ouvem falar. A crise climática é, com razão, uma grande preocupação para as novas gerações. Então, talvez esses avisos repetidos estejam começando a surtir efeito.**

The engineer lives with
His wife and daughter Janet
But he misses them so

Although he's working with
The 'best crew on the planet
They never want him to go

He had a premonition
He senses something wrong
And by his own admission
He knew it all along

The captains going crazy
But he doesn't know it
Hill take us with him
If we don't do something
Soon to slow it

How can we stop him
Grab the keys & lock him up

If life would work out
The way you plan it
That'd be just fine
For the wife and Janet
Sometimes you might
Have to battle through it
Thats the way you learn
How you've got to do it

Yes you can do it whoa---

DESPITE

End section.

So we went to the captain
And we told him to turn round
But he laughs in our faces
Says that we are mistaken

So we gather around him
Now the ropes that have bound him
Prove that he should have listened
To the will of the people
To the will of the people
It's the will of the people

Distractions

COMPOSITOR   Paul McCartney
ARTISTA   Paul McCartney
GRAVAÇÃO   Hog Hill Mill, Sussex
LANÇAMENTO   *Flowers in the Dirt*, 1989

What is this thing in life
That persuades me to spend
Time away from you?
If you can answer this
You can have the moon

This is the place to be
Any way you can see
There's a lovely view
Why are there always
So many other things to do?

Distractions
Like butterflies are buzzing
Round my head
When I'm alone
I think of you
And the life we'd lead if we could only be free
From these distractions

The postman's at the door
While the telephone rings
On the kitchen wall
Pretend we're not at home
And they'll disappear

I want to be with you
Tell me what I can do
Nothing is too small
Away from all this jazz
We could do anything at all

Distractions
Like butterflies are buzzing
Round my head
When I'm alone
I think of you
And the things we'd do if we could only be through
With these distractions

I'll find a peaceful place
Far away from the noise
Of a busy day
Where we can spend our nights
Counting shooting stars

Distractions
Like butterflies are buzzing
Round my head
When I'm alone
I think of you
And the things we'd do if we could only be through
With these distractions
Like butterflies they're buzzing
Round my head
When I'm alone
I think of you
And the life we'd lead if we could only be free
From these distractions

ÀS VEZES, EU ME DOU CONTA DE QUE, APÓS COMPOR UMA canção, falta nela um toque especial. Eu tinha composto "Distractions" ao violão. Depois notei que ela precisava de um arranjo para decolar de verdade. Eu tinha ouvido falar num dos arranjos de Prince no *Sign o' the Times*, o álbum dele de 1987, e vi que o crédito do arranjador era alguém de nome Clare Fischer; sem mais informações a respeito. Visualizei essa dama muito talentosa que havia feito mágica no disco do Prince.

Quando se tratava dos Beatles, tínhamos começado como um quarteto de rock'n'roll muito simples, então escrever arranjos para outros músicos era um mundo que não tínhamos explorado. Quando aprendíamos uma canção nova, só mostrávamos um ao outro como tocá-la: tocar um acorde de Sol aqui, depois mudar para um acorde de Dó, e assim por diante. Costumávamos nos descrever simplesmente como um "combo". Na realidade, escrevi umas cartas a alguns jornalistas, tentando despertar o interesse deles, dizendo: "Somos um combo de rock semiprofissional". E, até trabalharmos no estúdio Abbey Road, nunca tínhamos pensado em incluir qualquer outra instrumentação além de nós mesmos.

A adição de outros elementos ocorreu pela primeira vez em meados dos anos 1960, na canção de John "You've Got to Hide Your Love Away". George Martin sugeriu que inseríssemos um solo de flauta nela, então pensamos: "Certo, vamos tentar". Selecionar músicos sempre foi um dos pontos fortes de George. Ele conhecia o meio, então sempre tínhamos os caras top, geralmente músicos clássicos ou músicos de jazz que participavam das sessões para obter uma grana extra. Foi assim que fomos persuadidos pela primeira vez a introduzir outros instrumentos. E, é claro, "Yesterday" estava no mesmo álbum, *Help!*, e George fez um arranjo para quarteto de cordas que acompanhou o meu violão. Foi a primeira vez que uma canção dos Beatles teve apenas um de nós; antes disso, sempre tocava a banda inteira. Assim, percebemos como tudo era feito e começamos a ampliar nossos horizontes. Agora, o céu era o limite.

Então, com a ajuda de Linda (que era ótima em rastrear pessoas), combinei de me encontrar com Clare Fischer em Los Angeles, imaginando que seria uma jovem promissora, para falar na possibilidade de trabalharmos juntos. Mas a pessoa que eu pensava ser mulher acabou sendo homem, um cavalheiro de meia-idade de visual bem comum. Sem dúvida, as aparências enganam! Falei com ele sobre talvez acrescentarmos um quarteto de sopro ou algo assim. Contei a ele que o meu pai tentou aprender a tocar clarinete quando éramos crianças e ficava sempre lá no quarto de cima fazendo aqueles chiados, porque se você não sabe tocar clarinete, o som é horrível. E como meu pai gostava de tocar clarinete (mas foi persuadido a desistir), sempre tive uma afeição pelo tom rico e amadeirado desse instrumento. Então, nós o incluímos no arranjo, o que conferiu à canção um ar mais de Benny Goodman do que, digamos, Sidney Bechet.

O significado da letra é mais direto do que em outras canções minhas. Eu gosto dessa ideia de que na vida, em geral, acabamos sempre nos distraindo do que pretendemos fazer. Esta canção está dizendo que a vida é o que acontece enquanto você está a caminho de fazer outras coisas; ela está sempre em

Acima: Com Morris Repass, Hamish
Stuart, Linda, Clare Fischer e Arne Frager.
Los Angeles, 1988

trânsito. Expressei isso, como costumo fazer, em termos românticos: "*What is this thing in life/ That persuades me to spend/ Time away from you?*". Mas acho que isso é verdade, não só em termos românticos, mas com milhões de coisas. Até mesmo quando você medita, como eu, outras coisas acabam entrando em sua cabeça. É uma sorte quando você chega a seu mantra. Sua cabeça está flutuando e, "Ah, que boa ideia, vou fazer isso", e é dificílimo ficar ali quietinho e simplesmente deixar o mantra rolar em sua cabeça. Acho que nisso reside o valor da meditação. A minha mente está tão ativa que é bom tentar bloquear todas aquelas coisinhas que ficam em nosso caminho, tentando fazer a gente tropeçar. Caso contrário, como escreveu T. S. Eliot, acabamos "distraídos da distração pela distração".

DISTRACTIONS.

(1) What is this thing in life
That persuades me to spend
Time away from you,
If you can answer this
You can have the moon.

(2) This is the place to be
Any way you can see
There's a lovely view
Why are there always so many other things to do?

(CHORUS) Distractions
Like butterflies are buzzing
round my head
When I'm alone I think of you
And the life we'd lead if we could only be free
from these distractions

(5) I'll find a peaceful place far away from
The noise of a busy day
Where we can spend our nights
Counting shooting stars

(6) AND IF YOU TRUST IN ME
YOU'LL BE ABLE TO SEE
THERE'S ANOTHER WAY.
WHY IS HERE, someone
with something else to say....
"DISTRACTIONS..."

REPEAT chords

Gmin7
Amin7 (—MAJ)
(—MAJ)
Dmin
Gmin
(Amin7 — maj)
Dmin

Bb
Eb   F.
Gmin
Eb   F
Gmin
Eb   F Gmm
Bb
Eb
(BASS) BIT

RIFF
CAN TRUST

Do It Now

COMPOSITOR   Paul McCartney
ARTISTA   Paul McCartney
GRAVAÇÃO   Henson Studios, Los Angeles;
    Hog Hill Mill, Sussex; e Abbey Road Studios, Londres
LANÇAMENTO   *Egypt Station*, 2018

Got the time, the inclination
I have answered your invitation
I'll be leaving in the morning
Watch me go

I don't know where the wind is blowing
Got directions to where I'm going
Nothing's certain
That's the only thing I know

Do it now, do it now
While the vision is clear
Do it now
While the feeling is here

If you leave it too late
It could all disappear
Do it now
While your vision is clear

I don't regret the steps I'm taking
The decision that I'm making
Is the right one, or I'm never
Going to know

Got the time, the inclination
    (It's not too late)
I have answered your invitation
    (You've still got time)
I'll be leaving in the morning
    (Follow the beat of your heart)
Watch me go

So do it now, do it now
While your vision is clear
Do it now
While the feeling is here

If you leave it too late
It could all disappear
So do it now
While your vision is clear

Do It Now

SE O MEU IRMÃO MAIS NOVO E EU ESTIVÉSSEMOS PROCRASTINANDO no dever de casa ou numa tarefa, ou se na rua passasse um cavalo deixando um rastro de bosta, o nosso pai nos mandava resolver o assunto na hora – hoje é difícil imaginar isso, mas ainda havia cavalos circulando na rua quando eu era criança. Ele nos entregava balde e pá e dizia: "Vão lá recolher".

Ele tinha razão, era uma coisa muito sábia de se fazer. Aplicava o esterco no jardim, e isso fazia as flores crescerem muito bonitas. Ele adorava jardinagem e plantava flores como dálias, bocas-de-lobo e alfazemas. Mas era muito constrangedor para duas crianças pequenas ter que coletar o estrume. Dizíamos: "Não, pai, que nojo!". Se você tentava enrolar dizendo: "Amanhã eu junto", ele dizia: "Nada disso. Faça agora mesmo. F-A-M: faça agora mesmo". Todos os meus filhos conhecem a expressão. Contei a eles que era o meu pai quem dizia isto: "Não adiem. F-A-M". Veja bem, sempre pensei que a abreviação de "Do It Now", "D-I-N", daria um nome perfeito para uma gravadora. *Din*. Que em inglês significa "estrépito, barulho".

"*Do it now, do it now/ While the vision is clear/ Do it now/ While the feeling is here*". Essa mensagem que meu pai nos passou permanece tão verdadeira quanto na época em que éramos crianças. Acho que isso coloca o dedo na ferida: livre-se da hesitação e da dúvida, simplesmente siga em frente. Assim, no dia seguinte, você não precisa pensar: "Foi a coisa certa a fazer?". Você abriu o jogo, derramou sua coragem na página e, quer queira, quer não, o produto é esse. Sou plenamente a favor dessa abordagem de trabalho. Quando começamos a compor canções, não podíamos nos dar ao luxo de deixar para amanhã. Depois que John e eu começávamos a fazer uma canção, ou eu começava sozinho, não havia outro lugar para ir. Tínhamos que terminar, e isso nos deixou muito disciplinados. Tem algo nisso que envolve fazer enquanto estiver com a visão.

Isso também vale em outros empreendimentos criativos. Pintei muitos quadros nos anos 1990, e quase sempre os fazia de uma só vez, então eu ficava três ou quatro horas na frente do cavalete fazendo aquela pintura, porque eu achava que retomar não era divertido. Era como um problema para resolver: "Em qual tipo de humor eu estava? Que visão eu estava tendo? Que emoção me trouxe até aqui?". Ao passo que, fazendo na mesma hora, você já resolve

À esquerda: Com o pai, Jim, e o irmão, Mike. Liverpool, início dos anos 1960

a maior parte dos problemas, responde às perguntas básicas e, *tcha-ram*, eis o seu quadro ou eis sua canção. Mais tarde, você pode fazer alguma alteração se quiser, mas não precisa voltar e pensar: "Ah, qual era mesmo aquela visão que eu tive para fazer isso?". Por isso, acho que é um bom conselho dizer: Faça agora mesmo, enquanto estiver clara a visão.

Um amigo meu, um pintor britânico, estava olhando meus quadros e me disse: "Bem, esse estilo de pintura se chama *alla prima*, que se traduz como 'na primeira vez'". Quando aplicado à pintura, isso significa "em uma sessão". Você não fica pintando indefinidamente novas camadas, como fazem muitos grandes pintores, coisa que perderia a graça para mim, e eu estava pintando para me divertir, estava pintando para sentir prazer. Já andei lendo sobre a vida de pintores e muitos aspectos realmente nada têm de divertidos. É uma maldição, eles acabam ficando loucos. Li uma biografia de Willem de Kooning recentemente. Teve um quadro em que ele ficou o ano todo trabalhando. Claro, o resultado ficou excelente, mas eram apenas perguntas intermináveis, intermináveis. Ele estava ficando bêbado, estava ficando louco, se separando da mulher e vivendo essa vida louca só para acertar esse quadro. Esse tipo de coisa não faz a minha cabeça, e vou sempre escutar o meu pai, talvez não mais gritando, mas sussurrando em meu ouvido para eu ir em frente: "Faça agora mesmo".

DO IT NOW

Piano intro

V.1) GOT THE TIME — THE INCLINATION
I HAVE ANSWERED YOUR INVITATION
I'LL BE LEAVING IN THE MORNING
WATCH ME GO

V2) DON'T KNOW WHERE — THE WIND IS BLOWING
→ GOT DIRECTIONS TO WHERE I'M GOING
NOTHING'S CERTAIN
THAT'S THE ONLY THING I KNOW

CH. DO IT NOW, DO IT NOW
WHILE THE VISION IS CLEAR
DO IT NOW WHILE
THE FEELING'S STILL HERE

IF YOU LEAVE IT TOO LATE
IT COULD ALL DISAPPEAR
(SO) DO IT NOW
WHILE YOUR VISION IS CLEAR

V1) GOT THE TIME — THE INCLINATION
I HAVE ANSWERED YOUR INVITATION
I'LL BE LEAVING IN THE MORNING
WATCH ME GO
V2) DON'T KNOW WHERE etc. ↑

CH. DO IT NOW (SO) DO IT NOW
WHILE YOUR VISION IS CLEAR
DO IT NOW WHILE THE FEELING IS HERE
IF YA LEAVE IT TOO LATE
IT COULD ALL DISAPPEAR
(SO) DO IT NOW WHILE YOUR VISION IS CLEAR

À direita: East Hampton, 1990

À esquerda: *Twin Freaks*, quadro pintado por Paul, 1990

Abaixo: *Egypt Station*, quadro pintado por Paul, 1988

Dress Me Up as a Robber

COMPOSITOR   Paul McCartney
ARTISTA   Paul McCartney
GRAVAÇÃO   AIR Montserrat; e AIR Studios, Londres
LANÇAMENTO   *Tug of War*, 1982
                     Lado B do single "Take It Away", 1982

You can dress me up as a robber
But I won't be in disguise
Only love is a robber
And he lives within your eyes

You can dress me up as a sailor
But I'll never run to sea
As long as your love is available to me
What do I do with a sea of blue?

Dressing me up
It doesn't make a difference
What you want to do
Whichever way you look at it
I'm still in love with you
We go on forever
I may never make a change

Dressing me up
And if I don't convince you
You needn't look too far
To see that I'm not lying
I love you the way you are
What's the point of changing
When I'm happy as I am?

You can dress me up as a soldier
But I wouldn't know what for
I was the one that told you he loved you
Don't wanna go to another war
No no no

NÃO HÁ COMO NEGAR: DANÇAR É COMIGO MESMO. SE EU ESTOU numa festa e começa a tocar uma música animada, eu gosto de dançar. É algo que a minha esposa, Nancy, e eu apreciamos muito. Após um show, quando a banda e a equipe se reúnem para tomar um drinque, somos sempre os primeiros na pista de dança. Certas canções simplesmente têm esse poder, e também tem aquelas faixas que se tornam dançantes sem ser algo intencional.

Algumas canções compostas por John e eu, como "I Saw Her Standing There", simplesmente fazem todo mundo se levantar e invadir a pista de dança. "Twist and Shout" é outra que funciona muito bem para isso. Dançar sempre foi um grande ato social. Era a maneira de encontrar seu parceiro ou sua parceira, isso muito antes dos encontros *on-line*. Uma vez eu me lembro de que fomos dançar, Nancy e eu, com Ringo e a esposa dele, Barbara, e ficamos lá sentados pensando: "O que é que estamos fazendo aqui?". Sabe, nós já tínhamos nossos parceiros.

Quando você está tentando compor algo, em geral está procurando um gancho para começar. Escrevi isto, se não estou enganado, no verão de 1980, na Escócia. E por algum motivo pensei apenas: "Você até pode me vestir como um ladrão, mas isso não vai mudar meus sentimentos por você". A ideia básica era essa. "You can dress me up as a soldier/ But I wouldn't know what for/ I was the one that told you he loved you/ Don't wanna go to another war". Esse foi um toque pacifista.

Temos uma longa tradição de canções sobre soldados indo à guerra. As canções têm modismos, e acho que muitos de nós tínhamos amigos que estavam indo ao Vietnã - ou estavam tentando evitar ter que ir ao Vietnã. Era a nossa faixa etária, o nosso grupo; o fato de que americanos de nossa faixa etária estavam indo para lá fez a ficha cair para nós.

Todos esses movimentos pacifistas têm sido relevantes desde os anos 1960. No meu caso, tudo começou quando fui conhecer Bertrand Russell, já um nonagenário, em Londres. Acho que foi por volta de 1964, e ele morava em algum lugar em Chelsea - na Flood Street, talvez -, e um amigo de um amigo disse: "Você deveria ir lá falar com ele". Eu o tinha visto na tevê e me pareceu um orador interessante. Eu também tinha lido algumas coisas dele e fiquei impressionado com sua dignidade e com a precisão com que ele conseguia expressar uma ideia. Então fui lá, bati à porta, e um estudante americano - seu assistente ou algo assim - veio até a porta e eu disse: "Oi. Posso falar com o sr. Russell?". Apareci sem aviso prévio, que era como costumávamos fazer. Lembre-se, estávamos nos anos 1960 - os libertários anos 1960 -, quando você não precisava marcar hora ou pedir permissão para telefonar a alguém. Por isso, até hoje eu adoto esse método. Penso: "Bem, se ele estiver, tudo bem, e se ele quiser me receber, se puder reservar cinco minutos, ótimo, e se ele conceder mais tempo, ótimo também".

Seja como for, entrei, fui apresentado a Bertrand Russell, e conversamos. Na época, ele focava suas energias na Bertrand Russell Peace Foundation (Fundação Bertrand Russell Para a Paz), criada no ano anterior, numa campanha aberta contra a guerra do Vietnã. Ele foi a primeira pessoa a me contar o que estava acontecendo no Vietnã e explicou que era uma guerra imperialista apoiada por interesses escusos. Àquela altura, nenhum de nós realmente sabia disso. Para você ter uma ideia, estávamos bem no comecinho da guerra, antes de os protestos realmente começarem.

Saí dali e, ao voltar ao estúdio de gravação, contei a John sobre isso, e ele também nem sabia que havia uma guerra acontecendo no Vietnã. Mas acho que foi aí que começamos a ficar mais conscientes sobre os conflitos em que os povos estavam se envolvendo, e a política começou a se tornar um tópico de discussão mais frequente na banda, e entre nossos amigos e o pessoal com quem estávamos saindo. Assim, alguns aspectos desse período e do incipiente movimento pela paz acabaram alimentando coisas como o verso do soldado nesta canção.

Quando chegou a hora de gravar a canção no AIR Studios de George Martin em Montserrat, quem tocou a bateria foi Dave Mattacks. Ele é um baterista inglês divertidíssimo. Quando o escutei tocando pela primeira vez, pensei que era John Bonham, do Led Zeppelin. Eu admirava muito Bonham e era amigo dele, mas quando perguntei me disseram: "É o Dave Mattacks". Foi uma grande surpresa, porque a aparência de Bonham caía como luva ao som de sua bateria. Ele parecia um fazendeiro grandão que não deixava pedra sobre pedra na hora de tocar. Dizia que sempre quis que a bateria dele soasse como "uma maldita artilharia". Já a aparência de Dave era a de um franzino e mirrado professor de escola primária. Você não imaginava esse potente som de bateria vindo dele. Trabalhamos um tempinho juntos, e ele era ótimo. E também engraçado. Contava piadas de baterista: "Como sabe que um baterista bateu na porta? A batida acelera". Dizia que certos riffs de bateria eram batizados pelos bateristas da época. Por exemplo, existia um preenchimento chamado "e-le-fan-te, e-le-fan-te, or-ni-tor-rin-co".

"Dress Me Up as a Robber" é excelente para dançar, mas, por trás desse disfarce, dessa máscara, também é uma canção de amor. Acho que é uma canção ideal para ser usada num baile de máscaras veneziano. Do jeito que as coisas estão em 2020, o baile de máscaras pode estar tendo um *revival*. Deveria estar em todos os lugares agora, não só em Veneza.

Abaixo, à esquerda: Dave Mattacks durante as sessões de gravação de *Tug of War*. AIR Studios, Londres, 1982

Abaixo, à direita: Com Nancy. Las Vegas, 20 de setembro de 2013

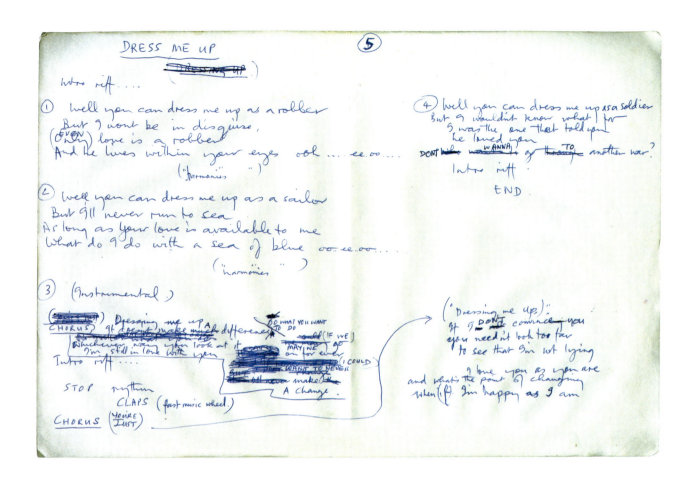

Drive My Car

COMPOSITORES Paul McCartney e John Lennon
ARTISTA The Beatles
GRAVAÇÃO Abbey Road Studios, Londres
LANÇAMENTO *Rubber Soul*, 1965

Asked a girl what she wanted to be
She said, baby, can't you see?
I wanna be famous, a star of the screen
But you can do something in between

Baby you can drive my car
Yes I'm gonna be a star
Baby you can drive my car
And maybe I'll love you

I told that girl that my prospects were good
And she said, baby, it's understood
Working for peanuts is all very fine
But I can show you a better time

Baby you can drive my car
Yes I'm gonna be a star
Baby you can drive my car
And maybe I'll love you
Beep beep, beep beep, yeah

Baby you can drive my car
Yes I'm gonna be a star
Baby you can drive my car
And maybe I'll love you

I told that girl I could start right away
And she said, listen babe, I've got something to say
I got no car and it's breaking my heart
But I've found a driver and that's a start

Baby you can drive my car
Yes I'm gonna be a star
Baby you can drive my car
And maybe I'll love you

Beep beep, beep beep, yeah
Beep beep, beep beep, yeah

O MAIS PRÓXIMO QUE JOHN E EU CHEGAMOS DE UMA SESSÃO infrutífera foi com uma canção chamada "Golden Rings". Levei um esboço dela à casa de John em Weybridge, e empacamos ao chegar nos versos: *"You can buy me golden rings/ Get me all that kind of thing"*. Ficamos cantando e repetindo aquilo sem progressos, porque era ruim demais.

Parte do problema era que já tínhamos "um anel de diamante" em "Can't Buy Me Love". *"Golden rings"* ("anéis dourados") era uma expressão batida e nada inspiradora. Não conseguíamos superar isso. Então, saímos para tomar um chá. Na volta, começamos a pensar que essa dama era uma jovem de Los Angeles. Isso melhorou um pouquinho as coisas. Então ela estava precisando de um chofer. É um pouco como a canção "Norwegian Wood", no sentido de que você tem um elenco de personagens e então, quando menos espera, tem uma história. Você vai atear fogo à casa de alguém porque ela tem muita madeira norueguesa. Então vamos incendiá-la e, enquanto isso, vamos dormir na banheira. Quando você cria uma narrativa e conta histórias, torna-se bem mais divertido. Isso nos impulsiona bem mais fácil. Agora estávamos dramatizando a entrevista de um chofer; não nos deu mais branco nenhum e finalizamos a canção. Tornou-se uma canção que gruda na gente. E o sucesso dela teve a ver com se livrar dos *"golden rings"* e trocá-los por *"Baby you can drive my car"*.

Sei daquela teoria de que o rock'n'roll não teria existido sem as guitarras de Leo Fender, mas é provável que também não tivesse existido sem Henry Ford. Eu me refiro à relação entre o automóvel e o que acontece no banco traseiro. Sabemos que o pessoal já transava antes do automóvel, mas o automóvel deu ao erotismo um novo sopro de vida. Pense em Chuck Berry "passeando no meu automóvel". Chuck é um dos grandes poetas dos Estados Unidos.

"Beep beep, beep beep, yeah". E por aí vai. Sempre é legal inserir letras sem sentido, e esta canção era perfeita para um "Bip bip, bip bip, iê". Fizemos isso em harmonia fechada para que soasse um pouco como uma buzina.

Depois, a estrofe toda fica com apenas dois acordes. Às vezes você nem precisa de dois; um resolve o caso. Um dos meus exemplos favoritos de usar apenas um acorde é "She's Leaving Home", em que lutei contra a mudança de acorde. Na hora do *"She"* é um acorde em Mi maior, se não me engano. Continua em Mi em *"is leaving"*. Mudar? Não. *"Home"*. Mudar? Não. Fica nesse Mi maior um bom tempo. Sinto orgulho disso, porque o instinto natural é mudar a cada verso novo. O mesmo vale para as estrofes de "Drive My Car". Dois acordes são mais do que suficientes - talvez até um a mais do que o suficiente.

À direita: Rascunho de letra, 1965

Sei daquela teoria de que o rock'n'roll não teria existido sem as guitarras de Leo Fender, mas é provável que também não tivesse existido sem Henry Ford. Eu me refiro à relação entre o automóvel e o que acontece no banco traseiro. Sabemos que o pessoal já transava antes do automóvel, mas o automóvel deu ao erotismo um novo sopro de vida.

Asked a girl, what she wanted to be
She said, now baby, can't you see?
I wanna be famous, a star on the screen,
but you can do something in between
You can buy me golden rings
Get me all the kind of things
Oo, if can buy me rings,
then baby I'll love you.

E

Eat at Home	140
Ebony and Ivory	146
Eight Days a Week	152
Eleanor Rigby	156
The End	164

Eat at Home

COMPOSITORES Paul McCartney e Linda McCartney
ARTISTA Paul e Linda McCartney
GRAVAÇÃO CBS Studios, Nova York
LANÇAMENTO *RAM*, 1971

Come on, little lady
Lady, let's eat at home
Come on, little lady
Lady, let's eat at home
Eat at home, eat at home

Come on, little lady
Lady, let's eat in bed
Come on, little lady
Lady, let's eat in bed
Eat in bed, eat in bed

Bring the love that you feel for me
Into line with the love I see
And in the morning you'll bring to me
Love

Come on, little lady
Lady, now don't do that
Come on, little lady
Lady, now don't do that
Do that, do that

Come on, little lady
Lady, let's eat at home
Come on, little lady
Lady, let's eat at home
Eat at home, eat at home

Bring the love that you feel for me
Into line with the love I see
And in the morning you'll bring to me
Love

Come on, little lady
Lady, now don't do that
Come on, little lady
Lady, now don't do that
Do that, do that

Acima: Pintando o telhado na fazenda. Escócia, 1971

ERA NATURAL QUE A EXCELENTE CULINÁRIA DE LINDA A inspirasse a escrever seus próprios livros de receitas. Ninguém escrevia livros sobre comida caseira sem carne, com receitas simples e fáceis de fazer. O fato é que nós dois curtíamos bastante fazer as refeições na cama. A gente curtia bastante fazer outras coisinhas também, mas vamos deixar isso para outro dia.

É uma visão muito diferente da domesticidade daquela campanha "Na cama pela paz", que John e Yoko fizeram num quarto de hotel em Amsterdã em 1969. Desde o começo, ele e eu sempre nos complementávamos quando se tratava de temas para canções. Mas o mundo representado aqui é certamente bem mais silencioso, conduzido sem a presença da imprensa mundial.

Você tem que se lembrar que Linda e eu éramos recém-casados, com um neném, e estávamos tentando quase desesperadamente escapar da confusão e só encontrar um tempo para ser uma família. Ficamos completamente isolados em nossa fazenda na Escócia, um lugar que eu havia comprado uns anos antes, mas Linda realmente se apaixonou. E só criamos a nossa própria diversão. Desenhávamos muito. Escrevíamos muito. Um inspirava o outro. Linda tirava muitas fotos, e acho que a Escócia a ajudou a encontrar um novo lado no trabalho dela, afastando-se do meio musical e capturando a natureza e o cotidiano da vida familiar.

Era uma vida que talvez pudesse parecer idílica, longe da cidade, dos negócios e da imprensa. Em alguns aspectos, bastante trivial. O que eu mais gostava era da simplicidade. A escala pequena das coisas. Os quadros que eu pintava eram pequenos. Eu só comprava telas menores. Nunca pensei que teria a permissão para fazer artes visuais. Sempre pensei que isso era só para "eles". Eu jamais teria sonhado em aprender a andar a cavalo se eu não tivesse conhecido

Linda. Isso também era só para "eles". Andar a cavalo não era para gente como eu. Mas realmente nos encontramos na Escócia: o ambiente nos deu uma liberdade maravilhosa para experimentar coisas novas, só para nós mesmos.

Além de cavalgar para se divertir, havia muitas tarefas ligadas à própria fazenda. Na verdade, aprendi a esquilar ovelhas com uma tosquiadeira manual – algo que não se vê muito hoje em dia, e com certeza uma coisa que jamais sonhei fazer quando eu era criança em Liverpool. Eu tosava umas quatorze, vinte por dia, e meu capataz, o Duncan, fazia uma centena. Para começo de conversa, fazer a ovelha deitar-se de costas é um truque bem difícil. Uma foto minha prestes a derrubar um ovino acabou sendo capa do *RAM*, o álbum que traz esta canção. A foto era parte do registro de Linda de uma sessão de tosquia. Linda fez um retrato individual de cada ovelha de nosso rebanho.

Sob o prisma musical, "Eat at Home" deve muito ao exemplo de Buddy Holly, que teve uma grande influência nos Beatles e em nossa adolescência, quando começamos a compor as nossas próprias canções. Um dos aspectos de que eu gosto bastante é o modo como eu alterei a tendência de Buddy Holly de imitar uma hesitação na fala, introduzindo o "béé" do balir ovino na expressão "*eat in be-eee-d*". Fiquei orgulhoso!

Abaixo e à direita: Dia a dia na fazenda. Escócia, 1970-71

142

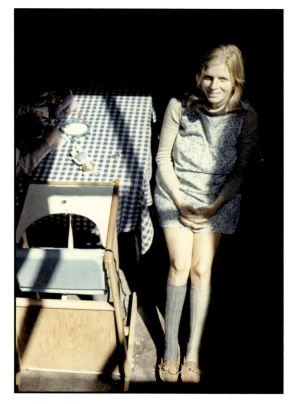

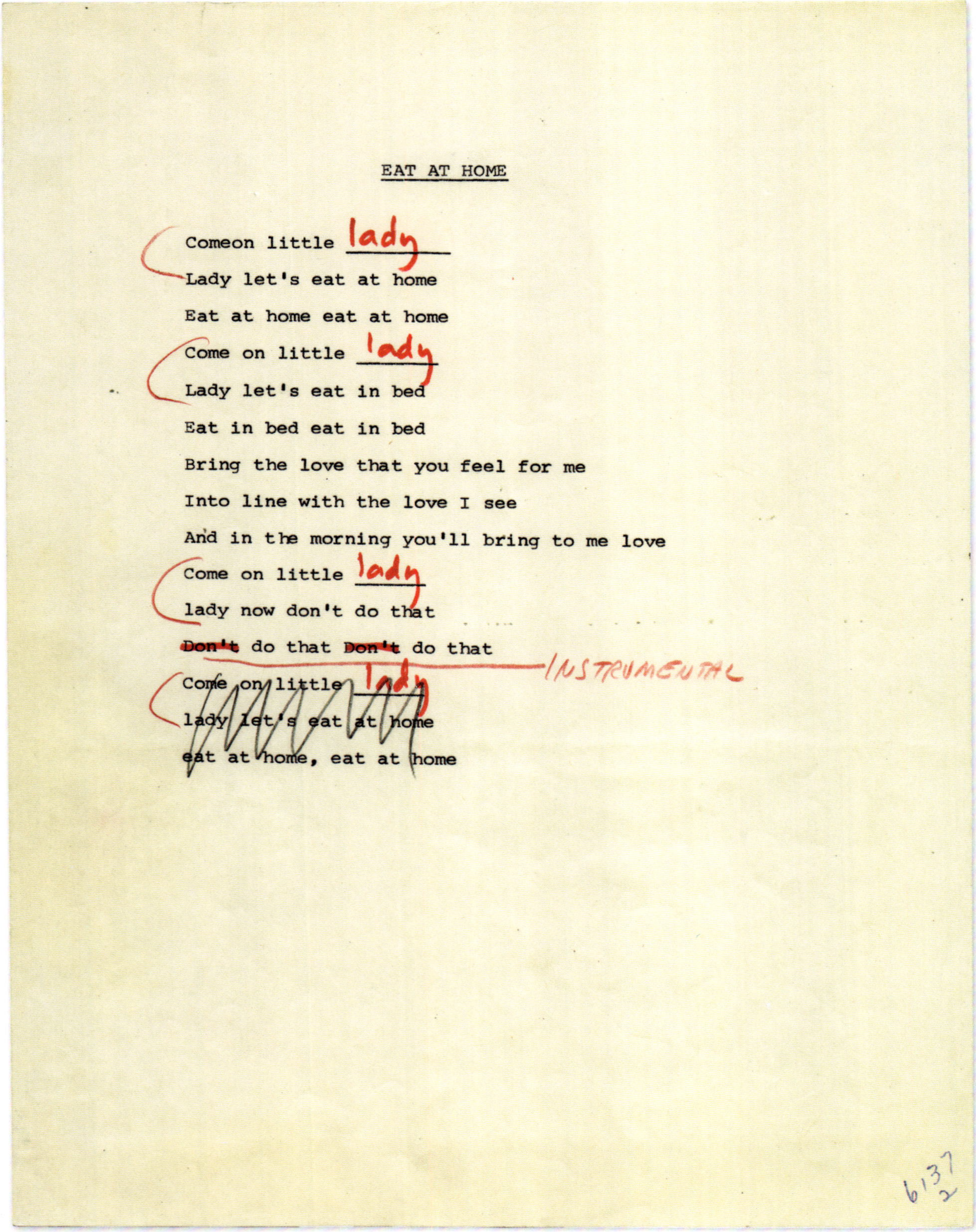

EAT AT HOME

Comeon little lady
Lady let's eat at home
Eat at home eat at home
Come on little lady
Lady let's eat in bed
Eat in bed eat in bed
Bring the love that you feel for me
Into line with the love I see
And in the morning you'll bring to me love
Come on little lady
lady now don't do that
Don't do that Don't do that   INSTRUMENTAL
Come on little lady
lady let's eat at home
eat at home, eat at home

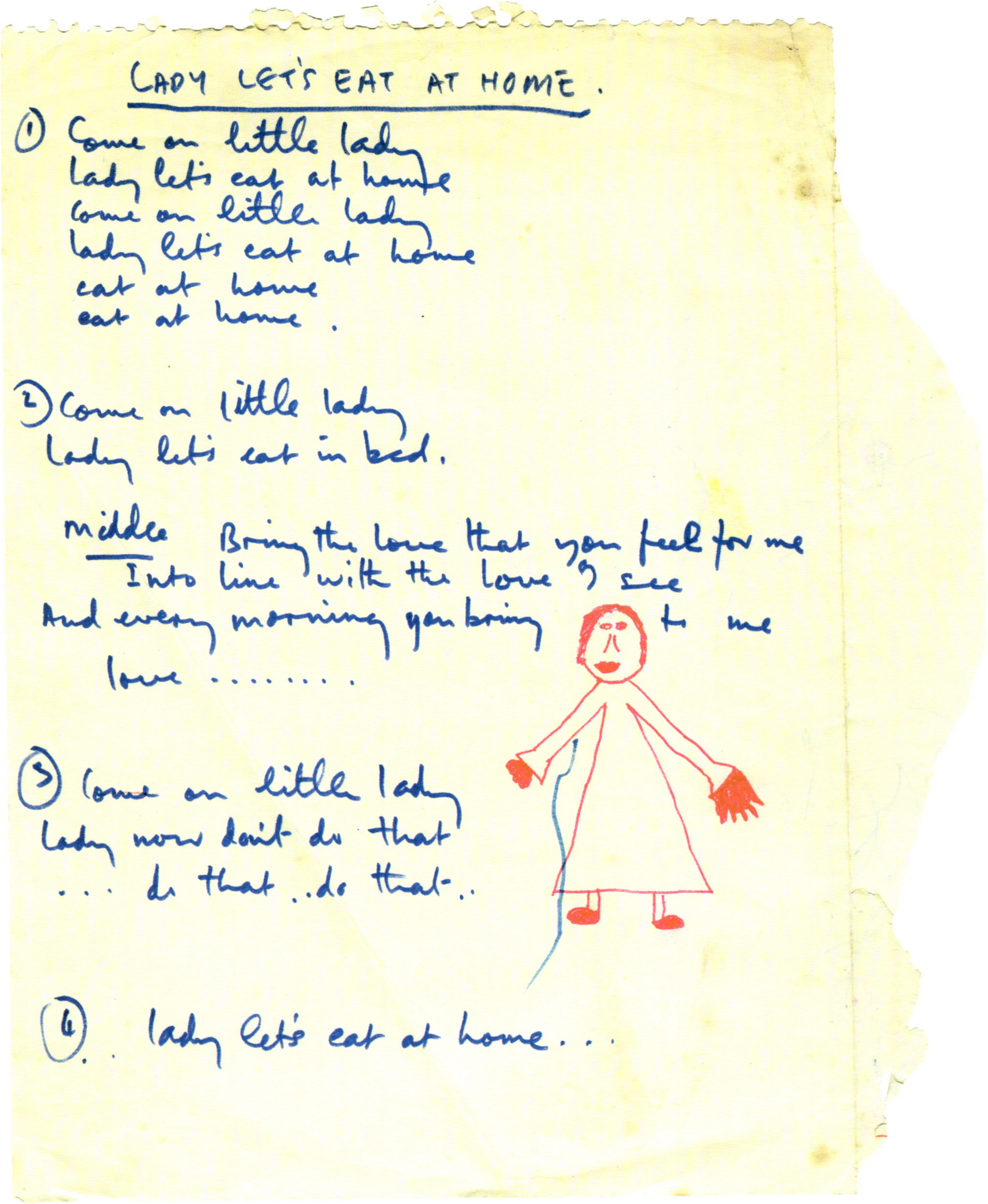

LADY LET'S EAT AT HOME.

① Come on little lady
Lady let's eat at home
Come on little lady
Lady let's eat at home
eat at home
eat at home .

② Come on little lady
Lady let's eat in bed.

middle   Bring the love that you feel for me
Into line with the love I see
And every morning you bring   to   me

love . . . .

③ Come on little lady
Lady now don't do that
. . . do that . . do that . .

④ . . lady let's eat at home . . .

Ebony and Ivory

COMPOSITOR	Paul McCartney
ARTISTA	Paul McCartney, com vocais adicionais de Stevie Wonder
GRAVAÇÃO	AIR Montserrat
LANÇAMENTO	Single, 1982
	Tug of War, 1982

Ebony and Ivory
Live together in perfect harmony
Side by side on my piano keyboard
Oh lord, why don't we?

We all know
That people are the same wherever you go
There is good and bad in everyone
When we learn to live
We learn to give each other
What we need to survive
Together alive

Ebony and Ivory
Live together in perfect harmony
Side by side on my piano keyboard
Oh lord, why don't we?

Ebony, Ivory
Living in perfect harmony
Ebony, Ivory

We all know
That people are the same wherever you go
There is good and bad in everyone
We learn to live
When we learn to give each other
What we need to survive
Together alive

Ebony and Ivory
Live together in perfect harmony
Side by side on my piano keyboard
Oh lord, why don't we?
Side by side on my piano keyboard
Oh lord, why don't we?

Ebony, Ivory
Living in perfect harmony
Ebony, Ivory
Living in perfect harmony

AS TECLAS BRANCAS E PRETAS CONVIVEM NO PIANO, MAS NEM SEMPRE negros e brancos viverem em harmonia. Quem fez essa observação foi Spike Milligan, certa vez.

Spike Milligan foi um comediante britânico-irlandês que escreveu e estrelou *The Goon Show*, radiosseriado da BBC nos anos 1950. Quando éramos adolescentes, ouvíamos o programa, que acabou se tornando uma grande influência para os Beatles, e foi também onde Peter Sellers teve sua grande chance. Teve um tempo em que George Martin trabalhou com eles também. Então, Spike morava bem perto de nossa casa em Sussex, e nós dois apreciávamos dar boas risadas, por sermos de origem irlandesa. Acho que existe essa tradição de irlandeses engraçados que se estende até Liverpool. Ele fazia reuniões e nos pedia para levar algo, e não precisava ser uma garrafa de bebida; poderia muito bem ser um poema. Então levei um poema para ele. Ele morava numa casa com uma placa que dizia: "Projetada pelo arquiteto cego", e a estrada onde ficava a casa se chamava - não estou brincando - Dumb Woman's Lane (Estrada da Mulher Muda). Acho que se referia a uma senhora que não conseguia falar. Escrevi um poema sobre Dumb Woman's Lane, levei para ele e o li antes do jantar.

O poema começava assim:

The voice of the poet	A voz do poeta da Estrada
Of Dumbwoman's Lane	Da Mulher Muda é ouvida
Can be heard across	Nos vales de açúcar
Valleys of sugar-burned cane	De cana queimada
And nostrils that sleep	E as narinas que dormem
Through the wildest of nights	Em noites selváticas
Will be twitching to gain	Retorcem-se e obtêm
Aromatic insights	Percepções aromáticas

"Ebony and Ivory" foi escrita em resposta ao problema da tensão racial, causa de muitos atritos no Reino Unido naquela época. Eu a compus e gravei uma demo em meu estudiozinho lá na Escócia, em 1980; então liguei para o Stevie Wonder e perguntei se ele queria fazer uma parceria. Stevie e eu nos conhecíamos havia um tempão. Fomos apresentados em 1966, após um show que ele fez no clube Scotch of St. James, em Mayfair, Londres. Ele só tinha quinze anos na época. Seja lá como for, estávamos pensando em compor algo juntos, e eu falei: "Olha só, eu tenho esta canção que eu gostaria especialmente de fazer". Então fomos gravar o álbum em Montserrat. Lá que ficava o estúdio de George Martin, e Stevie combinou de ir, mas não compareceu. Como em geral acontece com Stevie, muitos telefonemas depois, conseguimos contato com ele. "Estamos aqui. Quando você vai aparecer?" Era sempre "nesta sexta-feira".

Mas passava o fim de semana, e na segunda-feira eu ligava para ele. "Vou estar aí na quarta-feira." "Legal, então." Teve muito disso. Ele faz seu cronograma. Vai aparecer quando estiver pronto. Mas foi sensacional quando ele chegou. Foi mesmo fascinante, porque ele é um monstro musical; ele *é* música pura. Você tinha que ser impecável, pois ele escutava qualquer deslize. Perguntou se íamos usar bateria eletrônica e eu disse que não, então ele pegou a bateria e mostrou que era um grande baterista, com um estilo bem característico, e é ele tocando no disco. A canção toda é só eu e Stevie.

Quando fomos gravar o vídeo, foi a mesma coisa. Tudo agendado. Equipe, estúdio, técnicos, cinegrafistas, etc. Stevie deveria aparecer na segunda-feira de manhã, por exemplo,

À esquerda e abaixo: Com Stevie Wonder nas sessões de gravação de *Tug of War*. AIR Montserrat, 1981

À direita: Foto inédita da sessão de fotos para "Ebony and Ivory"

mas ele não aparecia. Chegar até ele era um desafio. Funcionava mais ou menos assim: "Agora o sr. Wonder está gravando no estúdio. Vai me desculpar, mas quem está falando?". "É o Paul McCartney. A gente se conhece; já trabalhamos juntos." "Certo. É que ele está trabalhando e não pode ser incomodado." Então isso se prolongou até ficarmos cerca de uma semana atrasados para fazer o vídeo, mas enfim ele apareceu. De modo que, sim, foi ótimo trabalhar com ele, mas sempre tinha essa questão dos atrasos, de não estar lá na hora marcada. Coisa com a qual eu não estava acostumado, diga-se de passagem.

Nunca pensei que "Ebony and Ivory" fosse resolver os problemas do mundo, mas acho que o coração da música estava no lugar certo. O pessoal zombou da canção, é claro. Uns acharam muito sentimental ou simplista, talvez. Eddie Murphy fez um esquete dela no *Saturday Night Live*. É o tipo de coisa fácil de parodiar.

Toquei esta canção uma ou duas vezes ao vivo. Uma delas foi na Casa Branca, junto com Stevie, quando recebi o Prêmio Gershwin, pouco depois que Barack Obama se tornou presidente. Que honra! Muita gente incrível compareceu. Elvis Costello cantou "Penny Lane", Stevie cantou "We Can Work It Out" e - foi uma das primeiras vezes que a tocamos ao vivo juntos - ele e eu tocamos "Ebony and Ivory".

TO SPIKE, MAN,

THE POET OF DUMBWOMANS LANE.

The voice of the poet
of Dumbwoman's Lane,
Can be heard across
Vallies of sugar - burned cane
And nostrils that sleep
Through the wildest of nights
Will be twitching
To gain aromatic insights.

—

The wife of the farmer
of Poppinghole Lane
Can be seen from the
cab of the Robertsbridge train.
And passengers comments
Will frequently turn
To the wages the wife
of a farmer can earn.

The poet of Dumbwoman's Lane
Sallies forth,
He is hoping for no-one to see,

—   With love Paul (YESTERDAYS
                              (MAN.

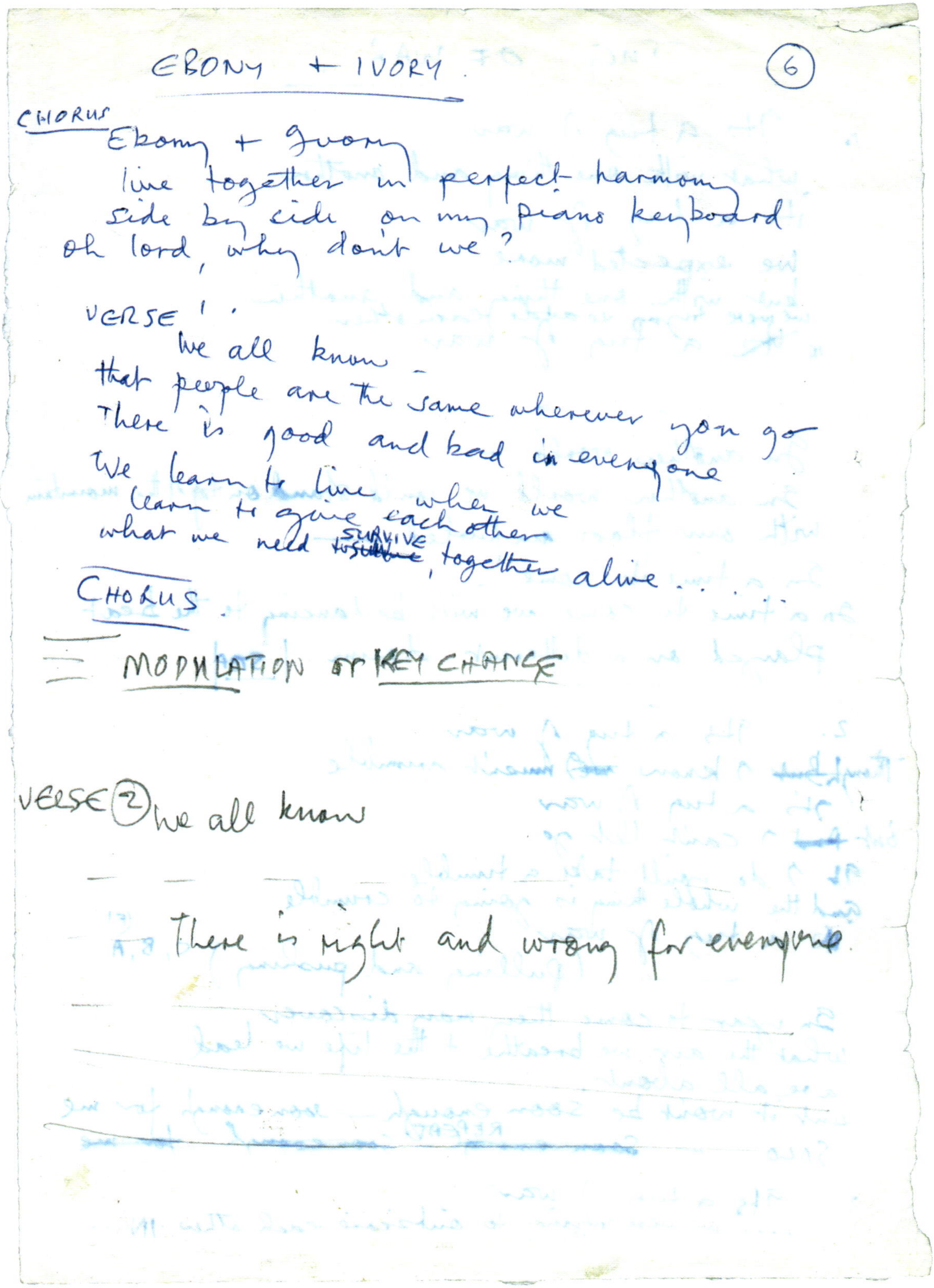

EBONY + IVORY.

⑥

CHORUS

Ebony + Ivory
live together in perfect harmony
side by side on my piano keyboard
oh lord, why don't we?

VERSE¹.

We all know —
that people are the same wherever you go
There is good and bad in everyone
We learn to live when we
learn to give each other
what we need ~~to survive~~ SURVIVE, together alive........

CHORUS.

MODULATION or KEY CHANGE

VERSE ② We all know

There is right and wrong for everyone.

Eight Days a Week

COMPOSITORES Paul McCartney e John Lennon
ARTISTA The Beatles
GRAVAÇÃO Abbey Road Studios, Londres
LANÇAMENTO *Beatles for Sale*, 1964
Single nos EUA, 1965
Beatles VI, 1965

Ooh I need your love, babe
Guess you know it's true
Hope you need my love, babe
Just like I need you

Hold me, love me
Hold me, love me
I ain't got nothin' but love, babe
Eight days a week

Love you every day, girl
Always on my mind
One thing I can say, girl
Love you all the time

Hold me, love me
Hold me, love me
I ain't got nothin' but love, girl
Eight days a week

Eight days a week
I love you
Eight days a week
Is not enough to show I care

Ooh I need your love, babe
Guess you know it's true
Hope you need my love, babe
Just like I need you

Hold me, love me
Hold me, love me
I ain't got nothin' but love, babe
Eight days a week

Eight days a week
I love you
Eight days a week
Is not enough to show I care

Love you every day, girl
Always on my mind
One thing I can say, girl
Love you all the time

Hold me, love me
Hold me, love me
I ain't got nothin' but love, babe
Eight days a week
Eight days a week
Eight days a week

O PROBLEMA ERA QUE TODOS NÓS GOSTÁVAMOS DE DIRIGIR EM alta velocidade, e eu mesmo já tinha sido multado diversas vezes. A polícia apreendeu minha carteira de motorista e fiquei proibido de dirigir por um ano. Se eu quisesse ir a algum lugar, eu precisava pegar ônibus, trem ou, às vezes, contratar um motorista. Quando recuperei a carteira, já tínhamos ganhado dinheiro suficiente para termos um motorista.

Eu ia muito à casa de John em Weybridge e, naquele dia em especial, fui batendo papo com o chofer e, no final da viagem, despretensiosamente indaguei o que ele andava fazendo. Ele respondeu: "Ah, eu trabalho oito dias por semana". Entrei correndo na casa de John avisando: "O título eu já tenho".

Nós dois tínhamos a nosso favor uma importante qualidade: quando aparecia uma oportunidade inesperada, nós a percebíamos e a agarrávamos. E a outra coisa é que John e eu nos complementávamos. Se ele tivesse um bloqueio num verso, eu terminava. Se eu estivesse num beco sem saída, ele dava uma ideia. É muito útil ter alguém para nos ensinar a saída do labirinto. Um inspirava o outro. Então, quando eu trouxe o título, ele ficou feliz por termos um ponto de partida. Quer dizer, acho que nenhum de nós jamais achou que seria uma grande canção, mas a ideia era legal.

Lembrar da letra - esse era o truque. E para ela ser fácil de ser lembrada, tínhamos que escrever algo marcante. Sabe, se fôssemos escrever algo muito inteligente ou muito isso ou aquilo, provavelmente não nos lembraríamos depois. Eu sempre notava que, ao chegar em casa à noite e tomar um drinque, eu já tinha me esquecido completamente da letra. "Ah, que droga", eu pensava. "Bem, ele vai se lembrar. Mas e se ele também bebeu e nós dois nos esquecermos?"

Mas, pela manhã, eu acordava cantando a letra. Estava lá, com o frescor de uma margarida no campo. Agora tínhamos a letra de "Eight Days a Week" e eu a repetia em meu cérebro. Quando chegamos à sessão, John e eu a mostramos tocando violões a George, Ringo, George Martin e o engenheiro. Ninguém mais tinha ouvido a canção antes. John e eu éramos as únicas duas pessoas que a conheciam, mas em vinte minutos todos já tinham aprendido a canção.

Acima: Com John Lennon nas filmagens do programa de tevê *Ready Steady Go!* Londres, 1964

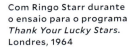

Com Ringo Starr durante
o ensaio para o programa
Thank Your Lucky Stars.
Londres, 1964

Lembrar da letra – esse era o truque. E para ela ser fácil de ser lembrada, tínhamos que escrever algo marcante. Sabe, se fôssemos escrever algo muito inteligente ou muito isso ou aquilo, provavelmente não nos lembraríamos depois. Eu sempre notava que, ao chegar em casa à noite e tomar um drinque, eu já tinha me esquecido completamente da letra.

Eleanor Rigby

COMPOSITORES	Paul McCartney e John Lennon
ARTISTA	The Beatles
GRAVAÇÃO	Abbey Road Studios, Londres
LANÇAMENTO	*Revolver*, 1966
	Single com duplo lado A: "Eleanor Rigby"/ "Yellow Submarine", 1966

Ah look at all the lonely people
Ah look at all the lonely people

Eleanor Rigby
Picks up the rice in the church where a wedding
   has been
Lives in a dream
Waits at the window
Wearing the face that she keeps in a jar by the door
Who is it for?

All the lonely people
Where do they all come from?
All the lonely people
Where do they all belong?

Father McKenzie
Writing the words of a sermon that no
   one will hear
No one comes near
Look at him working
Darning his socks in the night when
   there's nobody there
What does he care?

All the lonely people
Where do they all come from?
All the lonely people
Where do they all belong?

Ah look at all the lonely people
Ah look at all the lonely people

Eleanor Rigby
Died in the church and was buried
   along with her name
Nobody came
Father McKenzie
Wiping the dirt from his hands as
   he walks from the grave
No one was saved

All the lonely people
   (Ah look at all the lonely people)
Where do they all come from?
All the lonely people
   (Ah look at all the lonely people)
Where do they all belong?

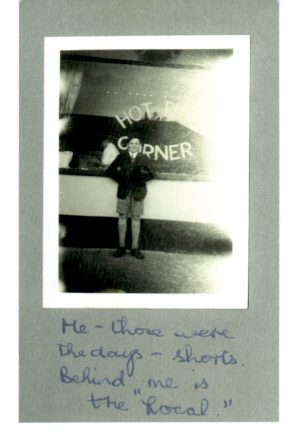

Acima: Começo dos anos 1950

O HIDRATANTE PREFERIDO DE MINHA MÃE ERA O NÍVEA, E EU O adoro até hoje. Esse é o hidratante que eu tinha em mente ao falar do rosto que Eleanor guarda no frasco perto da porta ("*in a jar by the door*"). Eu sempre ficava um pouco assustado com a frequência com que as mulheres usavam hidratante.

Quando eu era adolescente, conheci muitas velhinhas - em parte por causa da chamada Semana do Trabalho Quebra-Galho, quando os escoteiros faziam tarefas por um xelim. Você recebia um xelim para limpar um galpão ou cortar a grama. Eu queria escrever uma canção que resumisse essas senhorinhas. "Eleanor Rigby" se inspira numa senhora com quem eu me dava muito bem. Nem sei como conheci "Eleanor Rigby", mas eu costumava ir até a casa dela, e isso foi mais que uma ou duas vezes. Descobri que ela morava sozinha, então eu ia até lá jogar conversa fora, o que é meio doido se você pensar que sou um rapazinho de Liverpool. Mais tarde, eu me oferecia para fazer as compras para ela. Ela me dava uma lista, eu buscava os itens, e depois sentávamos na cozinha dela. Ainda me lembro vividamente da cozinha e daqueles radiozinhos galena. Esse não é o nome da marca; na verdade, tinha um cristal de galena dentro. Os rádios de cristal galena eram bastante populares nas décadas de 1920 e 1930. Então, eu a visitava, e só de ouvir suas histórias a minha alma se enriquecia, influenciando as canções que eu escreveria mais tarde.

Talvez ela tenha começado com um nome bem diferente. Daisy Hawkins, não é mesmo? Sei que "Hawkins" é excelente, mas não soava bem. Jack Hawkins encarnou Quintus Arrius em *Ben-Hur*. Também tem o Jim Hawkins, herói de um dos meus livros favoritos, *A ilha do tesouro*. Mas não soava bem. Esse é o problema de contar uma história, sabe? Mesmo para quem esteve lá, e é claro que eu estava, às vezes é muito difícil de contar os detalhes.

É como a história de que o nome "Eleanor Rigby" consta numa lápide no cemitério da Igreja de São Pedro, em Woolton, por onde John e eu certamente perambulamos, falando sem parar sobre nosso futuro. Eu não me lembro de ter visto o túmulo ali, mas acho que posso ter registrado isso subliminarmente.

A Igreja de São Pedro também desempenha um papel importante na maneira como eu encaro muitas dessas memórias hoje. No verão de 1957, Ivan Vaughan (um amigo da escola) e eu fomos juntos ao Festival de Woolton Village na igreja, e ele me apresentou a seu amigo John, que estava tocando lá com sua banda, The Quarry Men.

Eu tinha acabado de completar quinze anos e John tinha dezesseis, e Ivan sabia que nós dois éramos obcecados por rock'n'roll, então ele me levou lá para nos apresentar. Uma coisa puxa a outra - típica postura de garotos adolescentes e coisas do gênero -, e acabei me exibindo um pouco: toquei "Twenty Flight Rock", de Eddie Cochran, no violão. Acho que também toquei "Be-Bop-a-Lula", do Gene Vincent, e umas canções do Little Richard.

Cerca de uma semana depois, eu estava andando de bicicleta e esbarrei com Pete Shotton, que tocava tábua de lavar no The Quarry Men - instrumento muito importante nas bandas de "skiffle", um folk com influências do jazz e do blues. Começamos a conversar, e ele me disse que John achava que eu deveria entrar na banda. Isso era algo típico de John - pedir pra outra pessoa me perguntar para ele não ficar sem ter onde enfiar a cara se eu dissesse não. John costumava manter a guarda erguida, mas esse era um dos grandes equilíbrios entre nós. Ele sabia ser cáustico e espirituoso, mas, se você o conhecia, ele tinha essa adorável cordialidade. Eu era mais o oposto: muito tranquilo e amigável, mas podia ser duro quando necessário.

Com Ivan Vaughan e George Harrison. Liverpool, fim dos anos 1950

Ah, look at all the lonely people

Eleanor Rigby, picks up the rice
   in the church where a wedding
       has been
    lives in a dream.
Waits at the window, wearing the face
   that she keeps in a jar by the door
       who is it for?
All the lonely........ etc.

Father McKenzie, writing the words of a
sermon that no-one will hear
      no-one comes near.
Look at him working, darning his
   socks in the night, when there's
nobody there, what does he care?
All the lonely people......

Ah look at all the lonely people

Paul McCartney

Eu falei que ia pensar no assunto, e uma semana depois disse que sim. E depois disso John e eu começamos a sair juntos seguidamente. Eu estava de férias escolares e John estava prestes a começar a faculdade de artes, que, por sinal, ficava ao lado da minha escola. Ensinei a ele como afinar o violão dele, ele estava usando afinação de banjo – acho que o vizinho dele já tinha feito isso para ele antes – e como autodidatas fomos aprendendo a tocar canções de gente como Chuck Berry. Mais tarde, mostrei "I Lost My Little Girl" a ele, quando tive coragem de compartilhá-la, e ele começou a me mostrar suas canções. E foi justamente aí que tudo começou.

Faço esse "tour" quando volto a Liverpool com amigos e família. Vou rodando de carro por esses locais antigos, indicando lugares como a nossa velha casa na Forthlin Road e, às vezes, também dou uma passadinha na Igreja de São Pedro. Fica a uns cinco ou dez minutos de carro da velha casa. E eu costumo parar ali e ficar me perguntando sobre as chances de os Beatles terem se reunido. Éramos quatro moradores dessa cidade do norte da Inglaterra, mas não nos conhecíamos. Eis que, por acaso, acabamos nos conhecendo. E o nosso som era ótimo quando tocávamos juntos, e todos tínhamos aquele ímpeto jovem para ficarmos bons nesse ramo da música. Para mim, até hoje ainda é um completo mistério que isso tenha acontecido.

John e eu acabaríamos nos conhecendo de outra maneira, caso Ivan e eu não tivéssemos ido àquele festival? Na verdade, eu tinha ido porque estava interessado numa garota. Eu tinha visto John por aí (no restaurante de peixe com fritas, no ônibus, esse tipo de coisa), e achava que ele parecia muito legal, mas será que algum dia nós conversaríamos? Não sei. Por acaso do destino, um colega de aula conhecia John. E também por acaso peguei o mesmo ônibus escolar e me sentei perto de George. Os Beatles só aconteceram porque primeiro todas essas pequenas coincidências tiveram que acontecer, e isso parece algum tipo de mágica. É uma das lições maravilhosas sobre dizer sim quando a vida nos apresenta essas oportunidades. Nunca se sabe aonde elas podem nos levar.

E, como se todas essas coincidências malucas não bastassem, acontece que outra pessoa que estava no festival tinha um gravador portátil – um daqueles velhos Grundigs. Portanto, existe essa gravação (de uma qualidade reconhecidamente muito ruim) do show do The Quarry Men naquele dia. Você pode ouvi-la *on-line*. E também tem umas fotos da banda na plataforma do caminhão. Então, esse dia que acabou se provando importantíssimo em minha vida ainda tem essa presença e persiste nesses fantasmas do passado.

Sempre penso nesses fatos como casualidades felizes. Como quando alguém tocava o gravador de trás para a frente no Abbey Road e nós quatro parávamos no meio do caminho e pensávamos: "Ah! O que é isso?". Então usávamos aquele efeito numa canção, como no solo de guitarra de trás para frente em "I'm Only Sleeping". Isso também aconteceu recentemente, na canção "Caesar Rock", do *Egypt Station*. Não sei como, essa parte da bateria foi arrastada acidentalmente para o início da canção no computador, e a reproduzimos, e ali está ela naqueles primeiros segundos, sem se encaixar. Mas ao mesmo tempo se encaixa.

Então, a minha vida está cheia desses acidentes felizes, e retornando à origem do nome "Eleanor Rigby", a minha memória me fez visitar Bristol, onde Jane Asher estava fazendo uma peça no teatro Old Vic. Lá estava eu perambulando, esperando a peça terminar, quando avistei a placa de uma loja onde se lia "Rigby". E pensei: "É isto!". Realmente foi uma casualidade e tanto. Quando voltei a Londres, escrevi a canção na sala de música da sra. Asher, no porão da 57 Wimpole Street, onde eu morava na época.

Nessa mesma época, voltei a estudar piano. Tive aulas quando criança, mas era basicamente treinar escalas, e mais parecia um dever de casa. Eu adorava música, mas odiava o dever de casa que vinha junto com o aprendizado. Acho que, no total, fiz três tentativas de estudar piano – a primeira vez quando eu era criança e meus pais me mandaram para alguém que conheciam localmente. Depois, quando eu tinha dezesseis anos, pensei: "Talvez seja a hora de tentar aprender a tocar direito". Eu já estava compondo minhas próprias canções àquela altura e encarando a música com mais seriedade, mas ainda eram as mesmas escalas. "Argh!! Vou dar o fora daqui!". E a terceira foi quando eu tinha vinte e poucos anos, e a mãe de Jane, Margaret, programou umas aulas para mim com alguém da Guildhall School of Music, onde ela trabalhava. Eu até toquei "Eleanor Rigby" no piano para a professora, mas isso foi antes de eu ter a letra. Na época, eu estava apenas esboçando a letra e cantando "Ola Na Tungee" sobre os acordes de Mi menor. Pelo que eu me lembro, a professora não se impressionou muito. Só queriam me ouvir tocar ainda mais escalas, para concluir as aulas.

Com George Martin, George Harrison e John Lennon. Abbey Road Studios, Londres, por volta de 1968

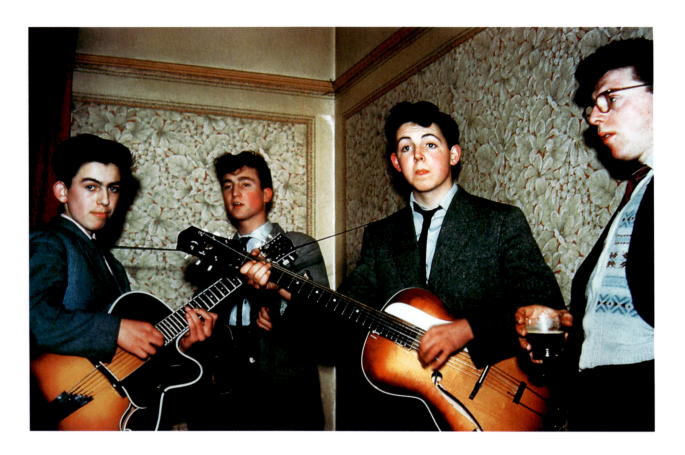

Acima: Com George Harrison, John Lennon e Dennis Littler, na casa da tia Jin e do tio Harry. Liverpool, 1958

À esquerda: Eleanor Bron nas filmagens de *Help!* Bahamas, 1965

Quando comecei a trabalhar seriamente nas palavras, "Eleanor" sempre fez parte da equação, eu acho, porque tínhamos trabalhado com Eleanor Bron no filme *Help!* e nós a conhecíamos do The Establishment, clube noturno do Peter Cook na Greek Street. Acho que John talvez tenha saído com ela por um curto tempo, e gostei muito do nome. Inicialmente, o padre era "Father McCartney", porque tinha o número certo de sílabas. Levei a canção a John mais ou menos a essa altura, e eu me lembro de tocá-la para ele, e ele disse: "Isso é ótimo, Father McCartney". Ele adorou. Mas eu não estava realmente confortável com isso, porque "Father" é "padre" e "pai". E podia confundir com meu pai - o meu pai McCartney. Então literalmente peguei a lista telefônica e mudei de "McCartney" para "McKenzie".

A canção em si foi escrita conscientemente para evocar o assunto da solidão, com a esperança de despertar a empatia dos ouvintes. Aqueles versos da abertura - *"Eleanor Rigby/ Picks up the rice in the church where a wedding has been/ Lives in a dream"*. É um pouco estranho juntar o arroz depois de um casamento. Isso significa que ela trabalhava na limpeza? Ou não havia sido convidada para o casamento e só ficou olhando de longe? O que a levou a fazer isso? Eu queria tornar isso mais comovente do que ela apenas catar os grãos de arroz, então o foco mudou para alguém que era solitária. Alguém que sonha em se casar, mas cujo casamento é improvável.

Allen Ginsberg me disse que era um ótimo poema, então vou aceitar a opinião de Allen. Ele não falava só por falar. Outro dos primeiros admiradores da canção foi William S. Burroughs, que, é claro, também acabou na capa do *Sgt. Pepper*. Ele e eu nos conhecemos por meio do escritor Barry Miles e da Livraria Indica, e ele realmente viu a canção tomar forma quando eu às vezes usava o estúdio da palavra falada que havíamos montado no porão do apartamento de Ringo, na Montagu Square. O plano do estúdio era gravar poetas - algo que fizemos de modo mais formal uns anos depois, com o selo experimental Zapple, uma subsidiária da Apple. Eu fazia muitas experiências com loops de fita nessa época, usando um gravador de rolo Brenell - que eu tenho até hoje -, e estávamos começando a acrescentar elementos mais experimentais em nossas canções. "Eleanor Rigby" acabou entrando no álbum *Revolver* e, pela primeira vez, estávamos gravando canções impossíveis de serem reproduzidas no palco - canções como essa e "Tomorrow Never Knows". Então, Burroughs e eu saíamos juntos, e ele pegou emprestado o meu gravador de rolo algumas vezes para trabalhar em suas decupagens. Quando ouviu a versão final de "Eleanor Rigby", ele me disse que ficou impressionado com o volume narrativo que eu condensei em três estrofes. E para mim parecia um avanço do ponto de vista lírico - uma canção mais séria.

George Martin me apresentou a ideia do quarteto de cordas em "Yesterday". No começo resisti à ideia, mas quando funcionou me apaixonei por ela. Por isso, acabei compondo "Eleanor Rigby" já pensando nesse componente de cordas. Quando levei a canção a George, eu disse que, como acompanhamento, eu queria uma série de golpes de arco em *staccato* nos acordes em Mi menor. Na realidade, a canção inteira alterna apenas dois acordes: Dó maior e Mi menor. George pegou a minha ideia dos golpes de arco e a mesclou com a influência de Bernard Herrmann, o compositor da trilha sonora de *Psicose*. George queria trazer um pouco dessa carga dramática ao arranjo. E, claro, existe uma conexão meio bizarra entre o desamparo da solitária Eleanor Rigby e a mãe mumificada em *Psicose*.

The End

COMPOSITORES	Paul McCartney e John Lennon
ARTISTA	The Beatles
GRAVAÇÃO	Abbey Road Studios, Londres
LANÇAMENTO	*Abbey Road,* 1969

Oh yeah, alright
Are you gonna be in my dreams tonight?

And in the end the love you take
Is equal to the love you make

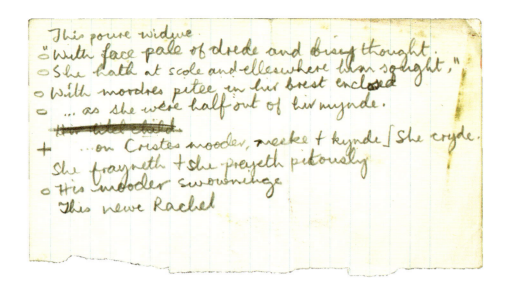

JOHN NEM DE LONGE COMPARTILHAVA DE MEU INTERESSE PELA literatura, embora curtisse Lewis Carroll e, em particular, Winston Churchill. A tia dele, a Dona Mimi, tinha muitos livros de Churchill na sala de visitas. É uma sólida base educacional.

No meu caso, sempre fui fascinado pelo dístico, ou parelha, a estrofe com dois versos rimados. Se você for parar para pensar, o dístico tem sido o carro-chefe da poesia inglesa desde o início. Chaucer, Pope, Wilfred Owen. Sempre me fascino pela forma como Shakespeare usa o dístico para arrematar uma cena ou uma peça inteira. Basta dar uma folheada em *Macbeth*, por exemplo, para você encontrar maravilhas como:

Receive what cheer you may:
The night is long that never finds the day.

ou

I go, and it is done; the bell invites me.
Hear it not, Duncan; for it is a knell
That summons thee to heaven or to hell.

Essa era a maneira de Shakespeare dizer: "Isso é tudo, pessoal", e a canção "The End" foi a nossa maneira de dizer o mesmo.

And in the end the love you take
Is equal to the love you make

Esse é um daqueles dísticos que deixam a gente pensando um tempão. Pode ter a ver com um bom carma. Tudo o que vai, um dia volta, como se diz.

Muitas vezes, eu penso no que poderia ter acontecido se eu não tivesse entrado numa banda que acabou levando a minha vida de roldão. Fico me perguntando sobre o caminho que pensei trilhar com meu conceito A em Literatura Inglesa e aonde isso poderia ter me levado.

Acima: Copiando versos de "O conto da prioresa", de *Os contos da Cantuária*, de Geoffrey Chaucer. Caderno escolar de Literatura Inglesa de Paul

And in the end
The love you take
is equal to
The love you make.

verse Every night I just want to go out
get out of my head.
Every day I don't want to get up
get out of my bed,
Every night I want to play out
Every day I want to do . . . . .
But tonight I just want to stay in.
And be with you – and be with you.

Chorus

Every day I lean on a lampost
(3 as) wasting my time
Every night I lay on a pillow
Resting my mind.
Every morning brings a new day.
& Every night that day is through.
But tonight I just want to stay in
and be with you . . . . and be with you.

Chorus.

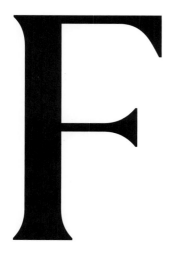

Fixing a Hole	170
The Fool on the Hill	174
For No One	178
From Me to You	184

Fixing a Hole

COMPOSITORES   Paul McCartney e John Lennon
ARTISTA   The Beatles
GRAVAÇÃO   Regent Sound Studio, Londres; e Abbey Road Studios, Londres
LANÇAMENTO   *Sgt. Pepper's Lonely Hearts Club Band*, 1967

I'm fixing a hole where the rain gets in
And stops my mind from wandering
Where it will go

I'm filling the cracks that ran through the door
And kept my mind from wandering
Where it will go

And it really doesn't matter if I'm wrong I'm right
Where I belong I'm right
Where I belong
See the people standing there
Who disagree and never win
And wonder why they don't get in my door

I'm painting the room in a colourful way
And when my mind is wandering
There I will go

And it really doesn't matter if I'm wrong I'm right
Where I belong I'm right
Where I belong
Silly people run around
They worry me and never ask me
Why they don't get past my door

I'm taking the time for a number of things
That weren't important yesterday
And I still go

I'm fixing a hole where the rain gets in
And stops my mind from wandering
Where it will go
Where it will go

ANTES DE COMPOR UMA CANÇÃO, HÁ UM BURACO NEGRO, DAÍ eu pego o meu violão ou sento ao piano e o preencho. Em termos de inspiração, a ideia de que existe uma lacuna a ser preenchida não é uma base menos honrosa do que um relâmpago caindo do céu. É um milagre, de uma forma ou de outra. Eu me sento ali e vislumbro uma escuridão. Nesse buraco não há nada. Eu começo a fazer a minha mágica e ao final de três horas descubro que não era um buraco, e sim uma cartola, e eu consegui tirar um coelho dela. Ou então, no final da sessão, já não existe um buraco negro e sim uma paisagem colorida.

Por falar em paisagens coloridas, eu fui o último da banda a tomar LSD. John e George me incentivaram a fazer isso para que eu alcançasse o mesmo patamar que eles. Relutei muito, porque, na verdade, sou bastante puritano, e eu tinha ouvido falar que a pessoa que toma LSD nunca mais é a mesma. Eu tinha lá minhas dúvidas se eu queria isso para mim. E tinha minhas dúvidas se a ideia era assim tão incrível. Por isso, resisti muito. No final, acabei cedendo e uma noite tomei LSD com John.

Tive muita sorte nessa experiência com o LSD, pois ela não causou muito estrago. Claro que havia um elemento assustador nisso. O que mais assustava era quando você queria que aquilo parasse, e não parava. Você dizia: "Ok, chega, acabou a festa", mas o LSD dizia: "Não acabou, não". Então você era obrigado a ir para a cama vendo coisas.

Nessa época, quando eu cerrava os olhos, em vez de escuridão, avistava um buraquinho azul. Parecia algo precisando de remendo. Eu sempre ficava com a sensação de que, se pudesse chegar lá e dar uma olhada, descobriria uma resposta. Outra influência é o jogo de palavras na canção "Please", de Bing Crosby, *"Oh, Please/ Lend your little ear to my pleas"*, que pode ter inspirado o jogo de palavras *"And it doesn't really matter if I'm wrong I'm right/ Where I belong"*. Aqui a influência mais relevante não é a ideia metafísica de um buraco, que mencionei antes, mas esse fenômeno absolutamente físico - algo que surgiu pela primeira vez depois que tomei ácido. De vez em quando eu ainda o vejo e sei exatamente de que se trata. Sei o seu tamanho exato.

Tem gente que acha que "Fixing a Hole" é sobre heroína. É bem provável que estejam visualizando os furos das seringas na pele. Na época em que a canção foi escrita, o mais provável é que a droga fosse a maconha. Na realidade, eu estava morando praticamente sozinho em Londres e curtindo a minha nova casa. Portanto, todo esse mundo de melhorias domésticas começou a me afetar de um modo bem literal.

À esquerda: Lançamento do álbum *Sgt. Pepper's Lonely Hearts Club Band* e a primeira vez que Linda fotografou Paul. Londres, 19 de maio de 1967

À direita: Com Heather e Martha. Escócia, fim dos anos 1960

Fui o último da banda a tomar LSD. John e George me incentivaram a fazer isso para que eu alcançasse o mesmo patamar que eles. Relutei muito, porque, na verdade, sou bastante puritano, e eu tinha ouvido falar que a pessoa que toma LSD nunca mais é a mesma.

The Fool on the Hill

COMPOSITORES Paul McCartney e John Lennon
ARTISTA The Beatles
GRAVAÇÃO Abbey Road Studios, Londres
LANÇAMENTO *Magical Mystery Tour*, 1967

Day after day
Alone on a hill
The man with the foolish grin
Is keeping perfectly still
But nobody wants to know him
They can see that he's just a fool
And he never gives an answer

But the fool on the hill
Sees the sun going down
And the eyes in his head
See the world spinning round

Well on the way
Head in a cloud
The man of a thousand voices
Talking perfectly loud
But nobody ever hears him
Or the sound he appears to make
And he never seems to notice

But the fool on the hill
Sees the sun going down
And the eyes in his head
See the world spinning round

And nobody seems to like him
They can tell what he wants to do
And he never shows his feelings

But the fool on the hill
Sees the sun going down
And the eyes in his head
See the world spinning round

Round, round, round, round, round

He never listens to them
He knows that they're the fools
They don't like him

The fool on the hill
Sees the sun going down
And the eyes in his head
See the world spinning round

Round, round, round, round, round

Acima: Jim Mac's Jazz Band (o pai de Paul, Jim, é o terceiro à direita, a partir do kit da bateria), anos 1920

ALGUMAS PESSOAS CONSIDERAVAM QUE MAHARISHI MAHESH Yogi era uma espécie de conselheiro espiritual dos Beatles. E eu acho justo dizer que ele era. Esta canção foi escrita na época de nosso envolvimento com o Maharishi e sem dúvida aborda esse tipo de experiência.

Eu me lembro de que comecei a trabalhar nesta canção em Heswall, na península de Wirral, onde o meu pai morava na época. O meu pai tinha um piano em casa porque também era músico. E talvez seja em parte porque ele era músico e teve sua própria banda de jazz que ele apreciou tanto o nosso sucesso. Tinha muito orgulho de mim. Ele ficava encantado com a ideia de que o filho dele tinha alcançado reconhecimento. Quando íamos a um restaurante ou a um bar e estávamos lá sentados, ele corria o olhar em volta. Localizava alguém que tinha me visto e dizia: "Eles já te reconheceram, eles já te reconheceram".

De um modo estranho, justamente porque as pessoas nos "reconheciam", já não éramos mais capazes de sermos nós mesmos. Foi isso que deixou os Beatles tão abertos às possibilidades oferecidas pelo Maharishi. Era necessário nos recentrarmos. Voltar ao básico. Quem nos apresentou ao Maharishi em 1967 foi George Harrison, que tinha ido ver uma palestra dele no Hilton, em Park Lane, em Londres. Um tempinho depois, todos nós fomos estudar com ele em Bangor, no País de Gales. Mais tarde, no início de 1968, fomos a Rishikesh, na Índia, no que deveria ser uma temporada prolongada. Ringo e a esposa, Maureen, partiram após dez dias. Cinco semanas depois, foi a vez de Jane Asher e eu irmos embora. George e John e suas mulheres partiram cerca de quinze dias depois disso. Mas o Maharishi imprimiu sua marca em todos nós.

Sei que algumas pessoas pensam que a minha descrição do Maharishi como "*fool*" é depreciativa. Não tem nada a ver. Costumo receber a carta "The Fool" ("O louco") nas leituras de tarô, por exemplo. Talvez seja por minha tendência de tentar enxergar o lado positivo das coisas ou de ficar de olho em novas ideias e aventuras. Na canção, estou simplesmente descrevendo como o Maharishi era percebido por tantas pessoas - como o "guru sorridente". Essa não era a minha própria percepção. Eu fico pasmo com a dificuldade que as pessoas têm em captar a ironia.

Portanto, em suma, acho que "The Fool on the Hill" é um retrato muito elogioso e representa o Maharishi com a capacidade de se manter perfeitamente imóvel no meio do tumulto. Ele é admiravelmente autossuficiente e não dá muita bola à opinião popular. É uma pessoa exposta ao ridículo por causa de suas crenças, mas suas crenças podem muito bem estar certas. Acho que ele pode ter alguma relação com o Bobo da Corte que fala as verdades em *Rei Lear*.

Com Maharishi Mahesh Yogi. País de Gales, 1967

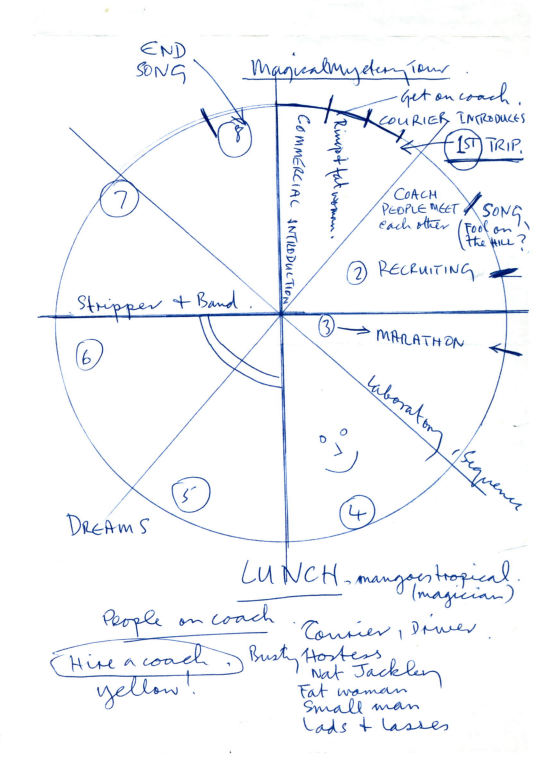

Anotações de Paul para o filme *Magical Mystery Tour*

For No One

COMPOSITORES	Paul McCartney e John Lennon
ARTISTA	The Beatles
GRAVAÇÃO	Abbey Road Studios, Londres
LANÇAMENTO	*Revolver*, 1966

Your day breaks
Your mind aches
You find that all her words of kindness linger on
When she no longer needs you

She wakes up
She makes up
She takes her time and doesn't feel
   she has to hurry
She no longer needs you

And in her eyes you see nothing
No sign of love behind the tears cried for no one
A love that should have lasted years

You want her
You need her
And yet you don't believe her when
   she says her love is dead
You think she needs you

And in her eyes you see nothing
No sign of love behind the tears cried for no one
A love that should have lasted years

You stay home
She goes out
She says that long ago she knew someone
   but now he's gone
She doesn't need him

Your day breaks
Your mind aches
There will be times when all the things
   she said will fill your head
You won't forget her

And in her eyes you see nothing
No sign of love behind the tears cried for no one
A love that should have lasted years

Acima: "For No One" foi composta nos Alpes austríacos, durante as filmagens de *Help!*, março de 1965

AQUI O TEMA É A REJEIÇÃO. O ROMPIMENTO QUE MARCA O FIM de uma relação que foi por água abaixo. Muitas canções exploram esse terreno bastante rico. Tendo sofrido isso na pele algumas vezes – como suponho que muita gente sofreu –, era uma emoção com a qual eu conseguia me relacionar, e parecia uma boa ideia colocá-la numa canção, pois era provável que muita gente também se identificasse com ela. Na canção, eu menciono duas pessoas que se separaram, mas claro, como qualquer escritor, tudo vem de minha própria experiência e, inevitavelmente, você acaba falando sobre si mesmo.

Temos dois versinhos curtos: "*She wakes up/ She makes up*". Esses dois versos breves se alternam com outros mais longos: "*She takes her time and doesn't feel she has to hurry/ She no longer needs you*". Depois vem este: "*And in her eyes you see nothing/ No sign of love ...*" Terminar um relacionamento é um momento horrível, e você olha para aquela pessoa – aquela pessoa por quem você estava apaixonado, ou *pensava* que estava apaixonado – e já não existe nem sinal daquele sentimento antigo. É como se o sentimento também tivesse acabado de ser desligado, e não é nada bom perceber isso.

Na época, você acha que qualquer caso de amor pode ou deve ou vai durar para sempre, a menos que seja um caso de uma só noite, como na canção de Dean Martin, "Wham, Bam, Thank You Ma'am". Mas quando você está saindo com alguém, quando ela é sua namorada e você está com ela há um bom tempo, a coisa é bem diferente. Jane Asher e eu ficamos juntos por cerca de cinco anos, então no fundo da minha mente eu esperava me casar com ela. Mas, com o passar do tempo, acho que eu também percebi que algo não estava certo. Você não consegue identificar exatamente o que é, mas quando Linda apareceu, um tempo depois que Jane e eu terminamos, eu logo pensei: "Ah, sei lá, talvez isso seja mais certo". Com o tempo, quando Linda e eu começamos a nos conhecer,

179

eu senti: "Isso é mais eu; eu sou mais ela". E tinha umas coisinhas com Jane em que simplesmente não combinávamos. Eu amava muitas coisas nela, e sempre vou admirar muitas coisas nela. Ela é uma mulher maravilhosa, mas umas pequenas peças do quebra-cabeça não se encaixavam direito.

Quando eu tenho sorte com essas canções, elas simplesmente surgem do nada. Não sou eu quem as compõe, são elas que chegam. Você ouve muitos compositores dizendo isso. Naquela manhã, eu estava meditando, pensando que o objetivo da meditação é tentar impedir que os pensamentos cheguem, porque seu cérebro é tão ativo que uma palavra se emenda em outra, e essa outra palavra faz você enveredar por uma trilha de pensamentos, e então você tem que se esforçar para reencontrar o caminho de volta. Você está sempre pensando, mesmo durante o sono, então sempre está ocorrendo algum tipo de atividade cerebral, e isso é muito útil quando você está começando a compor, porque basta se conectar a essa atividade e usá-la como abertura para a canção. Em geral o que me vem é a primeira estrofe, que estabelece um certo padrão de rima, um tipo de padrão rítmico. A segunda estrofe normalmente segue o padrão da primeira. É provável que a melodia seja a mesma, porque você está retornando à estrofe. O verso "*Your day breaks*" funciona em dois níveis: o seu dia irrompe ou o seu dia se rompe. E o verso "*She makes up*" também mostra ambiguidade, pode ser entendido como fazer a maquiagem ou se reconciliar após uma briga.

Acho que esta é uma das coisas legais da língua inglesa: você pode interpretar as coisas de múltiplas maneiras. Sempre sinto muita pena de quem está tentando aprender inglês, pelo fato de existirem tantas palavras ambíguas, mas para um compositor isso é uma vantagem. Você está compondo, a canção está se materializando e você só pega os pedacinhos de que gosta. E que pedaços são esses? É algo mágico e, às vezes, tem mais significados do que você pensa, mas o cosmos quer que você anote essas palavras porque elas vão explicar algo a alguém. Começando por nós mesmos.

① Your day breaks,
    your mind aches
  You find that all her words of kindness
  linger on when she no longer
                    needs you.

② She wakes up
    she makes up
  She takes her time and doesn't feel she
                has to hurry, she no
                        longer needs
                          you

  And in her eyes you see nothing,
  no sign of love behind the tears,
        Cried for no-one,
  A love that should have lasted years.

③ You want her, you need her
  and yet you don't believe her
  when she says her love is dead
    you think she needs you.

              SOLO

  And in her eyes you see nothing
    no sign of love behind the tears
    Cried for no-one
  A love that should have lasted years

④ You stay home
    she goes out
  she says that long ago she knew
                        someone
  but now he's gone, she doesn't need him

Middle And in her eyes you see nothing
          etc......

⑤ Your daybreaks
    Your mind aches
  There will be times when all the things
                          she said
  will fill your head
        you won't forget her.

  Middle. Fin.

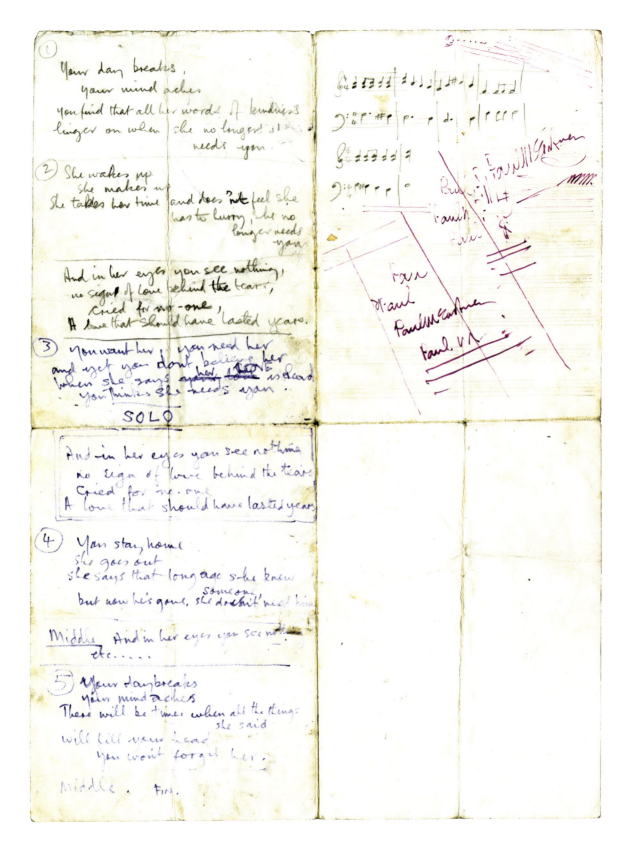

À esquerda e à direita: Com Linda. Londres, 1969

From Me to You

COMPOSITORES John Lennon e Paul McCartney
ARTISTA The Beatles
GRAVAÇÃO Abbey Road Studios, Londres
LANÇAMENTO Single, 1963

If there's anything that you want
If there's anything I can do
Just call on me and I'll send it along
With love from me to you

I've got everything that you want
Like a heart that's oh so true
Just call on me and I'll send it along
With love from me to you

I got arms that long to hold you
And keep you by my side
I got lips that long to kiss you
And keep you satisfied

If there's anything that you want
If there's anything I can do
Just call on me and I'll send it along
With love from me to you

From me
To you
Just call on me and I'll send it along
With love from me to you

I got arms that long to hold you
And keep you by my side
I got lips that long to kiss you
And keep you satisfied

If there's anything that you want
If there's anything I can do
Just call on me and I'll send it along
With love from me to you
To you
To you
To you

JOHN E EU AINDA MORÁVAMOS NAS CASAS DE NOSSAS FAMÍLIAS quando os Beatles começaram a gravar discos, e nos ocorreu que deveríamos tentar nos comunicar com as nossas fãs. Só queríamos que mais e mais pessoas gostassem de nós. Era emocionante saber que as pessoas gostavam da gente e se esforçavam para nos mostrar isso, por exemplo, escrevendo cartas para nós. Resumimos os nossos esforços de alcançar as fãs numa de nossas primeiras canções, chamada "Thank You, Girl", que Chrissie Hynde (mais tarde do The Pretenders), ouviu em Akron, Ohio.

Todas as nossas primeiras composições traziam pronomes pessoais nos títulos. Primeiro single: "Love Me Do"; segundo single: "Please Please Me"; em seguida, "From Me to You" - nessa conseguimos colocar dois! Depois vieram "She Loves You" e "I Want to Hold Your Hand". Era tudo muito pessoal, então alcançávamos a todos que ouviam a canção.

"Love Me Do" fazia uma súplica muito pessoal: "*Love, love me do/ You know I love you*". "Please Please Me" foi nosso primeiro hit número um na Inglaterra. E depois veio esta canção, "From Me to You". Lançávamos mão de todos os truques possíveis. Uma introdução cativante para cantar junto; você nem precisa saber a letra e pode cantar junto com ela. Essas canções realçam a sonoridade da gaita de boca de John. Ela brilhou em "Love Me Do" e agora reaparece em "From Me to You". A ideia de enviar uma carta sempre foi muito importante no rock'n'roll. Para citar apenas duas: "Please Mr. Postman" e "Return to Sender".

Quando compusemos esta canção, estávamos em turnê com Roy Orbison. Passamos o mês inteiro viajando no mesmo ônibus, que estacionava em algum lugar para que o pessoal tomasse uma xícara de chá e comesse algo, e John e eu tomávamos uma xícara de chá e voltávamos ao ônibus para fazer alguma composição. É uma imagem especial para mim, aos 21 anos, andar pelo corredor do ônibus e ver Roy Orbison lá no fundão, de traje preto e óculos escuros, dedilhando seu violão e compondo "Pretty Woman". Existia uma camaradagem, e inspirávamos uns aos outros, o que sempre é uma coisa adorável. Ele tocou a canção para nós, e dissemos: "Essa é das boas, Roy. Excelente". E então dissemos: "Bem, que tal esta?", e tocamos "From Me to You". Uma espécie de momento histórico, no fim das contas.

O nosso forte sempre foram os acordes básicos. Se você estivesse em Dó, seria Dó, Lá menor, Fá e Sol; esses seriam os acordes, e você realmente não os variava. Não era preciso variar, porque eram tantas as permutações possíveis que você poderia compor muitas canções e todas elas soariam bem diferentes, apenas mudando a sequência. É um fascínio infinito. Mas, nesta canção, quando entramos no contraste - "*I got arms that long to hold you*" - esse acorde entra na sequência de Dó, Lá menor, Fá, Sol e chega ao Sol menor. Após compormos esta, eu me lembro de ter pensado: "Agora estamos chegando a algum lugar".

Os Beatles em turnê com Roy Orbison e Gerry and the Pacemakers. Reino Unido, 1963

A N F I E R D
L500.

Dear Paul,
                Just a few lines
to wish you a happy and
prosperous twenty first birthday
however I do hope you will
accept this small hand-knitted
poodle as a tiny mascot for
yourself, and if the group like
it I will make each of them
one if they wish, I would
very much like to have made
a beetle but was unable
to, so I thought this the
next best thing.

Carta de fã, 1963

I sincerely hope you had a wonderful time tonight your 21st birthday. Hoping you will let me know if you received same O.K and if you liked it, I hope so very much

I Remain

Yours sincerely

Marjorie

X x x x x x x x x

x x x x x x x x

x x x x x x.

㉑.

G

Get Back	192
Getting Closer	196
Ghosts of the Past Left Behind	202
Girls' School	210
Give Ireland Back to the Irish	216
Golden Earth Girl	222
Golden Slumbers	226
Good Day Sunshine	232
Goodbye	236
Got to Get You Into My Life	242
Great Day	246

Get Back

COMPOSITORES Paul McCartney e John Lennon
ARTISTA The Beatles
GRAVAÇÃO Apple Studio, Londres
LANÇAMENTO Single, 1969
Let It Be, 1970

Jo Jo was a man who thought he was a loner
But he knew it couldn't last
Jo Jo left his home in Tucson, Arizona
For some California grass

Get back
Get back
Get back to where you once belonged
Get back
Get back
Get back to where you once belonged
Get back, Jo Jo

Go home

Get back
Get back
Get back to where you once belonged
Get back
Get back
Get back to where you once belonged
Get back, Jo

Sweet Loretta Martin thought she was a woman
But she was another man
All the girls around her say she's got it coming
But she gets it while she can

Get back
Get back
Get back to where you once belonged
Get back
Get back
Get back to where you once belonged
Get back, Loretta

Get back
Get back
Get back to where you once belonged
Get back
Get back
Get back to where you once belonged

Get back, Loretta
Your mommy's waiting for you
Wearing her high-heel shoes
And a low-neck sweater
Get back home, Loretta

Get back
Get back
Get back to where you once belonged

O LANCE DOS BEATLES É O SEGUINTE: ÉRAMOS UMA BANDINHA danada de boa. Nós quatro simplesmente sabíamos como nos apoiar mutuamente e tocar, e essa era a nossa verdadeira força. Isso tornava ainda mais doloroso pensar que o nosso rompimento era quase inevitável.

Por isso, "Get Back" tem esse aspecto melancólico. A ideia de que você tem que voltar às suas raízes, de que nós, os Beatles, deveríamos voltar a ser como éramos em Liverpool. E as raízes estão incorporadas ao estilo da canção, que é um rock'n'roll sem firulas. Afinal, era exatamente isto que eu achava que deveríamos fazer quando nos separamos: *"Get back to where we once belonged"*. Voltar para o lugar ao qual pertencíamos e sermos uma pequena banda de novo. Só tocar e de vez em quando fazer um show ou outro.

Os outros caíram na risada - algo perfeitamente compreensível -, porque àquela altura essa não era mesmo uma solução prática. John tinha acabado de conhecer Yoko e claramente precisava fugir para um novo lugar, enquanto eu dizia que deveríamos fugir para um lugar antigo. Reviver os velhos Beatles simplesmente não estava nas cartas. Já era tarde demais para ficar dizendo: não devemos nos esquecer de quem somos e de onde viemos. Na época, o meu sonho era realmente voltar para o lugar ao qual pertencíamos, mas o sonho de John era ir além desse lugar, era ir a algum lugar ao qual ainda não tínhamos pertencido.

Já mencionei como em setembro de 1969 estávamos numa reunião, conversando sobre planos futuros, e John disse: "Bem, não vou fazer isso. Estou saindo. Tchau". Logo depois, ele estava achando graça e dizendo como isso era mesmo emocionante. É como dizer a uma pessoa que você vai se divorciar dela e então dar risada. É óbvio que na época isso foi extremamente doloroso. Foi como levar um golpe e ir a nocaute. Lá estou eu, estirado na lona, e ele está rindo e dizendo como é bom ter acabado de me nocautear.

Demorou um pouco, mas acho que enfim aceitei a nova situação. Esse era o meu melhor amigo desde minha juventude, o colaborador com quem fiz algumas das melhores canções do século 20 (na modesta opinião dele). Se ele se apaixonou por essa mulher, o que é que eu tenho a ver com isso? Eu não só precisava deixá-lo fazer isso, mas também admirá-lo por fazer isso. Essa foi a posição que enfim alcancei. Não havia mais nada que eu pudesse fazer a não ser aceitar numa boa.

Páginas 194-195: Os Beatles e Yoko Ono. Twickenham Studios, Londres, 1969

Getting Closer

COMPOSITOR   Paul McCartney
ARTISTA   Wings
GRAVAÇÃO   Abbey Road Studios, Londres
LANÇAMENTO   *Back to the Egg,* 1979
    Single, 1979

Say you don't love him
My salamander
Why do you need him
Oh no don't answer
Oh no

I'm getting closer
I'm getting closer to your heart

Keeping ahead of the rain on the road
Watching my windscreen wipers
Radio playing me a danceable ode
Cattle beware of snipers

When will you see me
My salamander
Now don't try to tell me
Oh no don't answer
Oh no

I'm getting closer
I'm getting closer to your heart

Hitting the chisel and making a joint
Gluing my fingers together
Radio play me a song with a point
Sailor beware of weather

I'm getting closer
My salamander
Well when will we be there
Oh no don't answer
Oh no

I'm getting closer
I'm getting closer to your heart

Closer, closer

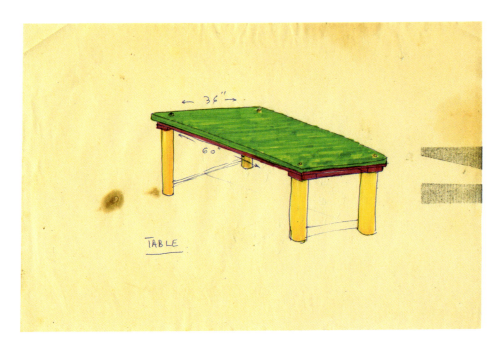

O CASTELO DE LYMPNE É UMA CONSTRUÇÃO GRANDIOSA E antiga em Kent, no sudeste da Inglaterra. Os proprietários eram duas pessoas para lá de aristocráticas - Harry e Deirdre Margary. Elegância é o nome deles. Compúnhamos, gravávamos e depois eles me convidavam para tomar um drinque à noite, e eu tomava um uisquezinho antes de ir para casa. Eu me lembro de ter trabalhado nesta canção lá, mas fizemos a gravação no estúdio Abbey Road.

Gravamos um monte de coisas no Castelo de Lympne. Por quê? Sei lá. Suspeito que era porque ele ficava perto de onde morávamos, a caminho de Folkestone, na costa sul. Pegamos um estúdio móvel, ou seja, um estúdio embarcado num caminhão-baú, e meio que nos enfurnamos nele para gravar o álbum *Back to the Egg*. Então não é de estranhar que coisas meio excêntricas estivessem ocorrendo, e canções excêntricas surgindo. Hoje sou um pouco mais objetivo do que antigamente. Vai ver que eu estava fumando maconha demais nessa época.

Um dos diferenciais do Wings era essa liberdade de fazer coisas sem sentido. Às vezes, eu simplesmente gostava das palavras e não dava bola se elas faziam ou não sentido. "*Say you don't love him*" - isso não vem de nenhuma experiência real, não é como se eu estivesse sendo traído ou rejeitado ou algo assim. Foi um artifício para me fazer entrar na canção. "*I'm getting closer to your heart*". Também estou chegando, indo ao lugar onde você está. "*Keeping ahead of the rain on the road/ Watching my windscreen wipers/ Radio playing me a danceable ode*". "*Hitting the chisel and making a joint*". Você sabe que o seu público vai se divertir com essas pequenas referências e com o duplo sentido de "joint" (em carpintaria, "entalhe", e na gíria, "baseado"), porque fazer baseados ainda era algo um pouco underground naquela época.

Às vezes, você só gosta da palavra e busca uma desculpa para colocá-la. Eu me lembro de Linda me contando uma história de quando ela era criança. Fã da natureza, assim como eu, ela erguia as pedras à procura de lagartixas ou tritões,

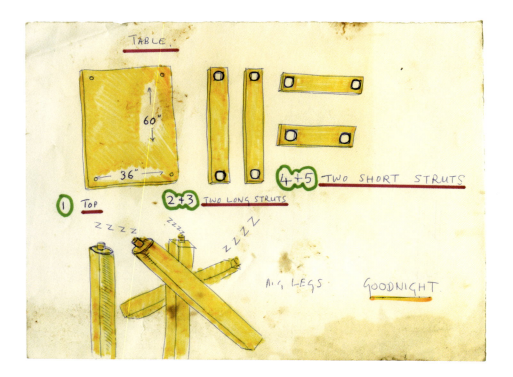

que ela chamava de "salamandras". Eu adorava a ideia de que no mundo dela era "salamandra" – bem mais exótico. As salamandras têm um aspecto mítico, são nascidas no fogo, então foi assim que a salamandra entrou na letra.

Uma canção como esta pode ser considerada uma colagem. Vou juntando coisas que vi e ouvi, e ela já andava rondando uns anos antes de ser gravada. Eu me lembro de ter avistado uma placa à beira da estrada em algum lugar: "Cuidado com o gado" ("*Beware Cattle*"). E acho que as placas estavam crivadas de balas, porque os caras atiravam nelas para praticar tiro ao alvo, então pensei em: "*Cattle beware / … / Gluing my fingers together / Radio play me a song with a point*". Sabe como é, nem tudo precisa ter nexo. Uma canção é meio que um trabalho de construção, então fiz o que sempre faço: montar tudo e levar a algum lugar.

Não é à toa que um dos meus hobbies na escola era carpintaria. Quando morávamos na Escócia, fiz uma mesa só com cola, sem pregos. Era muito básica; eu a desenhei e comprei a madeira. Eu me sentava à mesa da cozinha enquanto as crianças brincavam ou se aprontavam para dormir, e ficava ali entalhando essas pequenas ensambladuras em cauda de andorinha. Fui terminando cada peça, uma perna ou uma junta de canto, até que por fim eu tinha uma pilha delas. Um dia pensei: "Chegou a hora de me arriscar e montar tudo isso com cola". Peguei a minha cola para carpintaria Evo-Stik e tudo foi se encaixando, exceto a última peça. Era o reforço transversal inferior, então eu o virei de cabeça para baixo e tudo se encaixou. A mesa continua firme e forte.

À direita: Sessão de fotos do Wings. Castelo de Lympne, Kent, 1978 k728f

CAMPBELTOWN SCOTLAND

① I've been sent to tell you...

....
CHORUS   he didn't mean it...
② ...... (descant)
  ......   guitars etc...
CHORUS he didn't mean it .. A ...

tempo up. A ....

(I'm getting closer)
Say you don't love him
my salamander
do you still need him? oh no don't answer
I'm getting closer .. to your heart.
Instrumental verse
       oh no don't answer, my salamander
                     oh no ... -

A D E
Con BAMBA   I'm getting closer
up to — E   Watersport drums.

      1st verse
      love comes in
      2nd verse —
      — Only love —
      3rd verse
      4th verse   we're open tonight
      love comes in — etc. (4 times) TEMPO UP —(Emin)
                                  well you can
                                  Dress me up as a
                                        robber —
                                  OPEN TONIGHT
                                  ROCKESTRA ORCHESTRA
                                          OPEN TONITE VOCAL

GETTING CLOSER

(1) I'M GETTING CLOSER
~~TRAMPLE THE RUSHES~~

MY SALAMANDER
WHEN WILL WE BE THERE
AH NO   DON'T ANSWER   OH NO

I'm getting closer .... to your heart

(2) DO ~~THEY~~ TAKE PRISONERS
MY ~~SALAMANDER~~ ? SALAMANDER
WHEN WILL THEY ~~~~ FREE ME ?
AH NO   DON'T ANSWER   OH NO

I'm getting closer ... to your heart.

(3) CRASH THROUGH THE MOUNTAINS
TEAR THEM ASUNDER
HOW WILL IT BE THERE ?
WHY DO WE WONDER ?   OH — OH

I'm getting closer .... to your heart

Ghosts of the Past Left Behind

COMPOSITORES   Paul McCartney e Carl Davis
ARTISTA   Orquestra Filarmônica Real de Liverpool
GRAVAÇÃO   Catedral de Liverpool
LANÇAMENTO   *Paul McCartney's Liverpool Oratorio*, 1991

MENINOS
Ghosts of the past left behind

CORO MASCULINO (FANTASMAS)
You're sleeping
Amongst us
We're in your dream

ENFERMEIRA
You're dreaming
Try to rest, my child

CORO MASCULINO (FANTASMAS)
You called us
We heard you
And we are here

ENFERMEIRA
To save your child
You must be still

CORO MASCULINO (FANTASMAS)
We're ready
To listen
To what you ask

ENFERMEIRA
Go to sleep

CORO FEMININO (FANTASMAS)
You're crossing
The water
The tide is strong

MARY DEE
No

CORO FEMININO (FANTASMAS)
Your child is
Drawn to us
Into our throng

SHANTY
No

CORO MISTO (FANTASMAS)
This child is
Most welcome
Soon one of us

MARY DEE
No I tell you
You'll never get through
I'll never let you
No one is stealing this child
I'm not afraid of
Ghosts that the past left behind

SHANTY
Let her recover
Then let me love her
Until we run out of time
And in the future
I will promise to be the man
She had in mind

ENFERMEIRA
Be still
Be calm
Your child is safe

Acima: Catedral de Liverpool, 1991

F OI EM 1991 QUE EXECUTAMOS O *LIVERPOOL ORATORIO* NA Catedral de Liverpool, uma das maiores da Europa. Foi um instante agridoce, porque nessa mesma Catedral de Liverpool, quando criança, fui reprovado em um teste para entrar no coral.

Era estranho ainda sentir aquela dor, quase quarenta anos depois, mas tenho certeza de que todo mundo se lembra de uma decepção na infância, um revés que nunca desaparece completamente. Na época, quem entrava no coral ganhava como prêmio livros grátis, e meus pais queriam que eu ganhasse livros grátis. Mas não passei no teste. Talvez o cara tenha gostado mais dos outros meninos do que de mim. Sabe-se lá o que ele estava procurando? A triste realidade é que não correspondi às expectativas dele.

Mesmo não tendo sido aprovado como membro do coral, sempre admirei a arquitetura das grandes igrejas e catedrais, espaços sacros de qualquer tipo, então eu entro nesses locais sempre que posso. A Catedral de Liverpool foi projetada por Sir Giles Gilbert Scott, o mesmo que desenhou a icônica cabine telefônica vermelha. Também projetou os prédios das usinas termelétricas de Battersea e de Bankside; esta última hoje abriga o museu Tate Modern. Nova York tem igrejas majestosas, como a St. Patrick's ou a St. Thomas. Sempre que eu passo na frente delas, eu tiro um tempinho para entrar. Elas têm esse calmo esplendor, o que é engraçado, levando em conta que estão situadas no coração de uma agitadíssima metrópole.

Nunca tive um interesse assim tão grande por música clássica, embora eu tenha começado uma pequena coleção na década de 1960. Um de meus tios, Jack Ollie, quando vinha a Londres se hospedava em nossa casa. Ele era um sujeito da classe operária de Liverpool, mas tinha um lado cultural. Eu tinha uma grande coleção de vinis e eu saía para trabalhar no estúdio ou sei lá o quê, e ele ficava em nossa casa com a esposa dele e esquadrinhava todos os discos.

Ele amava a *Scheherazade* de Rimsky-Korsakov, que ele chamava de "Sherazio". "Eu amo aquela Sherazio, Paul". "Legal."

Quando, décadas depois, fui convidado a compor algo para comemorar o 150º aniversário da Real Filarmônica de Liverpool, pensei, como sempre: "Sim, ótimo!". Para fazer o arranjo, trabalhei com Carl Davis. Ele compôs as trilhas sonoras de filmes como *A mulher do tenente francês* e *Escândalo: a história que seduziu o mundo*, e, no início da carreira dele, tinha feito a música para o satírico programa de tevê de David Frost, *That Was the Week That Was*, que tinha uma equipe incrível de roteiristas: John Cleese, Peter Cook, Dennis Potter - todos também em início de carreira. Então, eu ia rodando de carro até a casa de Carl em Barnes, perto de Richmond upon Thames. Passávamos umas três horas junto ao piano dele. Fiz isso ao longo de várias semanas enquanto trabalhávamos na composição.

Eu adorava o percurso de carro até estas casas para fazer sessões de composição: a de Carl Davis para esse oratório, ou, nos anos 1960, a de John Lennon, ou até mesmo a de George Martin. Na verdade, eu achava muito aconchegante ir até a casa de Carl para trabalhar. Em projetos dessa magnitude, eu gosto da ideia de trabalhar no que me parece ser um espaço neutro. Vou trabalhar, então estou saindo de casa: "Até logo mais, querida". Ainda faço isso; o meu estúdio de gravação fica a vinte minutos de onde eu moro. O pessoal me questiona: "Por que você não compra um estúdio caseiro, Paul?". E eu respondo: "Bem, já fiz isso uma vez e foi péssimo, porque você nunca sai do estúdio. Você não tem vida própria". É bom ter essa separação entre "o escritório" e a casa.

Às vezes, quando eu chegava antes da hora no bairro de Carl, eu dava uma passadinha no pub local. Um dia, fiquei proseando com um irlandês no bar, e só estou ali tomando meia taça de cerveja ou coisa parecida (você não quer se embriagar), e o assunto veio à tona. Ele me indagou: "O que está fazendo? O que anda inventando?". E respondi: "Bem, estou compondo uma peça clássica para a Filarmônica de Liverpool". Ele disse: "Meu Deus, não acha isso assustador?".

Com Carl Davis.
Liverpool, 1991

Cá entre nós, para falar a verdade, não tinha me ocorrido que era assustador. Falei: "Acho que não. Estou me divertindo com isso". Mas é normal acontecer isso comigo. Estou com a mão na massa, a meio caminho andado e curtindo muito aquilo, quando aparece alguém dizendo: "Você sabe fazer isso?". Eu penso: "Puxa vida, eu tinha me esquecido desse aspecto. Você tem que saber fazer as coisas para fazê-las?".

Na casa de Carl, eu dava uma ideia para ele, entoava uma melodia ou escolhia uma tonalidade, e íamos inventando e avançando, passo a passo. Para mim, foi um exercício fabuloso, porque, à medida que eu ia tendo as minhas ideias, ele ia tomando nota. Carl é uns anos mais velho do que eu, acho que ele tinha uns 55 anos na época, e a formação dele era bem diferente da minha. Cresceu em Nova York e foi à universidade estudar composição, então ele conhecia toda essa teoria musical que eu ainda não conhecia, e foi uma experiência interessantíssima. Ele tinha resmas de pautas musicais em branco no piano e dizia: "Ah, peraí um minutinho. Deixe-me entender isso. Espere...". Ele transcrevia e, para me certificar, eu pedia a ele para tocar o trecho. Então eu falava: "Ótimo. Ok, vamos em frente".

O coro masculino do Coral da Real Filarmônica de Liverpool, fui descobrir, era uma galera de Liverpool. No intervalo eu conversava com eles e indagava: "Em que vocês trabalham?". Respondiam coisas como: "Sou encanador. Tenho uma pequena empresa de encanamento, mas eu gosto de cantar". Ou "Sou ginecologista", e assim por diante. Eu amo isso nos corais: quase sempre são compostos por pessoas de diferentes estilos de vida. E então se unem em prol de seu amor pela música. Formam uma trajetória de vida: o coral. Isso é fascinante para mim.

Os solistas eram extraordinários. De novo, eu não tinha noção do que eu estava fazendo, e disse apenas: "Podemos conseguir fulano de tal? A soprano pode ser a Kiri Te Kanawa?". Embora ela fosse uma das maiores estrelas de ópera do mundo, nós a contratamos, então o elenco era fantástico. As crianças também eram ótimas, e havia um papel para o garoto solista, e encontramos um garoto que sabia fazer aquilo muito bem, e ele veio direto de Londres.

Achei tudo muito empolgante, nem um pouquinho assustador. Só uma vez pensei "Isso é assustador": quando fui entrevistado na rádio e tentaram puxar meu tapete. Eu me lembro de um programa muito chique da BBC Radio 4, e tinha uma dama estilosa, uma senhorinha faceira de meia-idade, que disparou: "Bem, um oratório?". Respondi: "Sim, perguntei a Carl: 'É um tipo de sinfonia ou um concerto? O que é que estamos compondo? Como é que a gente chama isso?'. E Carl disse: 'Bem, o formato é o de um *oratório*'. E eu disse: 'Ótimo! Bela palavra. Vamos chamá-lo de *Liverpool Oratorio*'."

Então ela disse: "Bem, e por que Carl Davis?". E falei: "Ele é muito bom, não é?". "Sim", respondeu ela, "mas existem muitos outros regentes considerados melhores do que ele". Foi assim que, de repente, num só golpe, fiquei assustado.

Receber as críticas era mais assustador do que fazer a composição. E, sabe, apontaram o lápis direitinho e depois me riscaram da listinha deles. Mas depois recebi uma carta de Neil Kinnock, o líder do Partido Trabalhista na época, que escreveu: "Não se preocupe, Paul, eles sempre vão dizer isso. Sempre vão falar que não é bom, mas é bom pra caramba, e eu adorei".

À esquerda: Performance do *Liverpool Oratorio*. Catedral de Liverpool, junho de 1991

Acima: Com *Dame* Kiri Te Kanawa, Jerry Hadley, Carl Davis, Sally Burgess e Sir Willard White

À direita: Com *Dame* Kiri Te Kanawa e Carl Davis

She sleeps the GHOSTS
re-appear. The nurse is
comforting...
The GHOSTS
are ready to
take the
child as it
crosses into "their throng."
SHE cries "NO!!"...
HE too, and promises to be
the man she had in mind.

The nurse says the child is safe.
and SHE sings a song of HOPE
and FAITH. Save the child!
                    WE MUST
HE joins in. All join them.
    They are together...

Girls' School

COMPOSITOR Paul McCartney
ARTISTA Wings
GRAVAÇÃO Abbey Road Studios, Londres
LANÇAMENTO Single com duplo lado A: "Mull of Kintyre"/ "Girls' School", 1977

Sleepyhead kid sister
Lying on the floor
Eighteen years and younger, boy
Well she knows what she's waiting for

Yuki's a cool school mistress
She's an Oriental princess
She shows films in the classroom, boy
They put the paper on the windows

Ah what can the sisters do?
Ah girls' school

Head nurse is Sister Scala
Now she's a Spanish doll
She runs a full-body outcall massage parlour
From the teachers' hall

Ah what can the sisters do?
Ah girls' school

Well now Roxanne's a woman trainer
She puts the kids to bed
She gives them pills in a paper cup
And she knocks them on the head

Ah what can the sisters do?
Ah girls' school

She shows the films in the classroom, boy
Where they put the paper on the windows yeah

Ah what can the sisters do?
Ah girls' school

Acima: Beatlemania. Los Angeles, agosto de 1964

À S VEZES, ANALISAR EM RETROSPECTIVA AJUDA A CONTEXTUALIZAR certas letras. Os Beatles tiveram sua iniciação sexual graças à nossa estada em Hamburgo, passando um tempo na rua Reeperbahn. Éramos músicos profissionais saindo com dançarinas profissionais. Meros membros do ramo do entretenimento, reunidos pelo que se poderia chamar de motivos sociais.

Mas ir aos EUA foi como ir a um planeta diferente. Quando fomos para lá, as moças se jogavam em cima de nós. Quando adolescentes, tínhamos muita dificuldade em conseguir namoradas, então isso era uma novidade, algo totalmente diferente. E então, é claro, quando surgiu a pílula, a coisa virou um inferno. Ou terá sido um paraíso?

Pensando bem, a revolução sexual foi parte de nossa revolta contra a geração de nossos pais, que era talvez um tantinho mais pudica. Com certeza mudou muito em nossa geração, e nós, os Beatles, talvez tenhamos experimentado mais disso do que outras pessoas. Mas eu fico contente de ter passado por esses momentos levemente ultrajantes em minha vida, coisa que em parte acaba transparecendo nas letras. Na época em que esta canção foi escrita, é claro, as coisas estavam mais bem resolvidas, eu tinha uma família e estava focado em outras coisas. Mas, como em toda revolução, algumas pessoas levam isso mais longe do que as outras. E a revolução sexual não parou nos anos 1960; ao longo dos anos 1970, essa atmosfera de querer ampliar ou quebrar os limites sexuais continuou permeando a sociedade. Esse período do amor livre, do "tudo que você precisa é amor", gerou uma espécie de ressaca. Às vezes, as coisas desandaram um pouco, e a pornografia se tornou bastante difundida. Por outro lado, também havia coisas irônicas, do tipo cartão-postal de balneário, como na franquia de filmes *Carry on* (*Com jeito, vai*) e no programa *The Benny Hill Show*. Ou seja, todos esses elementos desembocaram nesta canção.

Se você está num grupo de rock'n'roll, está sempre tentando compor canções que funcionem ao vivo. Acho que tive a ideia para esta quando me deparei com o anúncio de um filme pornô chamado *Girl School*. Talvez dissesse até algo como (estou tentando me lembrar algo de quarenta anos atrás): "Não perca

Yuki e fulano brincando para o seu deleite". Então pensei: "Certo, vou imaginar esta escola numa canção. É uma escola para moças, como a de St. Trinian's" - cenário de uma história em quadrinhos e de uma série de filmes ambientados em uma escola só para moças em minha adolescência. Mas agora seria uma espécie de St. Trinian's adulta. Só comecei a imaginar todos os personagens e o que eles estavam tramando, e tudo era um pouquinho atrevido.

E aqui vamos nós: "*Sleepyhead kid sister/ Lying on the floor/ Eighteen years and younger, boy/ Well she knows what she's waiting for*". O que ela esperava mesmo era o movimento MeToo, mas na época ninguém sabia disso. "*She's an Oriental princess/ She shows films in the classroom, boy/ They put paper on the windows /... / Head nurse is Sister Scala*". Talvez essas coisas tenham sido pinçadas do filme, ou de algo que estava no cartaz. A canção é uma série de vinhetas, umas amarradas às outras. Isso é algo que eu gosto de fazer em muitas das minhas letras. Se você for analisar, a vinheta é mesmo a minha marca registrada.

Muitas das bandas de guitarras surgidas nos anos 1980 - as bandas de glam metal - pegaram esse tipo de letra picante e a incrementaram. Mas, para nós, só era um reflexo original do que acontecia na época.

Não tenho certeza de como é que eu fiquei sabendo sobre esse conceito de casa de massagens de corpo inteiro. Em geral, a pessoa só recebe a massagem, mas umas casas de massagem ofereciam os chamados finais felizes. Então, eu costumava brincar com isso no palco, porque eu tinha um teclado que soava como música de massagem. Eu tocava esse instrumento na passagem de som, para me divertir um pouco e relaxar todo mundo. Eu dizia: "É hora da massagem. Deite-se de bruços. Prefere óleo ou creme?".

E eu costumava contar histórias de massagens no show, porque fiz umas massagens bem selvagens, e quando eu digo "selvagens", quero dizer selvagemente engraçadas, não sexuais. No Japão, teve uma garota que entrou e disse: "Por favor, deite-se no chão", então me deitei no chão e ela começou a me fazer a massagem. Comecei a relaxar, mas de repente ela começou a cantarolar "Yesterday": "*Yesterday, all my troubles seemed so far away*". Eu não sabia o que fazer. "Ah, que droga, onde é que eu fui me enfiar? Não consigo escapar disso em lugar nenhum?". Graças a Deus, ela não sabia a parte do contraste.

E então teve outra em Nova Orleans, bem diferente, com um sujeito encorpado e rotundo, e ele disse: "Sente-se na mesa". Obedeci - eu não tinha alternativa -, e ele disse: "Agora imagine que sua perna está oca". E eu só pensando: "Beleza". Em seguida ele disse: "Imagine que seu pescoço é comprido e feito de bronze", e eu pensei: "Aonde é que isso vai parar?". Ele perguntou: "Como você se sente?", e eu respondi: "Estou me sentindo uma girafa com pescoço de bronze", o que, analisando em retrospectiva, é um título excelente para uma canção.

À direita, em cima: Beatlemania. Nova York, 28 de agosto de 1964

À direita, embaixo: Multidão à espera dos Beatles ao pousarem em Miami, fotografada por Paul, em fevereiro de 1964

A canção é uma série de vinhetas, umas amarradas às outras. Isso é algo que eu gosto de fazer em muitas das minhas letras. Se você for analisar, a vinheta é mesmo a minha marca registrada.

MULL OF KINTYRE

WINGS DOUBLE A

GIRLS SCHOOL

GIRLS SCHOOL :

(1) Sloxanne the woman trainer
gets the kids to bed
She gives them thriller in a paper cup
And she knocks them on the head

(2) Yuki is the cool school mistress
— (she's an) oriental princess
(fillums!)
She shows films in the classroom
they put paper over the windows (windless!) ✓

Ah oo what can the sister do? (sisters!)
— ah oo — girls school

(3) Head nurse is Sister Scala
She's a spanish doll
She runs a full body out call
massage parlour from the teachers hall
( ) Sleepy head's the kid sister
lying on the floor
18 years and younger
Dreaming all night with the boys
Knows what she's waiting for.

GTR. TUNING.   E A♭ E B E E

Give Ireland Back to the Irish

COMPOSITORES   Paul McCartney e Linda McCartney
ARTISTA   Paul McCartney e Wings
GRAVAÇÃO   Abbey Road Studios, Londres
LANÇAMENTO   Single, 1972

Give Ireland back to the Irish
Don't make them have to take it away
Give Ireland back to the Irish
Make Ireland Irish today

Great Britain, you are tremendous
And nobody knows like me
But really what are you doing
In the land across the sea?

Tell me how would you like it
If on your way to work
You were stopped by Irish soldiers?
Would you lie down, do nothing?
Would you give in or go berserk?

Give Ireland back to the Irish
Don't make them have to take it away
Give Ireland back to the Irish
Make Ireland Irish today

Great Britain and all the people
Say that people must be free
And meanwhile back in Ireland
There's a man who looks like me

And he dreams of God and country
And he's feeling really bad
And he's sitting in a prison
Say should he lie down, do nothing?
Should he give in or go mad?

Give Ireland back to the Irish
Don't make them have to take it away
Give Ireland back to the Irish
Make Ireland Irish today

BANNED EVERYWHERE

New McCartney single

MEU AVÔ POR PARTE DE MÃE, OWEN MOHAN, ERA DE Tullynamalra, no condado irlandês de Monaghan. Em algum momento, ele se transferiu a Liverpool, onde trabalhou como carvoeiro. A família dele era católica. Não sei bem em que parte da Irlanda nasceu o meu avô paterno, mas sei que a família dele era protestante. Por insistência de nossa mãe, o meu irmão e eu fomos batizados como católicos romanos, mas fomos criados de maneira não denominacional. Portanto, em microcosmo, a nossa família representava a divisão político-religiosa irlandesa.

Em 30 de janeiro de 1972, soldados britânicos abriram fogo contra um protesto pacífico em Derry, fato que marcou a todos que viviam na Grã-Bretanha na época. No total, vinte e seis civis desarmados foram atingidos; quatorze morreram. Esse trágico evento ficou conhecido como Domingo Sangrento. Naquele dia, eu estava em Nova York, e na véspera eu tinha me encontrado com John. No encontro meio que concordamos em parar com essa história de um ficar criticando o outro.

Foi muito perturbador ver as cenas de uma manifestação perfeitamente pacífica que acabou dando errado. Parecia que os nossos soldados do exército tinham agido indiscriminadamente e atirado em pessoas inocentes. Logo houve um acobertamento, sob a alegação de que os manifestantes não eram inocentes, mas estavam armados com rifles. Mas me pareceu uma manifestação sensata, do tipo que tem acontecido nas comunidades negras ao longo da história recente. Por isso, a ideia de que os nossos soldados tivessem perpetrado esse horror me deixou chocado. Afinal de contas, até aquele ponto, eu achava que todos os rapazes do nosso exército eram ótimos. Então fiquei imaginando soldados irlandeses nas ruas de Liverpool quando eu estava crescendo, me dizendo que eu não poderia ir para cá nem para lá - "*Tell me how would you like it/ If on your way to work/ You were stopped by Irish soldiers?*". A ideia de soldados armados me impedindo de avançar pela rua me parecia tão errada que, embora

eu não fosse um compositor de canções de protesto, eu simplesmente senti que precisava me posicionar.

Fizemos a gravação e a enviei à EMI. Sem demora, recebi um telefonema de Sir Joseph Lockwood, o chefe da EMI, com quem sempre me dei bem; um senhor muito inteligente e charmoso, e eu gostava bastante dele. Ele me explicou que não poderíamos lançar o single por causa da delicada situação irlandesa. Argumentei que esse evento específico me afetou profundamente e senti que deveria reagir a ele. Ele rogou para que eu pensasse melhor. Então, esperei uns dias, liguei de volta e disse que eu tinha que lançar a canção. Ele previu que o disco seria banido pela BBC e que não traria nada de bom para mim. Falei para ele que não me importava. Esse era um fato muito relevante na minha história - na história do meu país - para que eu adotasse uma posição neutra. Então lançamos, e Sir Joe estava certo. A canção foi proibida. E também alcançou o número um na Irlanda e na Espanha, mas não nos Estados Unidos.

Henry McCullough, membro do Wings na época, foi criticado por ser da Irlanda do Norte. Henry era protestante, então algumas pessoas ficaram meio chateadas com o envolvimento dele nesta canção. Foi mesmo muito pesado na época. Mais tarde, outros interpretaram a canção como um grito de guerra do IRA. Com certeza não foi escrita para ser isso. Para o bem ou para o mal, esse foi um momento em que tive a sensação de que a arte poderia, e deveria, responder a uma situação. Tristemente, é uma situação que ainda não foi solucionada - e talvez nunca seja.

Ele previu que o disco seria banido pela BBC e que não traria nada de bom para mim. Falei para ele que não me importava. Esse era um fato muito relevante na minha história - na história do meu país - para que eu adotasse uma posição neutra. Então lançamos, e Sir Joe estava certo. A canção foi proibida. E também alcançou o número um na Irlanda e na Espanha, mas não nos Estados Unidos.

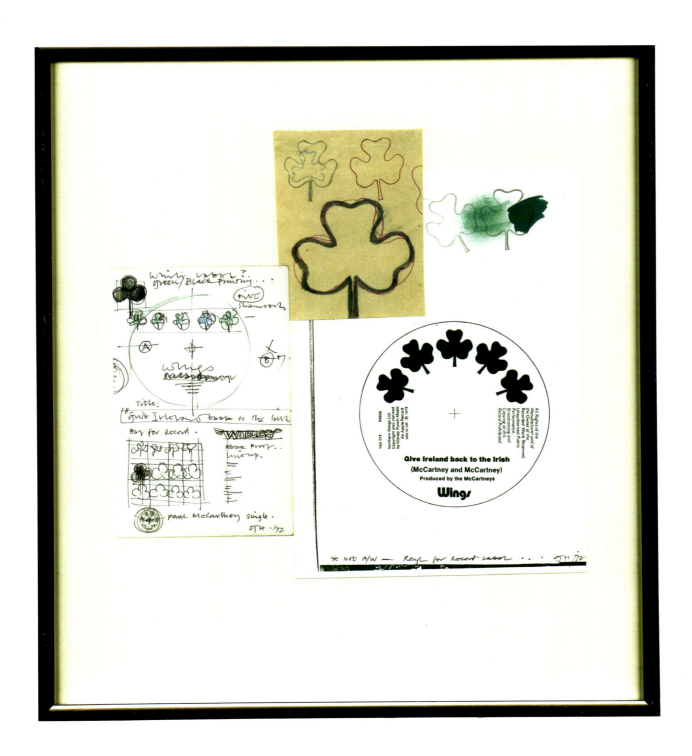

Protótipos para a arte da
etiqueta do disco em vinil,
1972

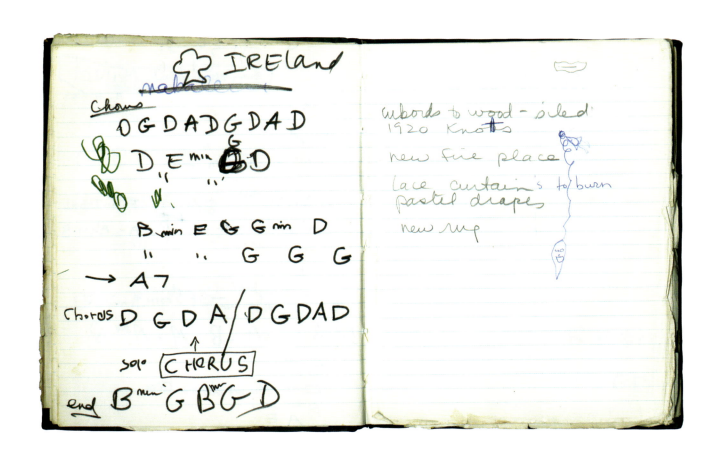

Acima: Acordes de "Give Ireland Back to the Irish", manuscritos por Linda, por volta de 1972

À esquerda: Com Henry McCullough. *UK Tour* do Wings, 1973

Golden Earth Girl

COMPOSITOR   Paul McCartney
ARTISTA   Paul McCartney
GRAVAÇÃO   Hog Hill Mill, Sussex
LANÇAMENTO   *Off the Ground*, 1993

Golden earth girl, female animal
Sings to the wind, resting at sunset
In a mossy nest
Sensing moonlight in the air
Moonlight in the air

Good clear water, friend of wilderness
Sees in the pool her own reflection
In another world
Someone over there is counting

Fish in a sunbeam
In eggshell seas
Fish in a sunbeam
Eggshell finish

Nature's lover climbs the primrose hill
Smiles at the sky, watching the sunset
From a mossy nest
As she falls asleep she's counting

Fish in a sunbeam
In eggshell seas
Fish in a sunbeam
Eggshell finish

Acima: Linda com Lucky e Midnight. Escócia, 1975

EMBORA ESTA CANÇÃO SEJA PRIMORDIALMENTE UMA ODE A Linda, que era mesmo uma "moça da terra dourada" - e a minha esposa há 24 anos na época desse lançamento -, também serve como uma pequena referência a John e Yoko. Yoko costumava apontar e dizer: "Olha só aquela nuvem", e ela gostava de usar palavras conectadas com a natureza. Sempre gostei disso no trabalho dela, e mais tarde John abordou isso com o jeito surreal que ele tinha de trocar as coisas.

Fiquei conhecendo Yoko desde a chegada dela a Londres, em meados dos anos 1960. Na verdade, eu a conheci antes que o John. Eu me lembro de que ela chegou à minha casa e disse: "Estamos coletando partituras para o aniversário de John Cage. Tem uma partitura para nos ceder?". Respondi: "Na verdade, não temos partituras. Temos palavras no papel, uma folha com a letra". Ela disse: "Sim, bem, isso seria bom". Expliquei a ela que eu mesmo não tinha nada parecido, mas falei que John talvez tivesse. E então eu a encaminhei a ele. Nem tenho certeza se ela aceitou esse convite. Sei que logo depois ela fez uma exposição numa pequena galeria que uns amigos e eu ajudamos a montar. A Indica Gallery ficava no porão da livraria homônima, em Mason's Yard, Londres. John foi à exposição e acho que foi ali que ele e Yoko se conheceram, no final de 1966. Ele subiu os degraus de uma escada para ver o que Yoko tinha escrito no teto, chegou bem pertinho para ler e lá estava escrito: "Yes". Então ele pensou: "É um sinal; é isto", e os dois se apaixonaram perdidamente.

Logo que se tornaram um casal, quando tinha uma gravação dos Beatles, ela estava presente. Acho que isso começou nas sessões do "Álbum Branco" - ou seja, no fim da primavera de 1968. E, no início, todos nós - exceto John - achamos aquilo bastante intrusivo, mas acabamos concordando e trabalhamos com ela ao nosso redor. E por fim cheguei à conclusão de que, olha, se John a ama, deixe estar, só nos resta apoiar esse relacionamento. Em essência, o meu sentimento era esse.

Então, um ou dois anos depois, os Beatles se separaram, e foi um período crítico, um momento triste em que sobraram farpas para todos os lados. E eu senti que John e Yoko eram especialmente bons no quesito farpas, dando entrevistas ou fazendo comentários que acabavam chegando até mim. Nem sempre eram coisas muito agradáveis. Se eu for analisar hoje o que aconteceu, eu meio que ficava pensando: "Por quê? Está chateado e então diz algo desagradável?".

Com o tempo, a poeira baixou, e o meu relacionamento com John melhorou, e eu costumava me encontrar com ele em Nova York ou falar com ele pelo telefone. Mais tarde, em 1975, ele e Yoko tiveram um filho, Sean, então tínhamos ainda mais coisas em comum e sempre trocávamos ideias sobre a paternidade. Estava tudo bem, até que ele foi morto. E, claro, a partir de então, realmente fui solidário com Yoko. Perdi o meu amigo, mas ela perdeu o marido, o pai do filho dela.

Em suas letras, John incluía alusões a Yoko e à natureza. Na canção "Julia", ele usa a expressão "*ocean child*", que, até onde eu sei, é o significado do nome "Yoko", criança do oceano. Aqui, eu utilizo um tipo de imagem semelhante para Linda: "*Good clear water, friend of wilderness*", água boa e cristalina, amiga do agreste. Curiosamente, John escreveu para o "Álbum Branco" a canção "Child of Nature", que acabou não entrando no álbum, e ele a reescreveu como "Jealous Guy". Como já falei, Linda realmente me ajudou a encontrar um outro lado de mim mesmo. Se alguém merece o título de "Criança da natureza", é ela.

Golden earth girl, female animal
Sings to the wind, resting at sunset
In a mossy nest

À direita: Linda fotografada por Paul. Hampstead Heath, Londres, 1969

Em suas letras, John incluía alusões a Yoko e à natureza. Na canção "Julia", ele usa a expressão "*ocean child*", que, até onde eu sei, é o significado do nome "Yoko", criança do oceano. Aqui, eu utilizo um tipo de imagem semelhante para Linda: "*Good clear water, friend of wilderness*", água boa e cristalina, amiga do agreste.

Golden Slumbers

COMPOSITORES Paul McCartney e John Lennon
ARTISTA The Beatles
GRAVAÇÃO Abbey Road Studios, Londres
LANÇAMENTO *Abbey Road*, 1969

Once there was a way to get back homeward
Once there was a way to get back home
Sleep, pretty darling, do not cry
And I will sing a lullaby

Golden slumbers fill your eyes
Smiles awake you when you rise
Sleep, pretty darling, do not cry
And I will sing a lullaby

Acima: Tia Milly, Angela, Heather, papai Jim e Linda. Heswall, 1968

POUCA GENTE SABE, MAS "GOLDEN SLUMBERS" É UMA VELHA canção vitoriana inspirada num poema do dramaturgo elisabetano Thomas Dekker. Um dia me deparei com essa letra numa partitura de piano quando eu estava em Liverpool. Meu pai tinha se casado de novo, com uma senhora que tinha uma filha, Ruth. A minha madrasta e Ruth tocavam um pouco de piano. Até mesmo naquela época, eu sempre espiava dentro do assento do piano, porque o pessoal guardava as partituras ali dentro. Foi ali que achei "Golden Slumbers" pela primeira vez.

Na época em que a canção original foi escrita, os discos não eram facilmente disponíveis, e o povo tinha que fazer seu próprio entretenimento. Você fica imaginando um salão vitoriano com uma bela jovem se erguendo para cantar, acompanhada de um bem-apessoado rapaz. Às vezes, podia ser o contrário. Por conta dessa tradição, muitas casas tinham piano, e as partituras de canções faziam sucesso incrível, como "Alexander's Ragtime Band", de Irving Berlin, que vendeu milhões. Por um bom tempo, as pessoas conheciam as canções novas por meio das partituras em volta do piano da família.

Meu pai era o pianista da família e, curiosamente, comprou o nosso piano vertical na loja de Harry Epstein, a North End Music Store – também conhecida como NEMS –, em Everton. O filho de Harry cresceu e se tornou Brian, o empresário dos Beatles. Aquele piano vertical ficava em nossa sala na Forthlin Road e foi onde eu compus coisas como "When I'm Sixty-Four". Mas papai não queria me ensinar a tocar: ele queria que eu aprendesse piano de um modo mais formal. Ele não se achava bom o suficiente e, como meus pais nutriam aspirações para nós, ele queria que eu tivesse "aulas de verdade". Frequentei umas aulas de tempos em tempos, mas acabei me tornando praticamente autodidata, assim como ele. Eu achava as aulas muito restritivas e chatas. Muito mais interessante que praticar escalas era inventar canções.

Que eu saiba, papai só compôs uma canção: "Walking in the Park with Eloise". Nos anos 1970, nós a gravamos com o Wings em Nashville, para que eu pudesse tocá-la para ele, e a lançamos como um single sob o nome *The Country Hams*. Convidei amigos como Chet Atkins e Floyd Cramer para tocar. Mais tarde, contei a ele: "Pai, sabe aquela canção que o senhor escreveu?". E ele falou: "Não escrevi canção alguma, filho". Protestei: "Claro que escreveu. Sabe, 'Walking in the Park with Eloise'?". E ele disse: "Não, eu não a escrevi. Eu a inventei".

Em nossa casa, a música era um grande acontecimento. Freddie Rimmer, o amigo do pai na bolsa de comércio de algodão, tocava piano na família dele. Então sempre tinha alguém por perto que sabia tocar piano, e isso era uma coisa maravilhosa, porque do nada as pessoas começavam a cantar, como nos musicais. Depois da Primeira Guerra Mundial, quando meu pai era jovem, a indústria fonográfica se ampliou, e os discos se popularizaram. E o modo como as pessoas ouviam música foi mudando. Mas a tradição se manteve nas festas de Ano-Novo, e sempre, na casa dos McCartney, era aquela "função". A bebida e o som do piano fluíam com a mesma intensidade. Todos se reuniam em torno do piano enquanto a criançada corria pela casa.

Para um menino como eu, isso sempre foi uma coisa maravilhosa. Ao piano, alguém tocava aquelas canções antigas que todo mundo conhecia, principalmente as tias; as tias sabiam as letras na ponta da língua. E a camaradagem de todo o pessoal em pé numa sala, se embriagando e entoando essas canções! Era muito especial, uma atmosfera parecida com a do bailinho do conto "Os mortos", de James Joyce. Em minha infância, sempre achei que a família McCartney era simples, mas agora percebo a sorte que eu tive de crescer nesse tipo de família, em que as pessoas eram decentes, boas e amigáveis. Não éramos ricos: ninguém tinha dinheiro, mas isso era quase uma vantagem, porque tinham que fazer tudo por conta própria.

Gostei muito da letra de "Golden Slumbers" naquela partitura, e comecei a elaborar uma melodia para ela. É o que podemos generosamente chamar de samplear, ou, possivelmente, roubar. Mas, como eu não leio partituras, eu não sabia a melodia original, então criei outra. É bem possível que eu estivesse me sentindo deprimido em Londres. Ali estava eu, no aconchego familiar de Liverpool, mas às voltas com os problemas dos Beatles lá no sul, talvez pensando: "Não seria bom voltar pra casa e ter de novo aquela sensação reconfortante?". No fundo talvez tenha havido um pouco disso. Não descarto essa possibilidade.

Quando escrevi a canção, fazia muito tempo que eu não voltava para casa, em Liverpool. Mas agora lá estava eu, em casa, ou melhor, na casa do meu pai, uma casa que comprei para ele quando comecei a ganhar dinheiro - uma casa estilo Tudor, de cinco quartos, em Heswall, perto do rio Dee. Mesmo assim, era Liverpool e era "voltar pra casa". Por isso, acrescentei: *Once there was a way to get back homeward/ Once there was a way to get back home*". A canção acabou se tornando muito emotiva, e acho que foi isto que me atraiu nesta letra: essa ideia de ninar um neném ou ler uma história para as crianças.

Papai Jim, Mary e Martha.
Heswall, 1971

"*Sleep, pretty darling, do not cry/ And I will sing a lullaby*". Esses versos representam algo com um sentimento parecido – as falas que pais e mães costumam dizer aos filhos para acalmá-los na infância. Uma das coisas que eu adoro ao compor canções, e ao incluir versos assim, é assistir a um filme ou ouvir o rádio ou algo assim, e ser surpreendido com a canção sendo interpretada por outra pessoa. Sinal de que acharam a canção comovente. Eu simplesmente adoro isso. Um filme recente – um filme de animação chamado *Sing: quem canta seus males espanta* – usa "Golden Slumbers" na sequência inicial, e é muito poderoso, e depois a canção volta no final, quando você já viu a história toda e tudo deu certo.

Às vezes, o pessoal me pergunta se eu me importo que façam versões diferentes de minhas canções ou se estou preocupado que o significado original seja distorcido. E respondo: "Não, longe disso. Adoro ouvir outra interpretação de uma de minhas canções". É um elogio o fato de alguém ter pensado o suficiente na canção para querer fazer uma cover. E o sensacional é que a próxima geração, se tiver assistido ao filme, agora vai conhecer "Golden Slumbers".

Melhor ainda é saber que meu pai ouviu esta canção. Faleceu sete anos depois. Mas viveu o suficiente para saber a grande influência que exerceu em minha vida.

229

Apple

④

Golden slumbers fill your eyes
Smiles awake you when you rise
sleep pretty darling do not cry
and I will sing a lullaby,

Boy, you're going to carry that weight
carry that weight a long time
Boy you're gonna carry that weight
carry that weight a long time.

I never give you my pillow
I only send you my invitations
And in the middle of the celebrations
I break down,

Boy you're gonna carry that weight
carry that weight a long time.

Repeat.....

Apple Corps Ltd., 3 Savile Row, London, W.1. 01-734 8232. Cables Apcore London, W.1. Director, N. S. Aspinall.

Apple

You never give me your money.

Out of college....

One sweet dream.

The sun king
Mean mister mustard.
Her majesty.

Polythene Pam.

She came in through the bathroom window.

Once there was a way......

Golden Slumbers,...

Carry that weight.

I never give you my pillow..

Carry that weight.

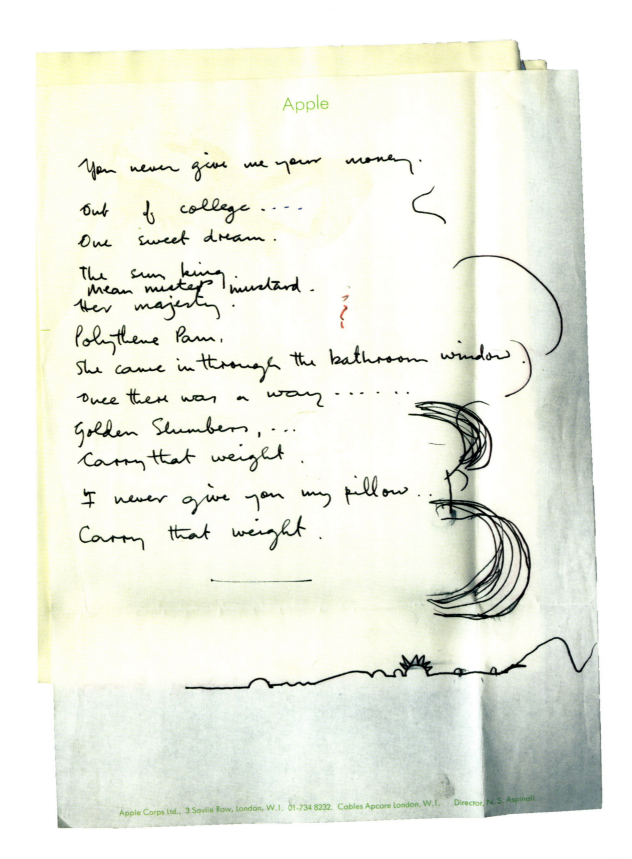

Good Day Sunshine

COMPOSITORES   Paul McCartney e John Lennon
ARTISTA   The Beatles
GRAVAÇÃO   Abbey Road Studios, Londres
LANÇAMENTO   *Revolver*, 1966

Good day sunshine
Good day sunshine
Good day sunshine

I need to laugh, and when the sun is out
I've got something I can laugh about
I feel good in a special way
I'm in love and it's a sunny day

Good day sunshine
Good day sunshine
Good day sunshine

We take a walk, the sun is shining down
Burns my feet as they touch the ground

Good day sunshine
Good day sunshine
Good day sunshine

Then we'd lie beneath a shady tree
I love her and she's loving me
She feels good, she knows she's looking fine
I'm so proud to know that she is mine

Good day sunshine
Good day sunshine
Good day sunshine

Acima: Foto com dupla exposição tirada no jardim de John Lennon, Weybridge

UM AGRADÁVEL E ENSOLARADO DIA DE VERÃO. PARA VARIAR, lá estava eu na casa de John em Weybridge. De minha casa em Londres fui rodando até lá, a bordo de meu belo Aston Martin na cor Sierra Blue, com assento ejetor e tudo. Adoro dirigir, e uma hora ao volante é uma hora boa para pensar nas coisas; se você tiver metade de uma ideia, pode desenvolvê-la no caminho.

Em geral, eu chegava à casa de John com a ideia plenamente formada. Às vezes, eu tinha que esperar, se o John se atrasasse para se levantar. Ele era um adorável preguiçoso, e eu, um jovem para lá de entusiasmado. Mas isso não é problema, se você pode esperar à beira de uma charmosa piscina. Comprada com o dinheiro de nossas composições. A gente costumava brincar com isso. Tão logo percebemos o valor monetário de nossas canções, costumávamos brincar: "Vamos compor uma piscina".

Havia uma enxurrada de canções de verão naquela época. "Daydream" e "Summer in the City", do The Lovin' Spoonful; "Sunny Afternoon", do The Kinks... Acho que todas essas foram lançadas no mesmo ano, 1966. Queríamos compor algo ensolarado. John e eu crescemos enquanto a tradição do *music hall* ainda era muito vibrante, então isso sempre esteve no fundo de nossas mentes. Muitas canções clássicas sobre o sol nos deixam contentes: "The Sun Has Got His Hat On" ou "On the Sunny Side of the Street".

Estava na hora de fazer a nossa. Temos amor, temos sol, e o que mais queremos? *"We take a walk, the sun is shining down/ Burns my feet as they touch the ground"* - essa era uma bonita lembrança de verão. *"Then we'd lie beneath a shady tree/ I love her and she's loving me"*. Sem dúvida, é uma canção bem alegre.

Já conversei com compositores clássicos que ficam quebrando a cabeça com a notação de tempo, mas nunca fazíamos a notação de tempo. A gente só pensava: "É mais ou menos assim...". Musicistas com formação clássica não dizem "É mais ou menos assim", pois se interessam pela notação formalizada - têm que saber se é 3/4, 5/4 ou coisa parecida - e essa era definitivamente a tradição com todos os grupos. Claro, todos nós frequentamos aulas de piano, mas nenhum de nós gostou delas. Muitos anos depois, conversei sobre isso com Jeff Lynne, o líder da Electric Light Orchestra, e ele me disse: "Bem, nós simplesmente inventávamos tudo, não é?". Se George Harrison escrevesse "*Here comes the sun, de-de-de-de*", só precisávamos nos lembrar disso.

Vale lembrar que não tínhamos partituras para ler. É bem complicado, mas o nosso método era só ouvir uma canção e aprendê-la, e era daí que vinha a nossa energia. Se alguém só fica lendo as notas - "um dois três, um dois três quatro" -, eu sempre tenho a sensação de que não está curtindo tanto. É um emprego.

Vale lembrar que não tínhamos partituras para ler. É bem complicado, mas o nosso método era só ouvir uma canção e aprendê-la, e era daí que vinha a nossa energia. Se alguém só fica lendo as notas - "um dois três, um dois três quatro" -, eu sempre tenho a sensação de que não está curtindo tanto. É um emprego.

INTRO. then GOOD DAY SUNSHINE..
(BREAKS ETC.)

(1) I NEED TO LAUGH, AND WHEN THE SUN IS OUT
I'VE GOT SOMETHING I CAN LAUGH ABOUT

(2) I FEEL GOOD IN A SPECIAL WAY
I'M IN LOVE AND IT'S A SUNNY DAY

CHORUS GOOD DAY SUNSHINE,....

(3) WE TAKE A WALK, THE SUN IS SHINING DOWN
BURNS MY FEET AS THEY TOUCH THE GROUND
BREAK — B CHORD.
VERSE IN B. SOLO (guitar.)

GOOD DAY SUNSHINE (BREAKS ETC..)

(4) THEN WE LIE BENEATH A SHADY TREE,
I LOVE HER, AND SHE'S LOVING ME

SHE FEELS GOOD, SHE'S KNOWS SHE'S LOOKING
FINE.

I'M SO PROUD TO KNOW THAT SHE IS MINE.

GOOD DAY SUNSHINE . (FORTE
FORTAS
FORTISSIMOS)
repeat — end

length. 2·10

Goodbye

COMPOSITORES	Paul McCartney e John Lennon
ARTISTA	Mary Hopkin
GRAVAÇÃO	Morgan Studios, Londres
LANÇAMENTO	Single, 1969

Please don't wake me up too late
Tomorrow comes and I will not be late
Late today when it becomes tomorrow
I will leave to go away

Goodbye
Goodbye
Goodbye, goodbye
My love, goodbye

Songs that lingered on my lips
Excite me now and linger on my mind
Leave your flowers at my door
I'll leave them for the one who waits behind

Goodbye
Goodbye
Goodbye, goodbye
My love, goodbye

Far away my lover sings a lonely song
And calls me to his side
When a song of lonely love invites me on
I must go to his side

Goodbye
Goodbye
Goodbye, goodbye
My love, goodbye

Acima: Mary Hopkin. Foto inédita de sessão de fotos para o álbum *Post Card*

C ONVIDAMOS TWIGGY E O EMPRESÁRIO DELA, JUSTIN DE Villeneuve, para vir jantar conosco. E foi justamente ela a primeira pessoa a me dar a dica: "Já viu aquela moça na televisão?". Ela se referia à jovem cantora galesa Mary Hopkin. Respondi: "Não". E ela me recomendou: "Bem, não deixe de assistir ao programa na próxima semana". Eu assisti e pensei: "Uau, que voz mais incrível".

Mary Hopkin estava participando de um programa chamado *Opportunity Knocks* (A oportunidade bate à porta), espécie de protótipo de competições como *American Idol* – e ela acabou sendo a vencedora. Após assistir à apresentação dela no programa, pensei: "Ok, eu tenho uma ideia de umas canções que posso indicar ou compor para ela, e eu posso atuar na produção".

Então Mary e eu falamos ao telefone algumas vezes – também tive que falar com os pais dela, pois ela só tinha 18 anos e eu não queria que eles pensassem que eu estava mal intencionado –, e ela e a mãe dela concordaram em vir a Londres para uma reunião. Sugeri que eu poderia ser o produtor dela na gravadora Apple, dos Beatles, e encontrar canções que fariam sucesso na voz dela.

Comecei com uma variante de uma velha canção russa que outra pessoa tinha escrito: "Those Were the Days". Consegui o arranjo com um arranjador amigo meu, reservei um estúdio e ajudei Mary a aprender a canção. É importante aprender a canção antes de começar a gravar, porque então você pode fazer isso sem ficar olhando. Creio que isso transmite mais sentimento à canção, e Mary era ótima nisso. Ela aprendia rápido. Eu só enviava a ela uma pequena demo ou algo assim, e ela aprendia a canção com base nisso, e então nos reuníamos para gravar. Eu montava tudo, literalmente montava o pacote inteiro. Entrava no estúdio, ouvia os sons que iam sendo produzidos, incentivava Mary a fazer um bom *take*, o que ela fazia com bastante facilidade, e depois mixava.

"Those Were the Days" foi sua canção de maior sucesso, e eu sabia que seria um hit. Na verdade, a canção fez um enorme sucesso. Em vários países chegou ao topo das paradas. Comecei a procurar algo para dar continuidade a esse sucesso e pensei: "Bem, basta compor algo no mesmo tom extravagante".

Ainda hoje, mais de cinquenta anos depois, o que me interessa nesta letra - e acho que nunca fiz isso antes ou desde então - é o uso da mesma palavra repetidamente, em cada verso. No caso, a palavra *late*: "*Please don't wake me until late/ Tomorrow comes and I will not be late/ Late today when it becomes tomorrow*". Em geral, eu evito isso e tento encontrar outra palavra sem precisar ficar repetindo. Mas acho que a repetição, às vezes, é eficaz. "*Leave your flowers at my door/ I'll leave them for the one who waits behind*". Na terceira estrofe, a palavra *lonely* também se repete.

"Goodbye" cultiva a tradição do tipo de canção "Estou indo, mas volto em breve", que costumávamos ouvir quando éramos crianças. Elas eram pedidas no rádio em homenagem a militares que estavam em missão no Bahrein, na Ilha Christmas, em Hong Kong ou em outro lugar. Também existia em Liverpool a tradição de ingressar na Marinha Mercante. "O que você anda fazendo?", você perguntava a alguém, e eles diziam: "Entrei na mercante". E zarpavam mar afora. A canção também se aplicava às pessoas que emigravam ao Canadá ou à Austrália e sentiam saudades de casa. Sempre fui influenciado por situações assim e costumo me colocar no lugar de quem escuta a canção longe de casa. Depois me imagino fazendo parte do pessoal da casa, pensando: "Puxa, eles estão perdendo essa festa com todos os tios e tias e toda essa diversão de estar em casa". Coisa triste.

Curiosamente, anos depois, eu estava com a minha família num barco, indo do extremo norte da Escócia até as Ilhas Shetland. Foi a única embarcação que conseguimos. Deveríamos ter embarcado no ferry, mas o perdemos, então contratamos um barquinho de pesca para nos levar. Era um trecho marítimo bem interessante, que contornava um pedaço de terra firme com o adequado nome de Cape Wrath (Cabo da Ira), e naquele dia sentimos a ira do oceano; cheguei até a vomitar. Mas foi maravilhoso chegar às Ilhas Orkney e ver os bandos de papagaios-do-mar ao longo das falésias. Eu nunca tinha visto um papagaio-do-mar! O comandante do barco era o Capitão George. Ele era praticamente norueguês; eles meio que se cruzam lá em cima, um pouco de sangue escocês, mas meio norueguês. E ele me contou que "Goodbye" era sua canção predileta. Compreensível, pois ele sempre saía para pescar e incorporava esse sentimento de "não se preocupe, vou voltar".

Fiquei muito contente em produzir Mary, mas ela queria ser uma cantora folk, pura e simples. Falei: "Bem, isso é ótimo, você pode ser uma cantora folk. Mas não é minha praia. Posso recomendar vários bons produtores para você" - ela acabou trabalhando e se casando com Tony Visconti, o produtor de David Bowie. De modo que eu produzi um álbum com ela, mas não era folk. Eram canções que nós dois apreciávamos, mas não era o estilo que ela queria seguir.

Twiggy estava certa ao falar comigo sobre ela. Estas duas canções - "Those Were the Days" e "Goodbye" - fizeram muito sucesso, e o álbum *Post Card* também, mas, depois disso, Mary realmente voltou às suas raízes no estilo folk.

À direita: Com Mary Hopkin trabalhando no álbum *Post Card*. Abbey Road Studios, Londres, 1969

From Apple

    Please don't wake me up too late,
Tomorrow ~~comes~~
  And I will not be late.
  Late today when it becomes tomorrow
  I will leave & go away
Goodbye..........
    Songs that lingered on my lips
 Exite me now
And linger on my mind
Leave your flowers at my door
I leave them for the one who waits behind,
Goodbye.....
    Far away my lover sings
A ~~lonely~~ lonely song
and calls me to his side
Where the sound of heavy drums
  invites me on,
   I must be by his side.....
    Goodbye......

Apple Corps Ltd 3 Savile Row London W1 Gerrard 2772/3993 Telex Apcore London

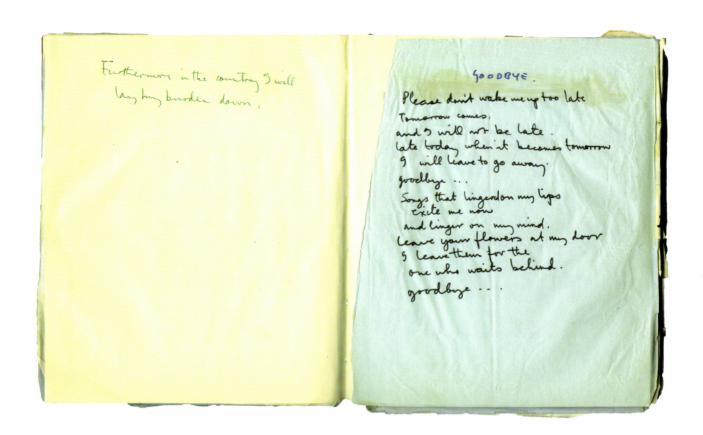

À direita: Demo em acetato de "Goodbye", gravação original de Paul

Got to Get You Into My Life

COMPOSITORES Paul McCartney e John Lennon
ARTISTA The Beatles
GRAVAÇÃO Abbey Road Studios, Londres
LANÇAMENTO *Revolver*, 1966

I was alone, I took a ride
I didn't know what I would find there
Another road where maybe I
Could see another kind of mind there

Ooh then I suddenly see you
Ooh did I tell you I need you
Every single day of my life?

You didn't run, you didn't lie
You knew I wanted just to hold you
And had you gone, you knew in time
We'd meet again, for I had told you

Ooh you were meant to be near me
Ooh and I want you to hear me
Say we'll be together every day

Got to get you into my life

What can I do, what can I be?
When I'm with you I want to stay there
If I am true, I'll never leave
And if I do, I know the way there

Ooh then I suddenly see you
Ooh did I tell you I need you
Every single day of my life?

Got to get you into my life

O QUE ACABOU ENTRANDO EM NOSSAS VIDAS, AO QUE PARECE, foi a *Cannabis*. Até sermos apresentados à maconha, apenas bebíamos socialmente. Fomos conhecer a erva quando estávamos nos Estados Unidos, e ela pirou nossas cabecinhas.

Já falei nisso antes, mas aconteceu o seguinte, para ser mais exato: estávamos na suíte de um hotel, talvez em Nova York, no verão de 1964, e Bob Dylan apareceu com seu roadie, o tipo do cara que era mais que um roadie - assistente e amigo. Ele tinha acabado de lançar *Another Side of Bob Dylan*. A gente estava ali só bebendo, como sempre, dando uma festinha. Pedimos umas bebidas pelo serviço de quarto - uísque, Coca-Cola e vinho francês eram nossas preferências na época -, e Bob tinha escapulido para o quartinho dos fundos. Pensamos que ele tinha ido ao banheiro, mas daí Ringo saiu daquele quartinho parecendo um pouco estranho. Ele disse: "Estive com o Bob ali dentro. Ele tem uma erva", ou sei lá como chamavam na época. E perguntamos: "Mesmo? E que tal é?". Ele falou: "Bem, o teto está se mexendo, parece que vai cair". E não precisou mais do que isso.

Depois que o Ringo nos avisou, nós três pulamos no quartinho dos fundos, onde Dylan estava, e ele nos deixou tragar o baseado. E sabe que muita gente dá uma tragada e pensa que não está funcionando? Esperávamos algo instantâneo, então continuamos fumando e dizendo: "Não está funcionando, está?". E súbito começou a funcionar. Um começou a rir da cara do outro. Eu lembro que George tentou fugir, e eu meio que saí correndo atrás dele. Foi hilariante, tipo uma perseguição de desenho animado. Pensamos: "Uau, esse negócio é incrível". E a partir daí passou a fazer parte de nosso repertório. Como conseguíamos a nossa maconha? Para falar a verdade, ela simplesmente aparecia. Tinha um pessoal com quem você podia obter. Você só precisava saber quem tinha o produto.

Em suma, esta canção é a minha ode à maconha. Foi algo que entrou em nossas vidas, e achei que seria uma boa ideia escrever uma canção com a frase "*Got to get you into my life*", e só eu saberia que eu estava falando sobre o dia em que a maconha entrou na minha vida. Muitos anos depois, contei às pessoas do que se tratava, mas quando gravamos o álbum era apenas: "*I was alone, I took a ride/ I didn't know what I would find there*". Na época foi um júbilo. A coisa ficou sombria uns anos depois, como acontece com essa coisa das drogas, mas começou como uma experiência do tipo um "dia-ensolarado-no-jardim".

"Got to Get You Into My Life" entrou no disco *Revolver*, e foi uma grande diversão experimentar diferentes instrumentos nos arranjos. No começo do disco, temos "Eleanor Rigby", com violinos, viola e violoncelos. George toca cítara em "Love You To". Nesta aqui temos o naipe de metais. Eu andava ouvindo muito soul e R&B americano, e havia seções de sopro nesses discos - Joe Tex, Wilson Pickett, Sam & Dave, esse pessoal. Isso foi um impulso suficiente para eu pensar: "Vou tentar". Em geral, comigo é assim que as coisas acontecem. Escuto algo no rádio e penso: "Uau, vou fazer a minha variante disso". Então colocamos uma seção de metais - com trompetes e saxofones, acho eu - no Abbey Road Studio 2, e expliquei a eles como eu queria, e eles logo entenderam.

Cliff Bennett and The Rebel Rousers também gravaram esta canção. Normalmente, escrevíamos a canção, gravávamos com os Beatles e depois decidíamos se ela seria ou não um single. Se escrevêssemos outra canção ainda melhor, esta é que se tornava o single, e a outra ficava para o lado B. Caso contrário, ela se tornava uma faixa do álbum. E, às vezes, o pessoal indagava: "Ei, tem uma canção para nós, cara?". O produtor ou o empresário deles talvez aconselhassem: "Esta é uma boa canção dos Beatles, e eles não vão lançá-la. Vocês devem fazer isso como um single".

Nós já conhecíamos o Cliff Bennett. Fomos apresentados anos antes, em Hamburgo. Nós o admirávamos; ele nos admirava. Ele foi uma das primeiras pessoas a sacar o segredo da canção "If You Gotta Make a Fool of Somebody", transformada em cover por Freddie and The Dreamers: "Uau, essa é a primeira canção de rock'n'roll que eu já ouvi no compasso 3/4". Perceber algo assim foi muito engenhoso da parte dele. Ele era um bom cantor e amigo. Ele pediu para fazer uma cover de "Got to Get You Into My Life", então eu a produzi para ele.

É interessante trabalhar com outro artista gravando uma de minhas canções, pois isso suscita um questionamento de como ela deve soar. A dele deveria ser exatamente igual à nossa, ou as coisas deveriam ser um pouquinho modificadas? Algumas canções têm mais espaço para respirar do que outras, e surge a questão de se vale a pena ou não improvisar numa canção assim. Se o seu objetivo ao fazer um show é agradar as pessoas, é melhor não alterar o andamento da canção. Alguém pode dizer: "Devíamos fazer isso mais rápido" ou "É melhor fazer mais devagar", e uma ou duas vezes isso até pode funcionar.

Esses dias, eu li que Bob Dylan acha que interpreta as canções dele quase como elas soam em seus discos, mas eu não concordo. Fomos a um de seus shows recentemente e, às vezes, era difícil reconhecer as canções. E citaram no *New York Times* uma frase em que ele afirmava que não fazia improvisos. Dei muita risada quando li isso. Fazia um bom tempo que eu não lia algo tão engraçado. É um sujeito excelente, mas você simplesmente não sabe quando ele está sendo irônico.

À esquerda e à direita:
Os Beatles em Los Angeles
e Las Vegas, 1964

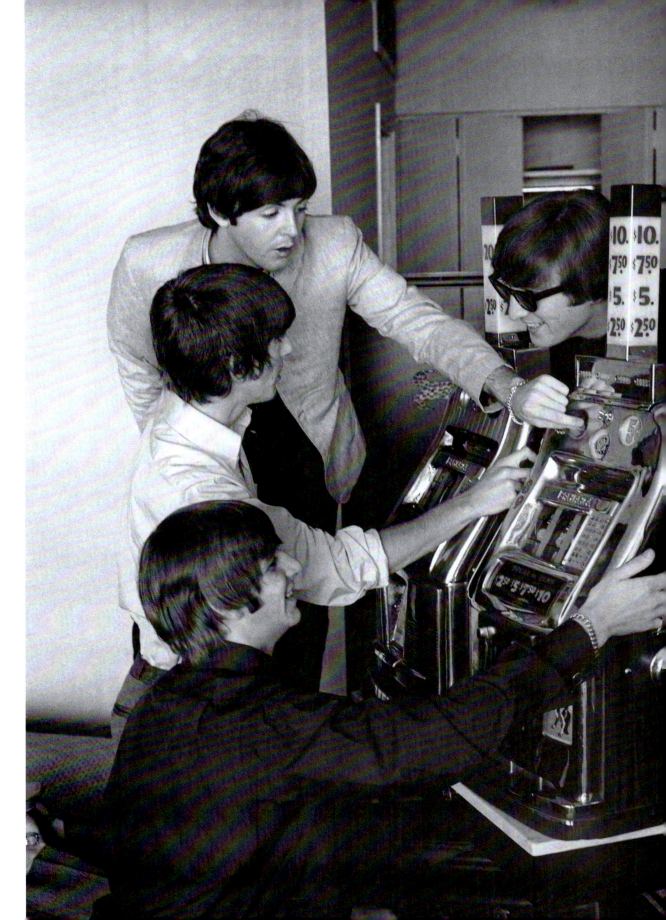

Great Day

COMPOSITOR	Paul McCartney
ARTISTA	Paul McCartney
GRAVAÇÃO	Hog Hill Mill, Sussex
LANÇAMENTO	*Flaming Pie*, 1997

When you're wide awake
Say it for goodness sake
It's gonna be a great day
While you're standing there
Get up and grab a chair
It's gonna be a great day

And it won't be long (oh no it won't be long)
It won't be long (no no it won't be long)
It won't be long (oh no it won't be long)
It won't be long, oh

Ooh oh yeah
Gonna be a great day

And it won't be long (oh no it won't be long)
It won't be long (no no it won't be long)
It won't be long (oh no it won't be long)
It won't be long, ooh yeah

When you're wide awake
Say it for goodness sake
It's gonna be a great day
While you're standing there
Get up and grab a chair
It's gonna be a great day

Acima: Com Stella e Mary.
Escócia, 1977

APÓS O ROMPIMENTO DOS BEATLES, EU TINHA BASTANTE tempo livre. Às vezes, eu me sentava na cozinha enquanto as crianças brincavam. Talvez elas estivessem desenhando. Ou fazendo o dever de casa.

Desta vez, os acordes me vieram e fiquei otimista. Agradou-me a ideia de uma canção dizendo que a ajuda está chegando e uma luz está brilhando no horizonte. Não tenho prova alguma disso, mas não custa acreditar. Ajuda a levantar o meu ânimo, a me levar adiante e, com sorte, também pode ajudar outras pessoas a seguir em frente.

Um dos pontos fortes das canções é que, se você tiver muita sorte, elas tocam as pessoas. E, muitas vezes, estou ciente de que pode haver muita gente por aí que está passando por um momento delicado, ou só estão preocupadas, e realmente precisam que a sorte mude. Por isso, se eu puder ser uma voz tranquilizadora, acho isso importantíssimo. Acho que boa parte da música que eu ouvia quando criança, ou até mesmo a música da geração do meu pai, era inspiradora. Uma canção pode melhorar o seu astral. A música que nos anima é muito valiosa, então me agrada a ideia de criá-la e acho que isso explica muito do que eu faço. Mas esta canção é bem simples, quase uma canção de ninar: "*When you're wide awake/ Say it for goodness sake/ It's gonna be a great day*".

O fato de a letra ser muito parecida com a canção dos Beatles "It Won't Be Long" não passou despercebido, mas eu me lembro de uma conversa que eu tive com John sobre algo que estávamos escrevendo, e houve uma situação parecida. Não me lembro de qual era o verso, mas digamos que fosse de uma canção do Dylan, e eu o estivesse meio que roubando para a minha canção. John comentou: "Bem, isso não é roubar, sabe? É fazer uma citação". E assim eu me sentia melhor.

Esta canção é a que fecha o álbum *Flaming Pie*. Foi incluída no finzinho, a exemplo do que ocorreu com a minha canção "Her Majesty", que arremata o álbum *Abbey Road*. Acho que isso cria um bom efeito, quando você tem um conjunto de canções claramente bem pensadas e então termina com algo feito meio de improviso. É um lembrete de que nem tudo está arquitetado, e isso pode deixar você de bom humor pelo resto da noite.

Para entender como surge a letra, você tem que perceber o estágio da vida do compositor. Hoje eu posso compor de forma totalmente distinta, mas, quando você tem filhos pequenos, como eu tinha na época, você costuma fazer cantigas como "Her Majesty", "Hey Diddle" ou coisa parecida.

Nem sempre você tenta ser muito significativo. Eu fazia essas musiquinhas só para divertir as crianças. Mas a verdade é que eu ainda componho para crianças. Talvez signifique que nunca cresci de verdade, mas tenho uma que se chama "A canção saltitante". Outra, confesso, chama-se "Correndo pela sala", mais um clássico familiar. Também temos uma que diz assim: "Peixinhos, peixinhos nadando no mar". Fiz várias na época em que as crianças estavam crescendo - canções que acabei não lançando. Então, suponho que esta siga essa tradição; é uma musiquinha que expressa muita coisa.

John e eu levávamos umas três horas para escrever uma canção. Não estabelecíamos um limite de tempo. Simplesmente em três horas tínhamos o suficiente, e aprendemos que o principal estava pronto. Depois era só polir. Essas duas a três horas são uma espécie de tempo natural. É por isso que a maioria das aulas, seminários e sessões de gravação levam duas a três horas. Daí em diante, o seu cérebro se dispersa um pouco.

Essa janela de tempo foi transferida para a nossa vida em família. Se eu soubesse que Linda estava lá embaixo fazendo alguma coisa - uma sessão de fotos ou um programa de culinária -, então eu fugia e tentava compor algo, em parte pensando em surpreendê-la, dar a ela um presentinho no final dessas duas horas e ser capaz de dizer: "Adivinhe o que eu andei fazendo!".

Até os dias de hoje, eu continuo sumindo em quartinhos. Tem a ver com encontrar um lugar tranquilo para pensar, criar um espaço privado para dar asas à imaginação. Mas você não quer que outros acabem se inserindo nesse processo. Por exemplo, digamos que tenha alguém na sala ao lado, lavando os pratos, mas de orelha em pé, meio que prestando atenção em mim. Eu reapareço e me dizem: "Que som legal". E eu penso: "Não era para você ouvir. Mas tudo bem, agora que está pronta".

À direita: Rascunho de letra, começo dos anos 1970

À esquerda: Arizona, 1995

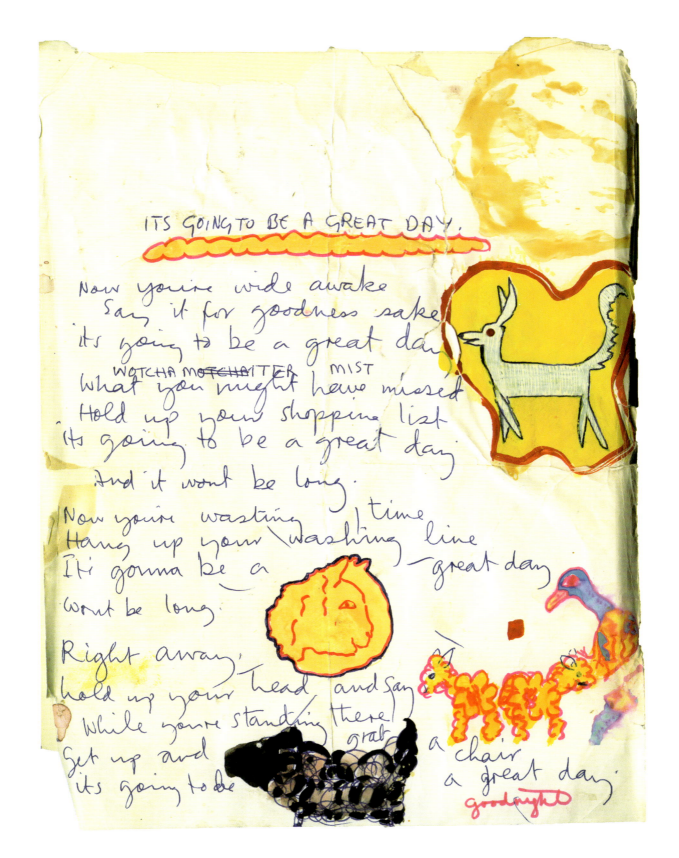

H

A Hard Day's Night	252
Helen Wheels	258
Helter Skelter	264
Her Majesty	268
Here, There and Everywhere	272
Here Today	276
Hey Jude	282
Hi, Hi, Hi	292
Honey Pie	298
Hope of Deliverance	302
House of Wax	306

A Hard Day's Night

COMPOSITORES John Lennon e Paul McCartney
ARTISTA The Beatles
GRAVAÇÃO Abbey Road Studios, Londres
LANÇAMENTO *A Hard Day's Night*, 1964
Single, 1964

It's been a hard day's night
And I've been working like a dog
It's been a hard day's night
I should be sleeping like a log
But when I get home to you
I find the things that you do
Will make me feel alright

You know I work all day
To get you money to buy you things
And it's worth it just to hear you say
You're gonna give me everything
So why on earth should I moan
'Cause when I get you alone
You know I feel okay

When I'm home
Everything seems to be right
When I'm home
Feeling you holding me tight, tight, yeah

It's been a hard day's night
And I've been working like a dog
It's been a hard day's night
I should be sleeping like a log
But when I get home to you
I find the things that you do
Will make me feel alright

So why on earth should I moan
'Cause when I get you alone
You know I feel okay

When I'm home
Everything seems to be right
When I'm home
Feeling you holding me tight, tight, yeah

It's been a hard day's night
And I've been working like a dog
It's been a hard day's night
I should be sleeping like a log
But when I get home to you
I find the things that you do
Will make me feel alright
You know I feel alright
You know I feel alright

CLARO, ESTA CANÇÃO SE INSPIRA PARCIALMENTE NA PEÇA TEATRAL *Longa jornada noite adentro*, de Eugene O'Neill. Estava em cartaz em Londres na época. Ou seja, estávamos meio que cientes dessa expressão. O grande barato no Ringo é que do nada ele vinha com essas tiradas inesperadas. Ele falava esses malapropismos, coisas ligeiramente fora da casa, mas geniais. Acho que a diferença entre nós e a maioria das pessoas é que não só ouvíamos essas expressões incomuns, mas prestávamos atenção nelas. Um dia, Ringo falou: "Nossa, esta foi uma noite de um dia difícil", e nós exclamamos: "O quê? Uma noite de um dia difícil? Isso é brilhante!".

Sem dúvida, o título é um comentário sobre a loucura de nossas vidas. Eu diria que esse era o comentário predominante de John sobre as coisas. Mas sempre andávamos extenuados, por isso, essa era a expressão perfeita para o nosso estado de espírito.

Ainda éramos muito jovens. Tínhamos 22, 23 anos. E já éramos mundialmente famosos. Após um tempo, ficamos um pouco cansados disso. Muita gritaria, muitos autógrafos, muita falta de privacidade. Isso vai minando você um pouco. Mas, no começo da fama, era impossível não achar tudo muito emocionante. Sonhávamos com o dia em que as pessoas nos pediriam autógrafo. Eu treinava. Todos nós treinávamos. E o meu autógrafo é praticamente o mesmo hoje, exceto que agora é só "Paul" em vez de "JP". A caligrafia de meus cadernos escolares é parecida com a de meu autógrafo hoje.

De modo que, sabe, você sempre torce para isso acontecer. Ter uma guitarra ótima, ser capaz de comprar uma casa pro seu pai - esse tipo de coisa. Lá estávamos nós, com nossas camisas sociais, nossas gravatinhas, nossos graciosos alfinetes de gravata, as jaquetas de três botões. E todos fumando cigarros Rothmans ou Peter Stuyvesant - ou, no caso de Ringo, Lark, porque ele sempre foi, sabe, o Sr. Elegante. Seja como for, era muito emocionante ser jovem, rico e famoso.

Muito já foi dito sobre o acorde que abre a canção. Eu ainda não sei o que é. Se você me pedisse para tocar, eu não saberia; primeiro teria que resolver isso. Acho que talvez tenhamos dois acordes ali, um Sol e um Fá. John basicamente escreveu a canção e eu acho que ajudei com o trecho do contraste - "*When I'm home/ Everything seems to be right*". Quem canta esse trecho sou eu, então é bem provável que eu tenha contribuído com isso. Em geral, eu canto a parte mais aguda.

Àquela altura, os nossos discos já estavam ficando um pouco mais sofisticados, mais experimentais, então usávamos um bom número de truques. Por exemplo, se George Harrison tocasse um solo meio acelerado demais, então George Martin diminuía o ritmo, gravando com a metade do andamento. Sempre dizíamos que George Martin era o adulto por trás do vidro, e nós éramos as crianças no estúdio. Ele ajudava com arranjos musicais e sabia tocar piano, e aprendemos muitos truques técnicos com ele.

Não creio que estivéssemos tentando ser particularmente sugestivos com as letras; acho que só éramos jovens. Peter Sellers fez uma interpretação legal da canção, declamando pausadamente este verso para maximizar o seu duplo sentido: "*Feeling you... holding me... tight*".

Páginas 254-255: Roteiro de *A Hard Day's Night*

Abaixo: Treinando autógrafos num porta-copos do Casbah Coffee Club, um dos primeiros locais em que The Quarry Men se apresentaram

À direita: Fãs na estreia de *A Hard Day's Night*. London Pavillion, 6 de julho de 1964

Helen Wheels

COMPOSITORES Paul McCartney e Linda McCartney
ARTISTA Paul McCartney e Wings
GRAVAÇÃO EMI Studios, Lagos
LANÇAMENTO Single, 1973
Band on the Run (lançamento nos EUA), 1973

Said farewell to my last hotel
It never was much kind of abode
Glasgow town never brought me down
When I was heading out on the road
Carlisle city never looked so pretty
And the Kendal freeway's fast
Slow down driver, want to stay alive
I want to make this journey last

Helen, hell on wheels
Ain't nobody else gonna know the way she feels
Helen, hell on wheels
And they never gonna take her away

M6 south down to Liverpool
Where they play the West Coast sound
Sailor Sam, he came from Birmingham
But he never will be found
Doing fine when a London sign
Greets me like a long lost friend
Mister Motor, won't you check her out
She's got to take me back again

Helen, hell on wheels
Ain't nobody else gonna know the way she feels
Helen, hell on wheels
And they never gonna take her away

Got no time for a rum and lime
I wanna get my right foot down
Shake some dust off of this old bus
I gotta get her out of town
Spend the day upon the motorway
Where the carburettors blast
Slow down driver, wanna stay alive
I want to make this journey last

Helen, hell on wheels
Ain't nobody else gonna know the way she feels
Helen, hell on wheels
And they never gonna take her away

Acima: Com Mary e Helen Wheels. Escócia, 1970

HELEN WHEELS É O NOME DE MINHA LAND ROVER. ELA ERA SÓ uma pequenina Land Rover quando eu a comprei na Escócia. Eu precisava de um veículo para desbravar toda aquela acidentada paisagem rural. A tração nas quatro rodas a tornava perfeita para subir e descer encostas íngremes.

Sempre quis fazer uma canção de estrada, mas todas as que conhecíamos eram dos EUA – "Take It Easy", "Sweet Home Alabama" e, acima de tudo, "Route 66". Eu adorava as versões de Nat King Cole e Chuck Berry. Nessa época, o Wings fazia muitos shows. Inclusive no ano anterior tínhamos percorrido a Europa num ônibus de dois andares com teto aberto. No verão de 1973, quando eu estava compondo as canções para o que se tornaria o álbum *Band on the Run*, o Wings estava em turnê por todo o Reino Unido, e isso provavelmente também influenciou esta canção.

O interessante em "Route 66" é que, como minha esposa, Nancy, e eu descobrimos há uns dez anos, os nomes dos lugares na canção vêm mesmo na ordem correta. Você pode usar a canção como uma espécie de mapa.

Existe um aspecto humorístico inerente à ideia de fazer uma canção de estrada do Reino Unido. Para atravessar os EUA, você percorre 4.800 km, uma distância e tanto, já o Reino Unido você atravessa num piscar de olhos. Você precisa então de uma jornada mais longa. Por acaso, da Escócia a Londres a minha viagem demorava oito, nove horas. Eu fazia muito esse percurso, ida e volta.

O trecho de Londres a Liverpool levava quatro horas. Às vezes, dávamos uma paradinha em Liverpool para descansar um pouco. Mais quatro ou cinco horas até Glasgow e dobrávamos à esquerda. Partindo da Escócia, sempre era divertido descer ao sul pelo condado de Cúmbria, especialmente à luz do dia. Kendal fica em Lake District, mas a "autoestrada de Kendal" é quase uma piada, porque Kendal é um gargalo, como qualquer um que já tentou passar por ali pode confirmar.

Tínhamos um roadie, o Mal, que afirmava adorar essa parte da viagem quando ainda faltam uns trezentos quilômetros para chegar ao destino. A intenção dos versos "*M6 south down to Liverpool/ Where they play the West Coast sound*" é fazer uma referência divertida à interação dos Beach Boys e dos Beatles. "Sailor Sam" representa outra forma de entrelaçamento. De início, com "Sailor Sam", eu só queria uma rima para Birmingham, e então pensei: "Peraí um minuto, o Sailor Sam já aparece em 'Band on the Run'". Aqui ele faz uma pontinha, uma participação especial, como num filme. E então encerrei o assunto dizendo que o Sailor Sam nunca será encontrado ("*never will be found*"). Isso amarra tudo com a sobreposição de "Band on the Run". Intertextualidade, como chamam nos círculos sofisticados. As canções estão conversando entre si.

E o intercâmbio é transatlântico. "*Spend a day upon the motorway/ Where the carburettors blast/ Slow down driver, wanna stay alive/ I want to make this journey last*". O carburador vem indiretamente de Chuck Berry, o pioneiro no que você pode chamar de "erotismo" do automóvel, especialmente na canção "No Particular Place to Go". O que estou querendo dizer, eu acho, é que, para certas pessoas, "carburador" não é uma palavra que elas esperariam encontrar numa canção. Mas é uma palavra legal, não é? Car-bu-ra-dor. Mecânica não é o meu forte, por isso acho que essa é a única peça do motor de que já ouvi falar! E uma das sílabas é "car", ou "carro", em inglês.

Seja como for, a ideia de fazer uma canção de estrada no contexto da Inglaterra foi um desafio, mas recompensador. E me agrada a ideia de que uma canção como essa continue rodando. E, na verdade, eu ainda tenho a Helen Wheels. Ela está em plena forma. Essas coisas são feitas para durar.

À esquerda: Sessões de gravação do álbum *Band on the Run*. Lagos, Nigéria, 1973

À direita: Ao volante de Helen Wheels, fotografado pela filha Mary. Em casa, Sussex, 2020

HELEN WHEELS.

① Said farewell to my last hotel
It never was much kind of abode,
Glasgow town never brought me down
When I was heading out on the road
Carlisle city never ~~seemed~~ looked so pretty
And the Kendal freeway's fast.
Slow down driver, want to stay
                                    alive

I want to make this journey last

CHORUS.   Helen — ~~Helen~~ hell on Wheels
Aint nobody else gonna know the
way she feels
  . Helen — hell on Wheels
And they never gonna take her away
② M6   south down to Liverpool
where they play the west coast sound
Sailor Sam came from Birmingham
But he never will be found.
Doing fine when a London sign
greets me like a long lost friend,
Mr. motor wont you check her
out, she's got to take me back
                              again.

CHORUS
    Helen Wheels

and they never gonna take her away...
③ Got no time for a rum + lime
    I wanna get my right foot down
Shake some dust off of this
                            old bus
2 Gotta get her out of town
Spend 2 the day upon the motorway
Where the carburettors blast
Slow down driver, wanna stay
alive,
    2 want to make this journey
last

Chorus HELEN —

Helter Skelter

COMPOSITORES   Paul McCartney e John Lennon
ARTISTA   The Beatles
GRAVAÇÃO   Abbey Road Studios, Londres
LANÇAMENTO   *The Beatles*, 1968

When I get to the bottom I go back to the top
   of the slide
Where I stop and I turn and I go for a ride
Til I get to the bottom and I see you again
Yeah, yeah, yeah

Do you, don't you want me to love you?
I'm coming down fast but I'm miles above you
Tell me, tell me, tell me, come on, tell me the
   answer
Well you may be a lover but you ain't no dancer

Helter Skelter
Helter Skelter
Helter Skelter

Will you, won't you want me to make you?
I'm coming down fast but don't let me break you
Tell me, tell me, tell me the answer
You may be a lover but you ain't no dancer
Look out

Helter Skelter
Helter Skelter
Helter Skelter
Look out, 'cause here she comes

When I get to the bottom I go back to the top
   of the slide
And I stop and I turn and I go for a ride
And I get to the bottom and I see you again
Yeah, yeah, yeah

Well do you, don't you want me to make you?
I'm coming down fast but don't let me break you
Tell me, tell me, tell me your answer
You may be a lover but you ain't no dancer
Look out

Helter Skelter
Helter Skelter
Helter Skelter

Look out
Helter Skelter
She's coming down fast
Yes she is

PETE TOWNSHEND DECLAROU NA IMPRENSA MUSICAL QUE O THE Who tinha acabado de gravar a coisa mais barulhenta, mais suja e mais rock de todos os tempos. Adorei essa descrição, então entrei no estúdio e disse ao pessoal: "Vamos ver o quanto a gente consegue ser barulhento e estridente. Vamos fazer os ponteiros dos decibéis atingirem o ápice".

Muita gente nos Estados Unidos ainda não sabe o que significa "*helter skelter*". Eles imaginam que é um tipo de montanha-russa. Na verdade, é uma espécie de tobogã construído em forma espiral em torno de uma torre. Brincamos nele um montão de vezes na infância. Você sobe as escadas por dentro, pega um tapete - tipo um saco de estopa -, senta em cima dele, desce escorregando e sobe de novo. Eu usava isso como um símbolo da vida. Num instante estamos lá em cima, no outro, lá embaixo. Alternamos momentos de euforia e de tristeza. Essa é a natureza da vida. As estrofes se inspiram na canção da Falsa Tartaruga de *Alice no País das Maravilhas*:

O badejo indagou ao caracol: "Quer andar mais rapidinho?
Tem alguém na minha cola, é o senhor golfinho.
Com que ânsia lagostas e tartarugas avançam!
Na praia de seixos, quem vai se juntar à dança?
Vai ou não vai, vai ou não vai se juntar à dança?
Vai ou não vai, vai ou não vai se juntar à dança?"

John e eu amávamos Lewis Carroll e o citávamos com frequência. Versos como "*She's coming down fast*" têm um componente sexual, talvez um pequeno elemento de droga também. Um pouco mais sombrio.

Mas as coisas ficaram mesmo sombrias quando Charles Manson, um ano depois, sequestrou a canção. Ele pensava que os Beatles eram os Quatro Cavaleiros do Apocalipse e começou a ler tudo isso nas letras. Tudo que é tipo de significado secreto. Aparentemente, ele leu em "Helter Skelter" o inferno. Fiquei sem tocar a canção em shows durante muitos anos após Sharon Tate e outras pessoas terem sido assassinadas pelos seguidores de Charles Manson. Tudo foi muito distorcido.

Só continuávamos interessados numa distorção: a sonora. E podíamos criá-la com as técnicas desenvolvidas com os grandes engenheiros do Abbey Road. O processo de gravação de "Helter Skelter" foi interminável, uma façanha de resiliência. Tanto que Ringo, ao final, gritou que estava com bolhas nos dedos. Foi um tipo de sessão daquelas. "Ardemos no inferno" durante as gravações, e talvez por isso Manson tenha detectado algo infernal nela. A canção às vezes tem sido creditada como o início do heavy metal. Não sei se é o caso, mas com certeza a música anterior ao rock, a música dançante, suave e romântica, tornou-se página virada. E esta canção ajudou a virar essa página.

Ano após ano, procurei a faixa do The Who à qual Pete Townshend se referiu. Inclusive perguntei a Pete sobre isso, e ele não consegue se lembrar. Talvez fosse "I Can See for Miles". A coisa mais barulhenta, suja e rock de todos os tempos? Nunca ouvi canção alguma do The Who que fosse tão barulhenta e suja quanto ela era na minha imaginação.

HELTER SKELTER.

DO YOU DONT YOU WANT ME TO LOVE YOU
I'M COMING DOWN FAST BUT I'M MILES ABOVE YOU
                              COME ON TELL ME
TELL ME TELL ME TELL ME THE ANSWER
WELL YOU MAY BE A LOVER BUT YOU AINT NO DANCER
LOOK OUT HELTER SKELTER   HELTER SKELTER
            "   "   YEAH

WHEN I GET TO THE BOTTOM I GO BACK TO THE TOP OF THE
AND I STOP AND I TURN AND I GIVE YOU A THRILL   HILL
       TILL I SEE YOU AGAIN

DO YOU DONT YOU WANT ME TO MAKE IT
I'M LOVING YOU BABY AND I CANT FAKE IT
TELL ME TELL ME TELL ME THE ANSWER
YOU MAY BE A LOVER BUT YOU AINT NO DANCER
LOOK OUT HELTER SKELTER. ++

Rascunho de letra
transcrita por Mal Evans
com notas de Paul, 1968

HELTER SKELTER

Do you Dont you WANT ME TO LOVE YOO
IM COMING DOWN FAST BUT IM MILES ABOVE YOO
TELL ME TELL ME THE ANSWER
YOU MAY BE ALOVER BUT YOU AINT NO DANCER
LOOK OUT   HELTER SKELTER — REPEAT

WHEN I GET TO THE BOTTOM, I GO BACK TO THE TOP
OF THE HILL (RIDE)
AND I STOP AND I TURN AND I GIVE YOU A
THRILL —

TILL I SEE YOU AGAIN.

| 1st VERSE |
| CHORUS |
| 2nd VERSE |
| CHORUS |
| MIDDLE |
| SOLO |
| CHORUS |
| MIDDLE |

Her Majesty

COMPOSITORES Paul McCartney e John Lennon
ARTISTA The Beatles
GRAVAÇÃO Abbey Road Studios, Londres
LANÇAMENTO *Abbey Road*, 1969

Her majesty's a pretty nice girl
But she doesn't have a lot to say
Her majesty's a pretty nice girl
But she changes from day to day

I wanna tell her that I love her a lot
But I gotta get a belly full of wine
Her majesty's a pretty nice girl
Someday I'm gonna make her mine
Oh yeah someday I'm gonna make her mine

Acima: Com Linda e Sua Majestade, a Rainha, no evento "An Evening for Conservation". Royal Albert Hall, Londres, 13 de dezembro de 1982

L Á ESTÁ VOCÊ SENTADO COM O VIOLÃO, SÓ PARA SE DIVERTIR, E então tem uma ideiazinha, que às vezes é suficiente para acabar como uma "grande" canção. "Her Majesty" era só um pequeno fragmento, e eu não sabia direito o que fazer com ele. É engraçado tratar a rainha como se ela fosse só uma jovem legal e não se preocupar com o fato de que ela se tornaria a monarca com o mais longo reinado no Reino Unido ou de que ela era rainha da nação. Tem um quê de petulância. "*Her majesty's a pretty nice girl/ But she doesn't have a lot to say*" - parecia ser verdade que Sua majestade era uma garota legal, mas não tinha muito a dizer. Ela é de poucas palavras - apenas o discurso anual da rainha no Natal e na abertura do Parlamento.

Por mais leve que fosse a canção, gostei dela, por isso a levei à sessão. Acho que estávamos no segundo lado do que se tornaria o *Abbey Road*, e não sabíamos onde colocá-la. Foi apenas por acidente que ela acabou se concretizando, e pensamos: "Bem, na verdade, é uma boa ideia". Seria uma reflexão tardia, um olhar um pouco irreverente sobre a monarquia, sob o prisma de um moço de quase 30 anos.

O detalhe é que tive o prazer de conhecer a rainha ao longo dos anos. Acho que parte do segredo por trás da popularidade dela, ao menos para a minha geração, envolvia o fato de ela ser muito atraente. Em 1953, quando ela foi coroada, eu tinha 10 anos, e ela, uns 27, por aí. E então, de nosso jeito moleque, a admirávamos muito. Ela era uma bela mulher, como uma estrela de cinema de Hollywood.

Mais tarde, quando nos tornamos os Beatles, nós a conhecemos em uma apresentação oficial; acho que pode ter sido a *Royal Command Performance*, no London Palladium, em 1963. Dizem que, se ela parar, você pode dirigir a palavra a ela, mas se ela não parar, não tente convencê-la a isso. Você deve chamá-la de "senhora". "Sim, senhora." Eis que ela parou e disse: "Onde será o próximo show de vocês?". Respondi: "Em Slough, senhora". Ela disse: "Ah, é bem pertinho de nós". Ela fazia uma gracinha assim. É pertinho do Castelo de Windsor.

Mais tarde, ela veio inaugurar oficialmente o LIPA – o Instituto de Artes Cênicas de Liverpool –, a escola de artes cênicas que ajudei a fundar na minha antiga escola de ensino médio. Ela cortou a fita muito amavelmente. Então, quando eu a encontro hoje em dia, ela me indaga sobre o assunto: "Como está sua escola em Liverpool?". E eu digo: "Está indo muito bem, senhora".

Eu a acho sensacional. Tenho muita admiração por ela. Eu a considero sensata e inteligente. Ao contrário de outros monarcas sobre os quais lemos na história, ela é bastante direta. E ela também tem senso de humor. A cerimônia de abertura das Olimpíadas com o lance do James Bond foi ótima. Daniel Craig vai buscá-la no palácio, eles entram num carro, depois num helicóptero, e aí, ao vivo nas Olimpíadas, você vê uma pessoa vestida com a mesma roupa pulando de paraquedas. Foi engraçado. Ela adora um pouquinho de *showbiz*.

Muitas vezes eu acho que ela é a cola que mantém a nação unida. A Commonwealth não é mais o império, mas uma congregação de pessoas, e todos gostam dela. Fiquei muito feliz quando ela se tornou a monarca britânica de mais longo reinado. Ela é um excelente exemplo a ser seguido, cumprindo o seu cargo, mostrando sensatez. Enfrenta muitos desafios e tira de letra.

Uma vez cantei esta canção para a rainha. Não sei como te revelar isso, mas ela não teve muito a dizer.

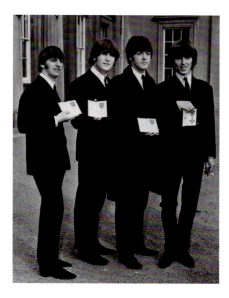

Extrema esquerda: *The Queen getting a joke*, quadro pintado por Paul, 1991

À esquerda: Os Beatles com suas medalhas de MBE (Membro da Ordem do Império Britânico, do inglês *Member of the Order of the British Empire*). Palácio de Buckingham, Londres, 26 de outubro de 1965

À direita: Recebendo da Rainha a Ordem dos Companheiros de Honra. Palácio de Buckingham, Londres, 4 de maio de 2018

Here, There and Everywhere

COMPOSITORES Paul McCartney e John Lennon
ARTISTA The Beatles
GRAVAÇÃO Abbey Road Studios, Londres
LANÇAMENTO *Revolver*, 1966

To lead a better life
I need my love to be here

Here, making each day of the year
Changing my life with a wave of her hand
Nobody can deny that there's something there

There, running my hands through her hair
Both of us thinking how good it can be
Someone is speaking, but she doesn't know
    he's there

I want her everywhere
And if she's beside me I know I need never care
But to love her is to need her

Everywhere, knowing that love is to share
Each one believing that love never dies
Watching her eyes and hoping I'm always there

I want her everywhere
And if she's beside me I know I need never care
But to love her is to need her

Everywhere, knowing that love is to share
Each one believing that love never dies
Watching her eyes and hoping I'm always there

I will be there and everywhere
Here, there and everywhere

PENSE EM "ANYTHING GOES". ESSA CANÇÃO DE COLE PORTER TEM uma seção preliminar que aparentemente nada tem a ver com ela:

Times have changed
And we've often rewound the clock
Since the Puritans got the shock
When they landed on Plymouth Rock

Ao criar a letra de "Here, There and Everywhere", tentamos espelhar as aberturas de canções antigas, nossas favoritas, que tinham preâmbulos completamente desconexos. É isso que está por trás dos versos: "*To lead a better life/ I need my love to be here*".

O que eu mais aprecio nesta canção é que pensamos que estamos caminhando numa trilha no meio da charneca e de repente voltamos ao ponto de partida. Não é como se estivéssemos andando em círculo. É bem mais mágico do que isso. É que chegamos a outro ponto de partida. Você consegue avistar de onde veio e definitivamente não está lá. Está num novo lugar, embora tenha o mesmo cenário. Desse truque eu sempre gostei.

Mas, em termos de circularidade, é difícil não reconhecer o fato de que "Here, There and Everywhere" teve como influência mais imediata a canção "God Only Knows", do álbum *Pet Sounds*, dos Beach Boys. O mais interessante é que "God Only Knows", por sua vez, teve como inspiração as inúmeras audições de nosso álbum *Rubber Soul* por Brian Wilson.

O meu verso predileto é: "*Changing my life with a wave of her hand*". Hoje eu olho para esse verso e me pergunto de onde é que ele veio. O que significa isso? Será que pensei na rainha acenando da carruagem real? Ou só no poder das pequenas coisas. No poder de fazer quase nada. Ela faz um simples aceno de mão, e a minha vida se transforma. Isso sintetiza muita coisa.

Então, hoje, quando eu a canto, eu olho para trás e penso: "O moleque não é ruim". Na verdade, se me perguntassem, eu diria que "Here, There and Everywhere", de todas as minhas canções, é a minha favorita.

HERE , THERE, and EVERYWHERE.

To lead a better life, I need my love to be ~~here~~ HERE

Here,
            making each day of the year
Changing my life with a wave of her hand,
Nobody can deny that there's something there

there
            Running my hands through her hair,
Both of us thinking how good it can be
                                    know we're there
Someone is speaking, but she ~~doesn't seem to care~~

    want
I ~~need~~ her everywhere

    AND IF
(as long as) she's beside me, I know I need

But
~~I~~ love her is to need her everywhere
            never care

Knowing that love is to share.
Each one believing that love never dies
Watching her eyes and (hoping she's always
                                    here [NEAR]
            hoping I'm always there) [THERE]

        ETC.

BEATLE PLANS FOR NINETEEN SIXTY-SIX

During early April the Beatles wrote and rehearsed no less than sixteen new songs. The rest of the month and part of May were spent in their London recording studio putting them on tape ready to be made into a new single record and new L.P. album. The album - as yet untitled - is not likely to be issued before August. The single "PAPERBACK WRITER" + "RAIN" - will be in the shops on Friday June 10. To hear it before this date you should send a request on a postcard to at least one of the Radio request programmes or Radio Stations as they are issued with a copy in advance.

"PAPERBACK WRITER" has Paul singing the main verses and John and George joining him on the chorus segments.

"RAIN" is a very simple song featuring John with Paul and George joining in on falsetto chorus parts.

The Beatles will play a short series of concerts in Germany during the final week of June. The schedule is as follows:

June 24 - Munich - Circus Kroner   )
June 25 - ESSEN - Grughalle   }- two performances each date
June 26 - HAMBURG - Ersst Merk Halle   )

Appearing with the Beatles on each of these dates in Germany will be Cliff Bennett & The Rebel Rousers.

On June 27 the Beatles will fly direct from Hamburg to Tokyo for further concert dates in Japan and then on to the Phillippines for two concerts in Manila. The dates are as follows:

June 30)
July 1 } -- Budo Kan Theatre Tokyo -- one performance on each date
July 2)

July 4)--- National Football Stadium Manila - two performances

In the middle of August the Beatles will depart from London for a slightly extended repeat of last year's concert tour of America and Canada. The tour will open on Friday August 12 at the International Amphitheatre in Chicago. Then the rest of the schedule reads like this

August 13 : Detroit Olympic Stadium Michigan
August 14 : Louisville Fairground Stadium
August 15 : Washington Stadium
August 16 : Philadelphia Stadium
August 17 : Toronto Maple Leaf Gardens
August 18 : Boston Fenway Park
August 19 : Memphis Coliseum
August 20 : Cincinatti Crosley Field
August 21 : St. Louis Busch Stadium
August 23 : New York Shea Stadium
August 25 : Seattle Municipal Stadium
August 28 : Los Angeles Dodge Stadium
August 29 : San Fransisco

The above details are included so that if you have a pen-pal living in a country mentioned you can send them on. The club is unable to give information of where tickets may be obtained for overseas performances.

For flight details please ring the fan club at COVent Garden 2332 nearer the time of the tours.

It is unlikely that the Beatles' third film will go into production until the group returns from America. To date The Beatles and their producer Walter Shenson have not chosen a script.

Towards the end of the year Brian Epstein has confirmed that the Beatles will definately undertake a British concert tour, but dates and cities will not be announced until much nearer the time.

Here Today

COMPOSITOR   Paul McCartney
ARTISTA   Paul McCartney
GRAVAÇÃO   AIR Studios, Londres
LANÇAMENTO   *Tug of War*, 1982

And if I said
I really knew you well
What would your answer be?
If you were here today
Here today

Well knowing you
You'd probably laugh and say
That we were worlds apart
If you were here today
Here today

But as for me
I still remember how it was before
And I am holding back the tears no more
I love you

What about the time we met?
Well I suppose that you could say that
We were playing hard to get
Didn't understand a thing
But we could always sing

What about the night we cried?
Because there wasn't any reason left
To keep it all inside
Never understood a word
But you were always there with a smile

And if I say
I really loved you
And was glad you came along
Then you were here today
For you were in my song
Here today

Acima: Com John Lennon durante a sessão de fotos para a capa do álbum *Abbey Road*. Abbey Road Studios, Londres, 8 de agosto de 1969

UMA CANÇÃO DE AMOR PARA JOHN, COMPOSTA LOGO APÓS A sua morte. Fiquei me lembrando de coisas sobre o nosso relacionamento e sobre as milhões de coisas que tínhamos feito juntos, desde ficar de boa nas salas ou nos quartos de nossas casas até andar na rua juntos ou pegar carona – longas jornadas juntos que nada tiveram a ver com os Beatles. Fiquei pensando em tudo isso no que então era o meu estúdio de gravação em Sussex. Antes de ser transformado em estúdio, era só uma casinha com um pequeno cômodo no andar de cima, com assoalho de tábuas de madeira e paredes nuas, e lá estava eu com o meu violão, então me sentei ali e comecei a compor.

Tudo começou, como muitas vezes acontece, com a descoberta de algo legal no violão, nesse caso, um acorde adorável. Simplesmente encontrei esse acorde e continuei a partir dele; ele era o cais de onde eu parti com meu barco para terminar a canção.

Tem um verso que na verdade não é para ser entendido ao pé da letra: "*Well knowing you/ You'd probably laugh and say/ That we were worlds apart*". Estou me referindo ao lado mais cínico de John, mas não creio que houvesse essa distância entre nós.

"*But you were always there with a smile*" – isso era bem a cara de John. Se você discutia com ele, e a coisa ficava um pouco tensa, ele só tirava os óculos e dizia: "Só sou eu", e depois recolocava os óculos, como se eles fizessem parte de uma identidade completamente diferente.

"*What about the night we cried?*". A noite em que choramos foi em Key West, em nossa primeira grande turnê nos Estados Unidos, quando um furacão estava chegando e tivemos que cancelar um show em Jacksonville. Tivemos que nos recolher por uns dias em nosso quartinho de hotel em Key West, nos embriagamos e choramos porque nos amávamos tanto. Ontem eu estava conversando com alguém que me contou que, quando ele chorava, seu pai dizia: "Meninos

À esquerda: John Lennon nas sessões de gravação do álbum *The Beatles*. Abbey Road Studios, Londres, 1968

Acima: Estação de metrô Leicester Square, Londres, 9 de dezembro de 1980

não choram. Não faça isso". Meu pai não era assim, mas em geral a atitude era: pessoas do sexo masculino não choram. Acho que hoje se reconhece que isso é uma coisa perfeitamente normal, e eu costumo dizer: "Deus não nos daria lágrimas se não fosse para chorarmos".

Recentemente, ouvi em algum lugar: "Por que os homens não podem dizer 'eu te amo' um ao outro?". Hoje isso não é tão verdadeiro quanto nas décadas de 1950 e 1960, mas certamente quando estávamos crescendo você tinha que ser gay para dizer isso a outro homem, então essa postura bitolada gerou um pouco de sarcasmo. Se você falasse algo piegas, alguém tinha que caçoar disso, nem que fosse para amenizar o constrangimento na sala. Mas a saudade pulsa nos versos: "*If you were here today*" e "*I am holding back the tears no more*", porque foi muito emocionante compor esta canção. Ali estava eu, sentado naquela sala vazia, pensando em John e percebendo que eu o havia perdido. E foi uma perda poderosa, então ter uma conversa com ele numa canção foi uma forma de consolo. De certa forma, eu estava com ele de novo. "*And if I say/ I really loved you*" – pronto, agora está dito. Coisa que eu nunca teria falado para ele.

É uma experiência muito intensa tocar esta canção num show. Só violão e voz. No show atual, eu faço "Blackbird" e depois "Here Today", e estou lá no meio de uma grande arena com todas essas pessoas, e muitas delas estão chorando. É sempre um momento muito emotivo, nostálgico e tocante.

And it's always the same hard luck story. If our Mother was here....
Mother: Now, now, that's enough. Are you seeing Abie tonight?
Norma: Yes, he's picking me up at half seven.
Mother: I don't know where he gets the money from, what with the car, and all these little presents.
Norma: His dad's a wholesale.
Mother: A wholesale what?
Norma: He never told me, he's not a one for talking.
[Enter Tony] (Exit Mother laughing) Did you see Abie's car, Tony?
Tony: How could I, I've only been down the hall? You'd think it was 10 days camel ride.
Norma: There's no need to be sarcastic, sonny!
Tony: Just because you're patronising every that crawls into the county, it doesn't mean that you....
Norma: .... you little What the Hell!
Knock Knock
Oh, lor if he heard that — "Come in Abraham."
Abraham: Is anybody home?

Tony: No, we've gone out for the night.
Abie: Ho, Ho. Enter left unwanted Abraham, Ho.
Norma: [gushing] He's only joking, aren't you Tony.
Tony: Yes, and a bunch of toast.
Abie: Well Norma, are you ready?
Norma: Coming. (Exit)
Tony: Did you see that, mother? (Enter Mother)
Mother: No dear, what happened?
Tony: Oh nothing startling, it's just the way she lugs that poor runt along. He's a mug not to see through her. It doesn't take much to see what she's after. I should have thought it was as plain as the nose on his face.
Mother: I thought she rather liked him.
Tony: Liked him? She likes him like Abie likes bacon.
[Knock, Knock] [Enter Mrs. Penn]
What is it this time, Penn?
Penn: I wondered if your ma had such a thing as a cup of sugar, I seem to have left it off me list.
Mother: Tony, see if you can find some. Here, take Mrs. Penn's cup. [Tony exit]
Penn: Thanks, luv. [slight pause] ...and how's

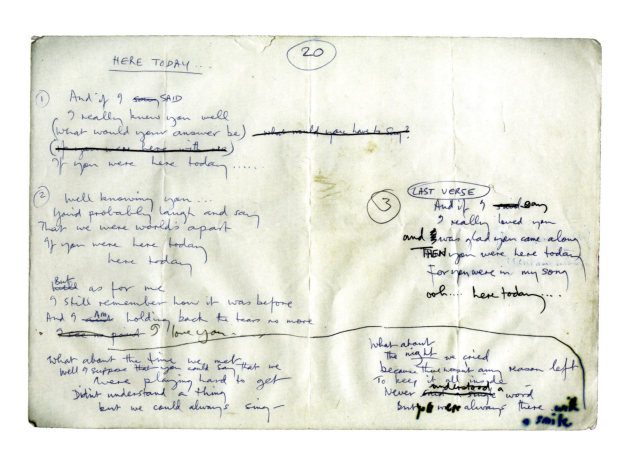

HERE TODAY... 20

(1) And if I SAID
I really knew you well
(What would your answer be)
If you were here today......

(2) Well knowing you...
You'd probably laugh and say
That we were worlds apart
If you were here today
here today

But as for me
I still remember how it was before
And I AM holding back the tears no more
I love you.

What about the time we met
Well I suppose you could say that we
were playing hard to get
Didn't understand a thing
but we could always sing —

(3) LAST VERSE
And if I
I really loved you
and I was glad you came along
THEN you were here today
for you were in my song
ooh.... here today....

What about
the night we cried
because there wasn't any reason left
To keep it all inside
Never understood a word
But you were always there with a smile

À esquerda, ao alto: História escrita com John Lennon, final dos anos 1950

Acima: Com George Harrison, John Lennon e Stuart Sutcliffe. Indra Club, Hamburgo, 1960

À direita: Com John Lennon. Trident Studios, Londres, 1968

Hey Jude

COMPOSITORES   Paul McCartney e John Lennon
ARTISTA   The Beatles
GRAVAÇÃO   Trident Studios, Londres
LANÇAMENTO   Single, 1968
Hey Jude, 1970

Hey Jude, don't make it bad
Take a sad song and make it better
Remember to let her into your heart
Then you can start to make it better

Hey Jude, don't be afraid
You were made to go out and get her
The minute you let her under your skin
Then you begin to make it better

And anytime you feel the pain
Hey Jude, refrain
Don't carry the world upon your shoulder
For well you know that it's a fool
Who plays it cool
By making his world a little colder

Hey Jude, don't let me down
You have found her, now go and get her
Remember to let her into your heart
Then you can start to make it better

So let it out and let it in
Hey Jude, begin
You're waiting for someone to perform with
And don't you know that it's just you
Hey Jude, you'll do
The movement you need is on your shoulder

Hey Jude, don't make it bad
Take a sad song and make it better
Remember to let her under your skin
Then you begin to make it better
Better, better, better, better, better

Hey Jude

A PRIMEIRA VEZ QUE EU TOQUEI ESTA CANÇÃO PARA JOHN E YOKO FOI no chamado "Piano Mágico", na minha sala de música. Eu estava sentado ao piano, e eles estavam em pé, atrás de mim, quase em meu ombro. Então, quando cantei *The movement you need is on your shoulder*", imediatamente me virei para John e falei: "Não se preocupe, vou mudar isso", e ele me olhou bem sério e disse: "Não vai, não. É o melhor verso da letra". Então, esse verso que eu ia jogar fora teve que ficar. É um ótimo exemplo de como funcionava a nossa colaboração. Foi tanta a firmeza dele em manter aquele verso que hoje, quando eu canto "Hey Jude", eu sempre penso em John, e para mim esse acabou se tornando um ponto emocional da canção.

Era um momento delicado, claro, porque eu nem tenho certeza se ele sabia na época que a canção era para o filho dele, Julian. A canção se originou no dia em que viajei para visitar Julian e a mãe dele, Cynthia. Nesse ponto, John tinha deixado Cynthia, e fui a Kenwood como amigo, para dar um oi e ver como eles estavam. As pessoas insinuaram que eu gostava de Cynthia, isso é normal, mas não é o caso. Eu estava pensando em como seria difícil para Jules, como eu o chamava, aquela situação toda. O pai saindo de casa, os pais se divorciando. Começou como uma canção de encorajamento.

Em geral, o que acontece com uma canção é que ela começa num filão - nesse caso, estar preocupado com algo na vida, uma coisa específica, como um divórcio -, mas depois começa a se transformar numa criatura própria. Primeiro, o título era "Hey Jules", mas mudou rapidamente para "Hey Jude", pois achei que era um pouco menos específico. Percebi que ninguém ia saber exatamente do que se tratava, então eu poderia muito bem abri-la um pouco. Ironicamente, por um tempo John pensou que era sobre ele, sobre eu dar permissão para ele ficar com Yoko: *You have found her, now go and get her*". Até então eu não conhecia alguém chamado Jude. Mas eu gostava desse nome - em parte, acredito, por conta daquela melancólica canção do Oklahoma!, "Pore Jud Is Daid".

O que acontece a seguir é que eu começo a adicionar elementos. Quando eu escrevo *You were made to go out and get her*", entra em cena agora outro personagem, uma mulher. Portanto, agora pode ser uma canção sobre um rompimento ou um contratempo romântico. Nesse ponto, a canção deixou de ser sobre Julian. Agora pode ser sobre o relacionamento com essa nova mulher. Acho legal que minhas canções tenham elementos masculinos ou femininos que se universalizam.

E a canção ganhou outro elemento adicional: o refrão. Não era para "Hey Jude" ter essa duração, mas estávamos nos divertindo tanto improvisando no final que se transformou num hino, e a orquestração foi aumentando e aumentando, em parte porque houve tempo para isso.

Aconteceu uma coisa engraçada no estúdio durante a gravação. Achando que todos estavam prontos, eu comecei a canção, mas Ringo tinha escapulido para o banheiro. Então, durante a gravação, eu o senti passando atrás de mim, na ponta dos pés, e ele assumiu a bateria exatamente na parte que ele entrava, sem perder uma só batida. Então, enquanto estamos gravando, estou pensando "O *take* é este", e você acaba colocando um pouco mais nele. Estávamos nos divertindo tanto que deixamos escapar um palavrão na metade, quando eu cometi um erro na parte do piano. Você tem que ouvir com atenção para ouvir, mas está ali.

Depois que a mixamos, Mick Jagger ouviu o acetato original da gravação no Vesuvio Club, na Tottenham Court Road. Entreguei uma cópia ao DJ quando cheguei lá e

pedi a ele que a tocasse em algum momento da noite para ver como soava. Depois de escutá-la, Mick se aproximou e disse: "Que coisa mais incrível! É como se fossem duas canções!".

"Hey Jude" também foi o primeiro single de nossa nova gravadora Apple, e acredito que se tornou o nosso single de maior sucesso. A canção era muito longa para um single padrão de sete polegadas, então os engenheiros tiveram que fazer uns truques de estúdio com o volume para fazê-la caber num lado, e acabou chegando ao número um nas paradas de quase todos os países. Foi divertido fundar a gravadora. O logotipo da Apple foi inspirado numa pintura de René Magritte que eu tinha comprado, e nas etiquetas dos discos da gravadora colocamos uma maçã verde Granny Smith no lado A e um corte transversal dela no lado B. Algumas pessoas pensaram que a imagem do lado B era um tanto provocante, talvez até pornográfica, mas era só um trocadilho visual com "Apple Corps".

A partir daí, a canção se tornou um destaque de nossos shows, e o refrão ganhou vida própria. Quando as pessoas me perguntam por que ainda faço turnês, digo que é por causa de momentos de interação como esse. Pode haver plateias de dezenas de milhares de pessoas ou até mesmo centenas de milhares, todas cantando, e isso é um regozijo. A letra é tão simples que qualquer um pode cantar junto!

Assim, "Hey Jude" começou com a minha preocupação com Julian e se transformou num momento de celebração. Também vejo com bons olhos o fato de que as pessoas interpretam as minhas canções a seu modo. Sempre fico feliz quando a letra é um pouco modificada. Quando as pessoas entendem mal uma parte da letra, isso mostra que elas "se apropriaram" da canção, como o pessoal diz. Deixei a canção ir. Agora ela é de vocês. Agora façam com ela o que quiserem. É como se você pudesse carregar a canção em seus próprios ombros.

Acima: Cynthia Lennon fotografada por Paul. Londres, fevereiro de 1964

À direita: Com Julian Lennon. Weybridge, 1968

Hey Jude don't make it bad,
take a sad song and make it better,
Remember to let her into your heart,
then you can start to make it better.

Hey Jude don't be afraid
You were made to go out and get her,
the minute you let her under your skin
Then you'll begin to make it better.

And any time you feel the pain
hey Jude refrain don't carry the world upon
                                    your shoulders
For well you know that's it, a fool who plays it cool
by making his (life world) a little colder.

Hey Jude, don't let me down.
She had found you now make it better
Remember to let her into your heart,
then you can start to make it better.

So let it out and let it in, hey Jude begin
You waiting for someone to perform with
+ dont you know that it's just you

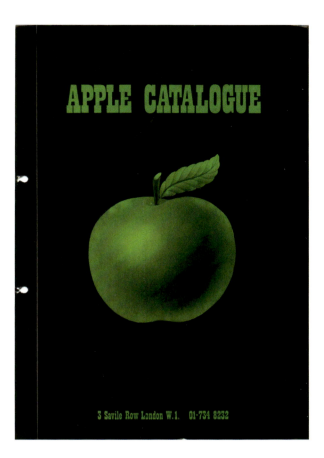

Acima, à esquerda: Com Martha, ao lado do quadro de Magritte que inspirou o logotipo da Apple. Londres, 1968

Acima, à direita: Catálogo da Apple Corps, 1968

À direita: Acetato do single de "Hey Jude", 1968

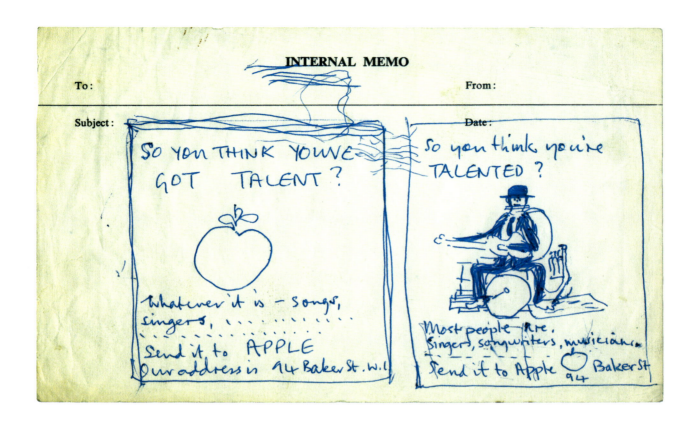

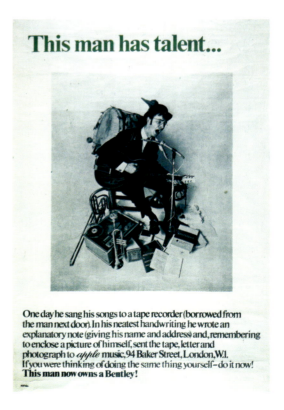

À esquerda: Ringo Starr durante as sessões de gravação do álbum *The Beatles*. Abbey Road Studios, Londres, 1968

Acima e à direita: Esboços e pôster final para anúncio da Apple Corps, 1969

Em casa com o Piano Mágico, fotografado pela filha Mary. Londres, 2018

Hi, Hi, Hi

COMPOSITORES   Paul McCartney e Linda McCartney
ARTISTA   Paul McCartney e Wings
GRAVAÇÃO   Abbey Road Studios, Londres
LANÇAMENTO   Single com duplo lado A: "Hi, Hi, Hi"/ "C Moon", 1972

Well when I met you at the station
You were standing with a bootleg in your hand
I took you back to my little place for a taste
Of a multicoloured band

We're gonna get hi, hi, hi
The night is young
I'll put you in my pocket, little mama
Gonna rock it and we've only just begun

We're gonna get hi, hi, hi
With the music on
Won't say bye-bye, bye-bye, bye-bye, bye-bye
Til the night is gone
I'm gonna do it to you, gonna do ya, sweet banana
You've never been done
We're going to get hi, hi, hi
In the midday sun

Well well take off your face
Recover from the trip you've been on
I want you to lie on the bed
Getting ready for my polygon
I'm gonna do it to you, gonna do ya, sweet banana
You've never been done
Yes so like a rabbit, gonna grab it
Gonna do it til the night is done

We're gonna get hi, hi, hi
With the music on
Won't say bye-bye, bye-bye, bye-bye, bye-bye
Til the night has gone
I'm gonna do it to you, gonna do ya, sweet banana
You've never been done

We're gonna get hi, hi, hi
We're going to get hi, hi, hi
We're going to get hi, hi, hi
In the midday sun

Hi, hi, hi
Hi, hi, hi
Hi, hi, hi
In the midday sun

O DRAMATURGO DO ABSURDO ALFRED JARRY APARECE EM ALGUMAS de minhas canções, incluindo "Maxwell's Silver Hammer". Ele era uma figuraça, e seus escritos eram muito divertidos. Conheci o trabalho dele numa produção de rádio da peça *Ubu Cocu*, continuação da mais famosa *Ubu Rei*. Isso foi na época em que estávamos compondo o material do álbum *Sgt. Pepper*. Um dos protagonistas de *Ubu Cocu* é um personagem chamado Achras, o criador de "poliedros". É por isso que utilizo o termo "polígono" nesta canção. "Hi, Hi, Hi" foi banida pelos nossos amigos da BBC por ser sexualmente sugestiva. Devem ter pensado que eu cantava *body gun* ("pistola corporal") em vez de *polygon* ("polígono"). Não sei bem ao certo qual das duas opções é mais sugestiva.

Por sinal, a ideia de "*I met you at the station*" é bem comum na tradição do blues:

Yeah, when the train left the station
It had two lights on behind
Whoa, the blue light was my baby
And the red light was my mind

Esses versos pertencem a "Love in Vain", a canção de Robert Johnson que ganhou uma cover dos Rolling Stones em 1969, três anos antes de "Hi, Hi, Hi" ser lançada.

A referência ao *bootleg* remonta à visita que recebemos em nossa fazenda na Escócia de um sujeito que veio de Norman, Oklahoma. Esse cara apareceu um dia com um LP de vinil numa sacola - feita de estopa - que era, anunciou ele, um *bootleg*, ou disco pirata. Então é provável que fosse nisso que eu estivesse pensando ao começar a canção.

Então temos a expressão "*get hi, hi, hi*", dar oi, que faz trocadilho com "*get high, high, high*", ficar alto. Devo confessar que isso tem um certo humor atrevido. É certo que a BBC pensou assim. Acontece que nessa época todo mundo estava ficando "alto" no sentido de "cha-pa-do". Todo mundo fumava maconha. Até fomos presos por cultivá-la em nossa fazenda na Escócia. Claro, também pode se referir a ficar alto com uma droga legalizada, como o álcool.

Aqui o ponto principal é que sexo e drogas são dois elementos básicos do rock'n'roll. Mais do que isso, esse é um gênero que reconhece abertamente o sexo e as drogas como diversão.

As pessoas me dizem: "Uau, meu Deus, como você faz isso?". E eu respondo: "Sexo e drogas" - o que não é verdade, estritamente falando, mas tem seu fundo de verdade. Uma das características que mantêm a vitalidade do rock'n'roll é que ele acalenta possibilidades de transgressão - ou aquilo que em geral é considerado transgressão.

As pessoas me dizem: "Uau, meu Deus, como você faz isso?". E eu respondo: "Sexo e drogas" - o que não é verdade, estritamente falando, mas tem seu fundo de verdade. Uma das características que mantêm a vitalidade do rock'n'roll é que ele acalenta possibilidades de transgressão.

À esquerda e abaixo: Capa para o single de duplo lado A, "Hi, Hi, Hi"/"C Moon", 1972

295

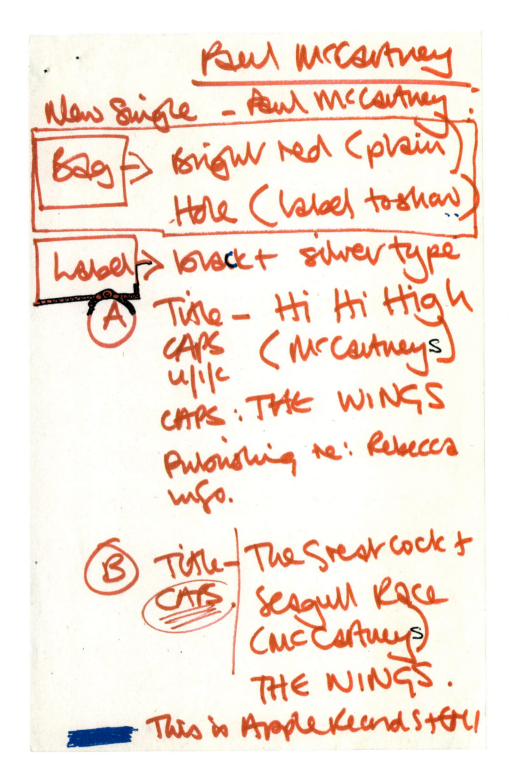

Notas para a arte do single de "Hi, Hi, Hi" e o lado B originalmente planejado, "The Great Cock and Seagull Race", 1972

Well —
    when I met you at the station
You were standing with a bootleg in your
                                    hand

Drove you back to my little place
For a taste of a multicolour band
were gonna get high high high
    The night is young
Put you in my pocket little mama
gonna rock it and we've only just begun

CHORUS
Were gonna get high high high
    with the music on
we won't say bye bye bye bye —
    till the night has gone
I'm gonna do it to you, gonna do you
    sweet banana
like you've never been done
    Gonna get high, high, high,
in the midday sun.

Well Take A your face, recover from the trip
                            you've been on
    I want you to lie on the bed, getting ready
for my polygon,
I'm gonna do it to you, gonna do you sweet banana
like you've never been done
+ like a rabbit gonna grab it gonna bit
                        I till the night is done

Honey Pie

COMPOSITORES Paul McCartney e John Lennon
ARTISTA The Beatles
GRAVAÇÃO Trident Studios, Londres
LANÇAMENTO *The Beatles*, 1968

She was a working girl
North of England way
Now she's hit the big time in the USA
And if she could only hear me
This is what I'd say

Honey Pie, you are making me crazy
I'm in love but I'm lazy
So won't you please come home?

Oh Honey Pie, my position is tragic
Come and show me the magic
Of your Hollywood song

You became a legend of the silver screen
And now the thought of meeting you
Makes me weak in the knee

Oh Honey Pie, you are driving me frantic
Sail across the Atlantic
To be where you belong
Honey Pie, come back to me

Will the wind that blew
Her boat across the sea
Kindly send her sailing back to me?

Now Honey Pie, you are making me crazy
I'm in love but I'm lazy
So won't you please come home?
Come, come back to me, Honey Pie

Honey Pie
Honey Pie

"**N**ÃO SABE CANTAR. NÃO SABE ATUAR. FICANDO CARECA. Sabe dançar um pouquinho." Sempre gostei dessa citação de quando Fred Astaire fez o teste de ator. Fred é uma espécie de inspiração para mim e, às vezes, quando estou cantando, finjo que sou ele para conseguir aquela "vozinha". Isso me ajuda a chegar a um lugar bem particular. Às vezes encarno Fats Waller, e isso me ajuda a chegar a outro lugar.

Com certeza absoluta pensei em Fred e em toda a indústria do cinema quando eu estava compondo "Honey Pie". Eu me apaixonei não só por Fred, mas por todos aqueles outros maravilhosos cantores que ouvi na minha infância. Por exemplo, ainda me lembro de estar na cozinha na Forthlin Road e ouvir "When I Fall in Love", de Nat King Cole. Naquela hora estendi o braço para pegar o frasco de molho HP e fiquei pensando: "Meu Deus, isso é bom".

Se eu tivesse que escolher alguém, eu ficaria muito feliz em ser considerado um canalizador de Nat King Cole, Fats ou Fred. Não acho que alguém possa negar a ideia de ser um médium. Sem sombra de dúvida, "Yesterday" me veio num sonho, então tenho certeza que canalizei muitas outras canções.

"Honey Pie", nesse sentido, é um retorno aos anos 1930 ou mesmo aos anos 1920, a era das "melindrosas" e de Hollywood ("*You became a legend of the silver screen*"). Como sempre, foi muito divertido usar efeitos sonoros. Os engenheiros usaram muita tecnologia de equalização para ajustar as frequências, o que dá essa pequena sensação de megafone soprano.

Às vezes, o pessoal tem a ideia de que, no final dos anos 1960, o foco no trabalho em estúdio começou a cobrar seu custo, impedindo os Beatles de fazer shows. É exatamente o contrário. As apresentações ao vivo estavam nos afastando das gravações. Quando estávamos no estúdio, éramos quatro artistas, além de George Martin e um engenheiro. Aliás, seis artistas fazendo algo de modo diligente e meticuloso, se divertindo muito e com muita liberdade artística. Na estrada, era diametralmente o oposto. Éramos enfiados num carro ou quarto de hotel, sufocados num elevador ou presos no meio da multidão ensandecida.

O catalisador para a mudança de tocar ao vivo para focar no estúdio foi a nossa experiência no Candlestick Park, em São Francisco, quando todos nós ficamos completamente fartos. Normalmente era eu que fazia o contraponto otimista: "Não se preocupem, rapazes. Vai se dissipar. Vamos dar um jeito". Mas, no final, acabei concordando com os outros três e me irritando como eles. Fomos enfiados num desses caminhões-baú de transportar carne e deslizamos como gado num vagão de carga enquanto éramos retirados do Candlestick Park. Essa foi a gota d'água. Foi o nosso último show.

Honey Pie.

① Honey Pie, you are doiving me frantic
Sail across the Atlantic
To be where you belong.

② Honey Pie my position is tragic
Come + show me the magic
Of your Hollywood song.

You became a legend of the silverscreen

① Obla dee Obla da.
③ Mother Natures Son.
⑤ Back in the USSR
⑦ Rocky Racoon
⑨ Junk.

À esquerda: Com George Martin, Ringo Starr, John Lennon e George Harrison durante as sessões de gravação do álbum *The Beatles*. Trident Studios, Londres, 1968

À direita: Com George Martin durante as sessões de gravação do álbum *The Beatles*. Abbey Road Studios, Londres, 1968

Hope of Deliverance

COMPOSITOR	Paul McCartney
ARTISTA	Paul McCartney
GRAVAÇÃO	Hog Hill Mill, Sussex
LANÇAMENTO	Single no Reino Unido, 1992
	Single nos EUA, 1993
	Off the Ground, 1993

I will always be hoping, hoping
You will always be holding, holding
My heart in your hand
I will understand

I will understand someday, one day
You will understand always, always
From now until then

When it will be right, I don't know
What it will be like, I don't know
We live in hope of deliverance
From the darkness that surrounds us

Hope of deliverance
Hope of deliverance
Hope of deliverance
From the darkness that surrounds us

And I wouldn't mind knowing, knowing
That you wouldn't mind going, going
Along with my plan

When it will be right, I don't know
What it will be like, I don't know
We live in hope of deliverance
From the darkness that surrounds us

Hope of deliverance
Hope of deliverance
Hope of deliverance
From the darkness that surrounds us

Hope of deliverance
Hope of deliverance
I will understand

Acima: Com Robbie McIntosh no set do videoclipe de "Hope of Deliverance", 1992

A LGUNS TEMAS CÓSMICOS REMONTAM A TEMPOS ANTIGOS, bem antigos. Na Bíblia, no Alcorão ou na Torá, você obtém essas ideias muito profundas que também são bastante primordiais. Uma delas é sobre como sair do escuro.

É verdade não só para nós, mas para os animais, que vivem suas vidas olhando por cima dos ombros. Acho que esse é um sentimento cósmico, o de que todos nós queremos ser libertados de algo, do escuro, e esse é um tema muito gratificante para uma canção. Você pode estar sentindo o peso de todos os problemas do mundo, então deixe-me ajudá-lo, e é assim que eu gostaria de fazer isso. Em essência, o enredo é esse.

"Libertação" ("*deliverance*"), para mim, é uma palavra religiosa, uma palavra bíblica que você ouve na igreja, e me alegra usá-la em um contexto laico - ou seja, no contexto de uma canção de amor. Queremos libertação de todas as trevas que nos cercam.

Sempre busco um pouco de paz e sossego no sótão de minha casa, e foi lá que eu escrevi esta canção. O acesso é por um alçapão com escadinha retrátil, que, depois de fechado, ninguém mais sobe. Levei um violão Martin de doze cordas comigo, com um capotasto, aquele grampo no braço da guitarra para

mudar o som. Assim, o som fica bem mais ressonante e me lembra o tilintar do Natal e das igrejas. Pode ser que tenha sido isso que me levou à ideia de esperança e libertação.

Há muitas imagens de nuvens, escuridão, luz, tochas, velas e fogueiras. É tudo muito primevo. "*We live in hope of deliverance/ From the darkness that surrounds us*" - isso pode ser qualquer coisa. Para o marinheiro no alto-mar, é literalmente a escuridão da noite e a esperança de avistar um farol. Mas, principalmente para os americanos, pode ser uma turbulência política, porque hoje em dia tudo está muito polarizado, e estamos buscando uma saída para essa escuridão. Do ponto de vista romântico, pode significar que você não está se dando bem com seu parceiro ou parceira e precisa de libertação. Que você está pensando de uma maneira e, de repente, precisa mudar. Essa mudança pode ser desencadeada por um simples interruptor em seu cérebro.

Quando estou em turnê com a minha banda, cantamos esta canção em nossos ensaios com bastante frequência. Em geral, nós a fazemos sem a bateria, como um momento acústico, com toda a banda, menos Wix Wickens, o nosso tecladista. Já o nosso baterista, Abe Laboriel, toca violão nela e canta em harmonia comigo. Realmente gostamos de interpretá-la, mas não entrou no set list principal. Pelo menos por enquanto.

Acima: Com Linda. Gravações do videoclipe de "Hope of Deliverance", 1992

À direita: Notas para o álbum *Off the Ground*, 1992

ALBUM IMAGES.

Ground. (Vid. we can all fly!)
Still. feet.

Looking. —— Still. 9 illustrations. cat, rabbit, monkey.
(Chrissie?)

Vid. holding animals (approaching cam.)

Hope. vid. religious (Sally army / cosmic.)
(Spiritual)

Mistress. Vid. hologram game operated by humans.....

hologram illustrates words of song

Still. 50's/60's.
flat with couple.

Lo it al. vid. French caves / locations mentioned in words)

Biker. Icon pic. vid. wild ones movie.

Get Out. Vid. illustrates words.

Golden Still. fish in a sunbeam
(or vid.)

Peace. neighbourhood barbacue
(veggie of course)

Cmon People ancient minstrels / tibetan monks.

Winedark. Style. Vid. ZZ top legs continuation /
spinning girl (babies?)

Long Leather illustration of story? Lichtenstein style.

House of Wax

COMPOSITOR   Paul McCartney
ARTISTA   Paul McCartney
GRAVAÇÃO   Abbey Road Studios, Londres
LANÇAMENTO   *Memory Almost Full*, 2007
    Lado B do single "Ever Present Past", 2007

Lightning hits the house of wax
Poets spill out on the street
To set alight the incomplete
Remainders of the future

Hidden in the yard
Hidden in the yard

Thunder drowns the trumpets' blast
Poets scatter through the night
But they can only dream of flight
Away from their confusion

Hidden in the yard
Underneath the wall
Buried deep below a thousand layers
Lay the answer to it all

Lightning hits the house of wax
Women scream and run around
To dance upon the battleground
Like wild demented horses

Hidden in the yard
Underneath the wall
Buried deep below a thousand layers
Lay the answer to it all

Acima: Pappy & Harriet's Pioneertown Palace. Califórnia, 13 de outubro de 2016

Q UANDO ESCREVI O LIVRO DE POEMAS *O CANTO DO PÁSSARO-PRETO* com Adrian Mitchell, eu fiz uma pequena turnê com ele e propus: "Por que não ressuscitamos aquela coisa dos anos 1960, em que a gente toca uma música ambiente enquanto recita um poema?". Ele gostou da ideia, e foi isso que fizemos.

Adrian era meu poeta favorito, e como eu o conhecia tão bem, eu vivia perguntando a ele um monte de coisas sobre poesia. Nessa época acho que eu estava tentando escrever algo mais direcionado à poesia. Estou sempre tentando me desafiar, tentando forçar um pouco meus limites, aprender coisas novas e não ficar preso à rotina. Se acabei de escrever algo bem simples, como "Isso é tão doce, baby", então é melhor não fazer outra nesse estilo imediatamente. Eu estava em estado de espírito poético.

"*Lightning hits the house of wax*" – eu me lembro de falar esse verso ao Adrian com uma ponta de orgulho. A expressão "casa de cera" evoca muitas referências. Pode ser um museu de cera como o Madame Tussauds ou um lugar onde discos são fabricados – conforme o contexto, a expressão "*put to wax*" pode significar "gravar em disco". Suponho que o "museu de cera" mais famoso seja o daquele filme de terror de 1953 homônimo, com Vincent Price – um filme realmente assustador. Eu não tinha em mente uma casa de cera específica e não creio que tenha me inspirado no abominável assassino encarnado por Price – esse simplesmente não é meu estilo –, mas gostei da ideia de uma casa de cera.

Lendo agora, com certa distância, percebo que é um primeiro verso muito ardente. Não tenho certeza se eu estava tentando dizer conscientemente: "Uau, fogo!". Você embarca numa linha de pensamentos e as coisas simplesmente vão surgindo sem a gente notar. Os poetas estão prestes a incendiar as incompletas sobras do futuro ("*To set alight the incomplete/ Remainders of the future*"). Acho que é apenas uma forma de dizer "esclarecer as coisas".

"*Hidden in the yard/ Underneath the wall/ Buried deep below a thousand layers/ Lay the answer to it all*". Ampliei isso com a imagem de mulheres gritando e correndo ao redor, como cavalos selvagens dementes ("*like wild demented horses*"). A canção em si se torna bem dramática. Eu tinha essa concepção de que as sobras do futuro ("*remainders of the future*") estavam enterradas em algum lugar do quintal, como um tesouro escondido. Ou seja: não sabemos a resposta para essas sobras inacabadas, não sabemos o que vai acontecer. Quer dizer, aqui estamos nós, no meio da crise da covid-19 e realmente não sabemos o que vai acontecer, mas já vi crianças completamente à vontade com máscaras, então essa geração de crianças vai pensar: "Todo mundo usa máscaras, não é mesmo?".

Depois do raio vem o trovão, e o trovão abafa o toque das trombetas. É como um filme; há uma espécie de trilha sonora heráldica acontecendo, e o trovão está ribombando, então é como a trilha sonora de um filme. Fiz essa composição ao piano, então não elaborei muito o arranjo enquanto estava compondo, e sim mais na hora de gravar. Eu ia pensando: "Certo, aqui vamos deixar um pouquinho mais dramático; os acompanhamentos devem ser um pouco mais dramáticos e vamos começar a aprimorar a partir daí". Nós a tocávamos ao vivo, mas tínhamos que tomar uma generosa dose de uísque e dar um tapinha na nuca para lembrar. É meio temperamental. Eu gosto de tocá-la, a banda gosta de tocá-la, e algumas pessoas na plateia gostam de ouvi-la no show.

Em geral, porém, canções como esta não perduram em seu repertório, porque você percebe que é nessas que o público dispersa para tomar uma cerveja, e você pensa: "Bem, deixe-me atraí-los de volta com 'Lady Madonna'". Fui ao show do Prince e fiquei muito triste porque ele não tocou "Purple Rain", mas ele provavelmente estava cansado de "Purple Rain". É uma grande decisão que você deve tomar como artista performático - se vai apenas seguir seus próprios caprichos: "Ok, galera, esta noite só vamos tocar acústico, e todas essas canções de que ninguém nunca ouviu falar". Quando você está diante de cinquenta mil brasileiros, tem a sensação de que essa não é a melhor coisa a fazer. Você pensa: "Sabe de uma coisa? Vamos tocar só alguns sucessos". Então é isso que eu costumo fazer, mas se estivermos num clube menor, podemos pegar coisas menos conhecidas, e canções como "House of Wax" ganham vida novamente.

Hoje em dia, ainda tocamos em espaços menores por escolha própria, quando estamos nos preparando para uma turnê ou entre um projeto e outro. Anos atrás, tocamos no Coachella, um festival de dois fins de semana no deserto da Califórnia. Você toca no sábado, tem uma semana de folga e volta no sábado seguinte. Queríamos nos manter em forma, então fizemos um show surpresa num pequeno lugar chamado Pappy & Harriet's, que fica na região da Joshua Tree, nas imediações de onde o Coachella é realizado, então nosso equipamento estava nas proximidades. Era um desses bares de beira de estrada, com música ao vivo e capacidade para trezentas pessoas. Anunciamos às pessoas no mesmo dia. Não foi um show programado, mas foi divertido.

Levamos David Hockney para nos acompanhar. Eu disse a ele: "Ah, vamos tocar nesse local, talvez você goste disso, David". E ele trouxe o iPad e ficou desenhando. É um jovem de 83 anos.

I

I Don't Know	312
I Lost My Little Girl	316
I Saw Her Standing There	324
I Wanna Be Your Man	330
I Want to Hold Your Hand	334
I Will	338
I'll Follow the Sun	342
I'll Get You	346
I'm Carrying	350
I'm Down	354
In Spite of All the Danger	358
I've Got a Feeling	364

I Don't Know

COMPOSITOR	Paul McCartney
ARTISTA	Paul McCartney
GRAVAÇÃO	Henson Studios, Los Angeles;
	Hog Hill Mill, Sussex; e Abbey Road Studios, Londres
LANÇAMENTO	Single com duplo lado A: "Come On to Me"/ "I Don't Know", 2018
	Egypt Station, 2018

I got crows at my window
Dogs at my door
I don't think I can take any more
What am I doing wrong?
I don't know

My brother told me
Life's not a pain
That was right when it started to rain
Where am I going wrong?
I don't know

But it's alright, sleep tight
I will take the strain
You're fine, love of mine
You will feel no pain

Well I see trouble
At every turn
I've got so many lessons to learn
What am I doing wrong?
I don't know

Now what's the matter with me?
Am I right, am I wrong?
Now I've started to see
I must try to be strong

I tried to love you
Best as I can
But you know that I'm only a man
Why am I going wrong?
I don't know

But it's alright, sleep tight
I will take the strain
You're fine, little love of mine
You will feel no pain

I got crows at my window
Dogs at my door
But I don't think I can take any more
What am I doing wrong?
I don't know

Now what's the matter with me?
I don't know, I don't know
What's the matter with me?
I don't know, I don't know
What's the matter with me?
I don't know, I don't know

SER PAI OU MÃE É UM NEGÓCIO INTERESSANTE. FAZEMOS NENÉNS pela pura alegria de trazer uma criaturinha ao mundo e tudo o que vem com ela. Mas, às vezes, a gente se esquece de que um dia elas vão crescer. Conheço gente que diz: "Ah, eu não gosto delas quando são nenéns. Gosto delas quando ficam um pouco mais velhas". Não concordo. Eu gosto delas quando são nenéns, mas digamos que vai ficando mais interessante à medida que crescem, porque entram na conversa outras coisas além de "gu-gu-dá-dá" e "mamã". Aos poucos, o vocabulário vai se expandindo. Às vezes, é "desafiador", como se diz, e esse foi um desses momentos.

Andei uns dias um pouco frenético com o que estava acontecendo em casa – o tipo de coisa que acontece com todos nós. É por isso que a canção começa assim: "*I got crows at my window/ Dogs at my door*"; porque era assim que eu estava me sentindo, com corvos na minha janela e cachorros na minha porta, e meio que transbordou, como quem diz: "Nossa, estou tão mal, preciso desabafar". Assim que a terminei, senti como se estivesse saindo de uma sessão de terapia.

Não é sempre que eu me sinto tão deprimido, mas, nessa ocasião, eu parecia estar carregando um verdadeiro fardo. Após uma ou duas estrofes gemendo comigo mesmo, tendo a chuva como símbolo de tristeza, então penso: "Qual é o outro lado disso? Não vai dar certo ou ainda posso encontrar um consolo?". Imagino que, na condição de pai, eu queria dizer: "Está tudo bem, vai dar certo, não se preocupe". Em seguida, temos esta seção de ponte: "*But it's alright, sleep tight/ I will take the strain/ You're fine, love of mine/ You will feel no pain*".

Portanto, isso define a ideia básica. Estou falando sobre os meus problemas, como eu faria numa canção de blues. "*Well I see trouble/ At every turn/ I've got so many lessons to learn*". Quando você está triste, está triste. Se eu vou cantar uma música sobre tristeza, levando em conta os meus gostos musicais ao longo dos anos, a coisa tende a se inclinar para o blues, a forma que serviu de base ao rock'n'roll. É uma sensação boa cantar naqueles termos. É uma sensação boa incorporar a tristeza em vez de só dizer: "Tô muito triste hoje".

Em muitos aspectos, a poesia e a música têm a ver com isso – a capacidade de projetar ou mostrar algo por meio da própria arte, de elevar todos esses tipos de emoções a um nível mais alto, exatamente como um bom professor de redação às vezes pede a você para "mostrar" em vez de apenas "contar".

Esta é uma canção que ainda não tocamos em shows, porque é um pouco complicada, e eu ando na linha tênue entre fazer música que é muito simples – rock'n'roll com três, quatro acordes, no máximo, muito minimalista – ou a música da época do meu pai, por causa das melodias e das harmonias e da sagacidade dessas canções. Eu penso nos grandes compositores dos sucessos da época de papai, como Harold Arlen, Cole Porter, os Gershwin, todos egressos dessa tradição. Nessa época, a Broadway estava no auge, e Hollywood estava no auge, então esse pessoal que se tornou adepto de inventar pequenas rimas inteligentes transformou isso numa grande tradição estadunidense.

Sempre me interessei muito por esse período, a época que talvez tenha durado até pouco depois de eu nascer, quando havia um piano em cada casa, quando existia, em muitos lares, a tradição generalizada de compor pequenas cantigas para o aniversário de alguém. Todo mundo se arriscava como compositor. Por isso, às vezes, eu me afasto dos três ou quatro acordes e tento explorar outras formações.

"I Don't Know" é uma daquelas canções em que eu acabo saindo de minha zona de conforto. Não se restringe a Dó, Fá, Sol. Também tem Lá bemol e Mi bemol. Tem um pouco mais de colorido. Se tem uma coisa de que eu gosto é tentar coisas diferentes e experimentar.

Costumo dizer que compor uma canção é como falar com um psicoterapeuta, e esta canção é exatamente isso. Sou eu expondo meus problemas e pensamentos e me perguntando o que é que estou fazendo de errado. Mas a resposta é: "Não sei".

Egypt Station II, quadro pintado por Paul

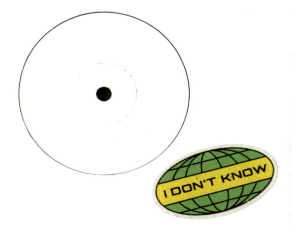

Acima: Sessões de gravação do álbum *Egypt Station*. Henson Studios, Los Angeles, 22 de fevereiro de 2016

À direita: Edição limitada do single promocional de "I Don't Know", com 7" e etiqueta branca

I Lost My Little Girl

COMPOSITOR Paul McCartney
ARTISTA Paul McCartney
GRAVAÇÃO Limehouse Studios, Londres
LANÇAMENTO *Unplugged (The Official Bootleg)*, 1991

Composta em 1956, mas só gravada em 1991

Well I woke up late this morning
My head was in a whirl
And only then I realised
I lost my little girl
Uh huh huh huh

Well her clothes were not expensive
Her hair didn't always curl
I don't know why I loved her
But I loved my little girl
Uh huh huh huh huh huh

Acima: Primórdios da banda The Quarry Men, ao lado de Arthur Kelly, George Harrison e John Lennon

NÃO É NECESSÁRIO SER UM SIGMUND FREUD PARA VOCÊ reconhecer que a canção é uma resposta muito direta à morte de minha mãe. Ela morreu em outubro de 1956, muito jovem, aos 47 anos. Escrevi esta canção naquele mesmo ano. Na época eu tinha quatorze anos.

Como o meu pai tocava trompete, eu aprendi um pouco. Desisti porque não tinha como cantar com a boquilha na boca. A questão é que a ideia de cantar me agradava e eu estava vendo muita gente entrando em cena. Quando você olha para trás e pensa nisso, o rock'n'roll estava só começando.

Já que o trompete era meio inviável no rock'n'roll, acabei com um violãozinho improvisado. Um Zenith acústico. Era um violão para destros, porque não vendiam violões para canhotos, então tive que adaptar. Virei-o para que as cordas grossas e graves ficassem nos buracos finos e as cordas finas e agudas nos buracos largos. Tive de entalhar os buracos finos para permitir que os fios grossos entrassem e, em seguida, encaixar um pedaço de palito de fósforo em cada buraco largo para que o fio fino passasse por cima. Agora eu tinha um violão para canhotos e poucos acordes no repertório – acordes muito básicos, recém-aprendidos.

Os acordes em "I Lost My Little Girl" vão de Sol a Sol maior com sétima até chegar em Dó, então temos um efeito decrescente. Eu queria que a melodia aumentasse à medida que a progressão dos acordes diminuísse. Então, eu já estava tentando pensar nessas coisas aos quatorze anos, talvez porque sempre convivi com música em casa – meu pai tocava, ou um amigo dele, ou as nossas tias, e eu provavelmente os via improvisando um pouco. Por isso, decidi: enquanto o violão estivesse baixando, o meu canto ia subir.

O verso de abertura, "*Well I woke up late this morning*", ou uma variação disso, é um elemento básico do blues americano. Não sei ao certo se eu tinha uma canção de blues em particular na minha cabeça. Era uma configuração bem familiar. Blues 101, ou seja, as 101 progressões essenciais do blues. O verso

317

"Her hair didn't always curl" me fez encolher de vergonha ao longo dos anos, mas, puxa vida, eu tinha só quatorze anos. E esse, como se diz, foi o primeiro passo.

Eu nem preciso falar, a coisa começou para valer quando eu conheci John Lennon. Fomos apresentados por um amigo em comum, Ivan Vaughan, que me levou para ver John tocar na Woolton Village Fête, na Igreja de São Pedro. O palco era um caminhão-plataforma, e eu achei que John era muito bom. Ele estava cantando "Come Go With Me", dos Del-Vikings, e eu só conhecia vagamente essa canção. Para mim ficou claro que ele também a conhecia apenas vagamente e estava inventando à medida que prosseguia. Ele cantou algo como "Vem, vem, vem, venha comigo até a penitenciária". Sem dúvida, a letra não é essa, mas ele deve ter tirado isso de Lead Belly ou de outra pessoa. Achei aquilo muito inteligente da parte dele.

John e eu então nos encontramos no intervalo entre o show diurno e o show noturno, que aconteceu no salão da igreja - e ali tinha uma pequena área de bastidores. Eu me lembro de que havia um piano e eu estava com o meu violão. Então, toquei a canção "Twenty Flight Rock", que era a minha peça festiva, e ele aparentemente ficou muito impressionado porque eu sabia a letra de cor e salteado.

Eu tive a sensação de que ele não queria realmente fazer uma parceria comigo, porque eu era um pouco mais jovem do que ele, mas ele tinha que admitir, bem, existia um pouco de talento ali.

Compareci ao show naquela noite e depois saí com Ivan e ele. A banda não era grande coisa, mas John era bom. Cerca de uma semana depois, um dos amigos de John, Pete Shotton, me alcançou quando eu estava na minha bicicleta e disse: "Querem você na banda". Fiz uma pausa e disse: "Vou pensar no assunto".

Eu não estava me fazendo de difícil. Mas eu era um mocinho precavido. Eu me perguntei se eu realmente queria fazer parte de uma banda. Era uma coisa boa ou seria melhor me dedicar aos estudos?

Para o bem ou para o mal, eu os procurei e disse: "Sim".

Eu nem preciso falar, a coisa começou para valer quando eu conheci John Lennon. Fomos apresentados por um amigo em comum, Ivan Vaughan, que me levou para ver John tocar na Woolton Village Fête, na Igreja de São Pedro. O palco era um caminhão-plataforma, e eu achei que John era muito bom.

Woolton Parish Church
Garden Fete
and
Crowning of Rose Queen
Saturday, July 6th, 1957

To be opened at 3p.m. by Dr. Thelwall Jones

PROCESSION AT 2p.m.

LIVERPOOL POLICE DOGS DISPLAY
FANCY DRESS PARADE
SIDESHOWS   REFRESHMENTS
BAND OF THE CHESHIRE YEOMANRY
THE QUARRY MEN SKIFFLE GROUP

ADULTS 6d., CHILDREN 3d.   OR BY PROGRAMME

GRAND DANCE

at 8p.m. in the Church Hall
GEORGE EDWARDS' BAND
THE QUARRY MEN SKIFFLE GROUP

Tickets 2/-

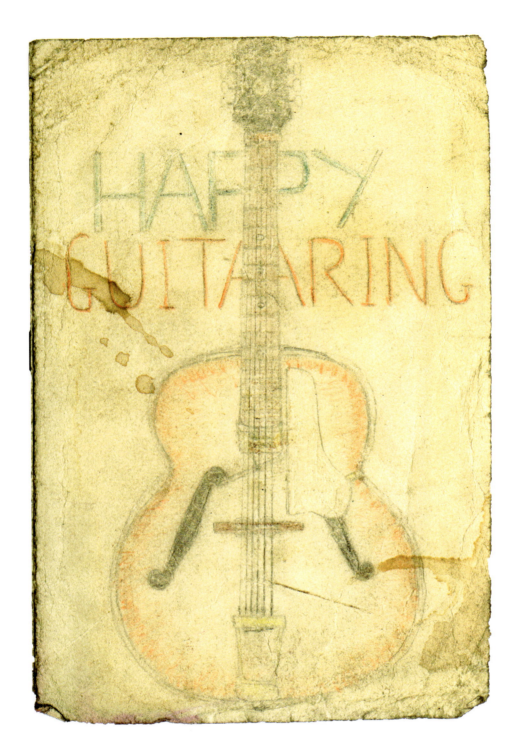

Acima: Desenho da guitarra Zenith encontrado num exemplar escolar de *Hamlet*, final dos anos 1950

À direita: Com Ivan Vaughan. Londres, 1968

Tocando a guitarra acústica Zenith no set do videoclipe de "Early Days". Los Angeles, 5 de março de 2014

I Saw Her Standing There

COMPOSITORES   Paul McCartney e John Lennon
ARTISTA   The Beatles
GRAVAÇÃO   Abbey Road Studios, Londres
LANÇAMENTO   *Please Please Me*, 1963
    Lado B do single "I Want to Hold Your Hand" nos EUA, 1963
    Introducing... The Beatles, 1964

Well she was just seventeen
You know what I mean
And the way she looked was way beyond compare
So how could I dance with another
Ooh when I saw her standing there

Well she looked at me
And I, I could see
That before too long I'd fall in love with her
She wouldn't dance with another
Ooh when I saw her standing there

Well my heart went boom
When I crossed that room
And I held her hand in mine

Oh we danced through the night
And we held each other tight
And before too long I fell in love with her
Now I'll never dance with another
Ooh when I saw her standing there

Well my heart went boom
When I crossed that room
And I held her hand in mine

Oh we danced through the night
And we held each other tight
And before too long I fell in love with her
Now I'll never dance with another
Ooh since I saw her standing there
Since I saw her standing there
Since I saw her standing there

Escrevi muitas canções, mas algumas delas se destacam, e se eu tivesse que escolher quais representam meus melhores trabalhos ao longo dos anos, eu provavelmente incluiria "I Saw Her Standing There". Ou melhor: com absoluta certeza eu a incluiria.

A primeira vez que toquei esta canção para John foi quando nos reunimos para fumar chá no cachimbo do meu pai (e quando eu digo chá, eu quero dizer chá). Cantei: *"She was just seventeen. She'd never been a beauty queen"*. E John falou: "Tenho lá minhas dúvidas quanto a isso". Assim, a nossa principal tarefa era nos livrarmos da parte da rainha da beleza. Após muitas tentativas, surgiu uma solução.

Ao cantá-la hoje – e isso acontece com todas as canções dos Beatles que eu toco –, percebo que estou revisitando o trabalho de um rapaz de 18, 20 anos. E eu acho isso interessantíssimo, porque tem um quê de inocência – um ar ingênuo – que é impossível de inventar.

Falando nisso, Jerry Seinfeld fez uma bela sátira com esta letra. Fomos à Casa Branca, e Jerry disparou: "Paul, estive olhando o trecho: *'She was just seventeen/ You know what I mean'*. Não sei bem se nós sabemos o que você quer dizer, Paul!".

O fato é que já tínhamos ouvido todas essas coisas – eu tinha uns 20 anos, e estávamos compondo esta canção na casa do meu pai, na Forthlin Road –, e continuamos: *"She was just seventeen/ You know what I mean/ And the way she looked was way beyond compare"*. Esse ritmo vem da versão de Stanley Holloway de "The Lion and Albert". Esse poema cômico escrito por Marriott Edgar tem uma métrica semelhante.

Eu trazia na bagagem todas as melodias que eu tinha ouvido. As composições de Hoagy Carmichael, Harold Arlen, George Gershwin e Johnny Mercer. Eu ouvia isso tudo em minha infância e adolescência. Eu não tinha feito ainda muitas composições próprias, mas tinha absorvido isso tudo. E depois, no colégio, o meu professor de inglês, Alan Durband, me ensinou sobre o dístico rimado no final dos sonetos de Shakespeare. Não sei de onde veio "nada se compara", mas pode ter saído do Soneto 18: "Devo comparar você a um dia de verão?". Também pode ser que eu tenha ouvido, na infância, uma tradicional canção irlandesa em que a mulher é descrita como "sem comparação".

Mas não é bem o que você esperaria no rock'n'roll. Não sei de onde eu a resgatei, mas na grande rede de arrasto da minha juventude, essa expressão simplesmente se emaranhou como um golfinho.

Acima: Alan Durband, professor titular de inglês do Liverpool Institute High School for Boys

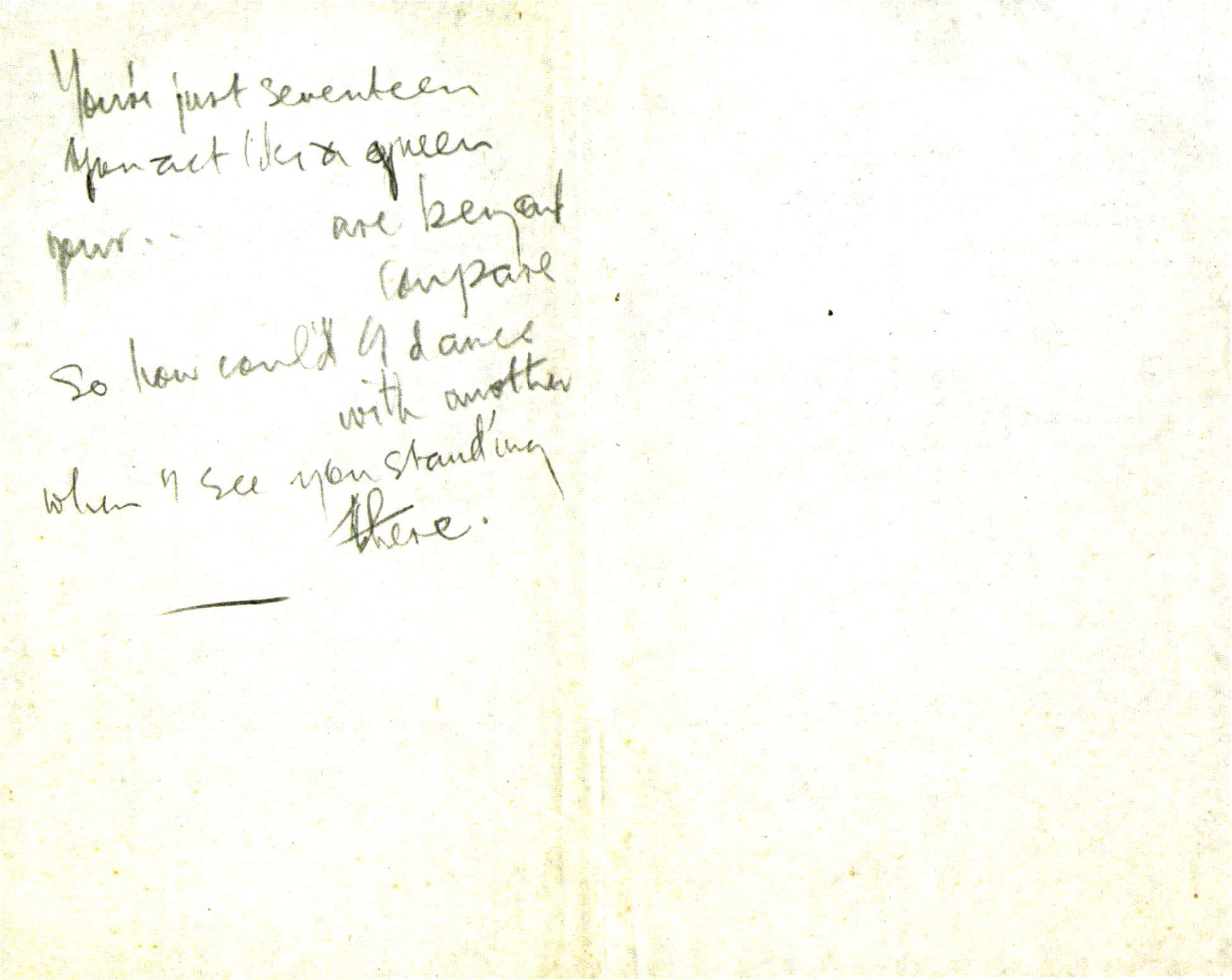

You're just seventeen
You act like a green
pear...   are keg at
            compare

So how could I dance
        with another
when I see you standing
        there.

À esquerda: Com John
Lennon. Liverpool, fim
dos anos 1950

Com John Lennon compondo "I Saw Her Standing There". Forthlin Road, Liverpool, 1962

Compondo com John Lennon, fotografados pelo irmão, Mike. Forthlin Road, Liverpool, início dos anos 1960

I Wanna Be Your Man

COMPOSITORES Paul McCartney e John Lennon
ARTISTA The Beatles
GRAVAÇÃO Abbey Road Studios, Londres
LANÇAMENTO *With The Beatles*, 1963

I wanna be your lover, baby
I wanna be your man
I wanna be your lover, baby
I wanna be your man

Love you like no other, baby
Like no other can
Love you like no other, baby
Like no other can

I wanna be your man
I wanna be your man
I wanna be your man
I wanna be your man

Tell me that you love me, baby
Let me understand
Tell me that you love me, baby
I wanna be your man

I wanna be your lover, baby
I wanna be your man
I wanna be your lover, baby
I wanna be your man

I wanna be your man
I wanna be your man
I wanna be your man
I wanna be your man

I wanna be your lover, baby
I wanna be your man
I wanna be your lover, baby
I wanna be your man

Love you like no other, baby
Like no other can
Love you like no other, baby
Like no other can

I wanna be your man
I wanna be your man
I wanna be your man
I wanna be your man

Acima: Os Beatles no programa *Thank Your Lucky Stars*. Birmingham, 1964

E M CADA ÁLBUM SEMPRE ESCREVÍAMOS UMA CANÇÃO PARA Ringo, porque ele era muito popular entre os fãs, e como Keith Richards me disse certa vez: "Vocês tinham quatro cantores na banda. Nós só tínhamos um". E é pura verdade. Ringo não era o melhor vocalista do grupo, mas sem dúvida conseguia sustentar uma canção. Ele sempre fazia uma canção chamada "Boys", originalmente cantada pelas moças do The Shirelles.

O público gay deve ter ficado muito feliz em ouvir o baterista dos Beatles cantando sobre garotos, mas nunca pensamos nisso. E para quem se preocupava com as letras, costumávamos dizer: "Ninguém dá bola para as palavras. O que importa é o som da canção".

Hoje, eu não tenho tanta certeza disso. Acho que os tempos são outros. Mas, no início, essa preocupação com as palavras e suas nuances não era uma prioridade. "*I wanna be your lover, baby/ I wanna be your man*". Muito básico, mas era uma canção legalzinha, que cumpria a função, e Ringo a interpretou muito bem.

Um dia, quando nos mudamos de Liverpool para Londres, no verão de 1963, John e eu estávamos na Charing Cross Road, que era a central das guitarras. Pegávamos um táxi e íamos lá só para olhar as guitarras. No início dos anos 1960, essa região inteira era dominada por lojas de instrumentos musicais, e simplesmente íamos lá e ficávamos a tarde inteira olhando e cobiçando guitarras que não podíamos pagar.

À esquerda: Mick Jagger e Keith Richards fotografados por Linda. Nova York, 1966

Além disso, o escritório de Dick James ficava lá. Na época, ele era o nosso editor. Essa provavelmente era a verdadeira razão para ir até lá. Um dia, estávamos olhando as guitarras quando passou um táxi londrino preto e avistamos Mick Jagger e Keith Richards nele. Gritamos: "Ei!", eles nos viram acenando e mandaram o táxi parar. Corremos e dissemos: "Ei, podem nos dar uma carona?". "Sim, claro. Para onde estão indo?" "Estamos indo para o norte de Londres."

Então, fomos trocando ideias no táxi sobre o que andávamos fazendo. "Assinamos um contrato de gravação", contou Mick. Já sabíamos disso, porque George Harrison tinha encaminhado isso para eles. Dick Rowe foi o cara que rejeitou os Beatles e não nos aceitou na Decca e, sou obrigado a dizer, se você ouvir a fita de nossa audição, não é brilhante, mas tem algo ali. Então George estava num coquetel e Dick Rowe perguntou: "Conhece alguma banda boa? Cometi um erro com vocês e agora quero fazer uma boa contratação". George falou: "Sim, o nome deles é The Rolling Stones. Vale a pena tentar contratá-los". Ele disse a Rowe que os Stones estavam no Station Hotel em Richmond, onde costumavam tocar, e Rowe foi vê-los e os contratou praticamente na mesma hora.

Então ali estávamos nós, no táxi, batendo papo, e Mick disse: "O único problema é que não temos um novo single". Eles nos perguntaram se tínhamos alguma canção, e eu disse: "Bem, tem uma de nosso último disco, *With The Beatles*, mas não foi lançada como single. Não foi e nem será, porque tem Ringo no vocal. Mas acho que pode funcionar bem para vocês". Então enviamos "I Wanna Be Your Man" a eles, e eles a gravaram. A nossa versão era mais um pastiche de Bo Diddley; a deles é bastante crua e distorcida, quase como um punk, e foi seu primeiro grande sucesso.

Depois disso, saíamos juntos; conversávamos sobre o tipo de música que eles andavam fazendo. Eu ia visitar o Keith no apartamento dele, então tínhamos uma boa amizade. John e eu cantamos uma das canções deles - "We Love You" - em 1967, então interagíamos bastante. Mas a ideia de que éramos rivais foi apenas algo iniciado pela mídia, e então o pessoal começou a se perguntar: "De quem você gosta, Beatles ou Stones?". E se tornou um clichê do tipo isso ou aquilo. Nos primeiros anos não teve esse viés, mas isso foi desenvolvido pela imprensa, à medida que as bandas foram se tornando mais bem-sucedidas. E não era verdade mesmo. Mick costumava vir à minha casa em Londres para que eu tocasse a ele todos os novos discos americanos enquanto isso tudo estava sendo composto.

Então, era esse o tipo de relacionamento que tínhamos. Com a imprensa, você precisa dela e ela precisa de você, e fomos descobrindo isso ao longo de nossas carreiras, mas algumas coisas que são ditas acabam pegando. Por exemplo, eles chamavam o que fazíamos de "Mersey Beat" - o nome de um jornal local de entretenimento -, e pensamos: "Ora, que inferno. Isso é tão brega". Nunca nos consideramos Mersey, éramos de Liverpool, e faz uma grande diferença se você vem de lá. "Mersey Beat" e "Mop Tops" - todos esses bordões pegaram e eram bastante irritantes. Você fazia uma coisinha de nada e aquilo se transformava numa grande história.

Stones, Beatles - éramos grandes amigos, e sempre fomos, mas os fãs começaram a acreditar que existia algo de verdadeiro nessa rivalidade fabricada. Nunca houve.

I Want to Hold Your Hand

COMPOSITORES	John Lennon e Paul McCartney
ARTISTA	The Beatles
GRAVAÇÃO	Abbey Road Studios, Londres
LANÇAMENTO	Single, 1963
	Meet The Beatles! 1964

Oh yeah I'll tell you something
I think you'll understand
When I say that something
I want to hold your hand

I want to hold your hand
I want to hold your hand

Oh please say to me
You'll let me be your man
And please say to me
You'll let me hold your hand

Now let me hold your hand
I want to hold your hand

And when I touch you I feel happy inside
It's such a feeling that my love
I can't hide
I can't hide
I can't hide

Yeah you got that something
I think you'll understand
When I say that something
I want to hold your hand

I want to hold your hand
I want to hold your hand

And when I touch you I feel happy inside
It's such a feeling that my love
I can't hide
I can't hide
I can't hide

Yeah you got that something
I think you'll understand
When I feel that something
I want to hold your hand

I want to hold your hand
I want to hold your hand
I want to hold your hand

POR TRÁS DE TUDO HAVIA UM EROTISMO. SE EU ME OUVISSE usando essa palavra quando eu tinha dezessete anos, eu daria uma gargalhada. Mas o erotismo foi uma das forças motrizes de tudo o que fiz. É uma coisa muito poderosa. E, sabe, era isso que estava por trás de muitas dessas canções de amor. "*I want to hold your hand*", mas subentende-se, entre parênteses: (quero segurar a sua mão e provavelmente fazer muito mais!).

Na época em que esta canção foi escrita, eu tinha uns 21 anos, e tínhamos ido morar em Londres. O nosso empresário conseguiu um apartamento para os Beatles: apartamento L, 57 Green Street, Mayfair. Era tudo muito empolgante; Mayfair é uma área chique de Londres. Por algum motivo, fui o último a aparecer lá e a conhecer o local, e me deixaram num quartinho. Os outros já tinham escolhido os quartos maiores. E me deixaram nesse quartinho medonho.

Mas eu tinha uma namorada, Jane Asher, uma jovem muito elegante, cujo pai tinha um consultório médico na Wimpole Street e cuja mãe era uma senhora maravilhosa, a professora de música Margaret Asher. Então, eu sempre ia visitá-los na casa deles. Eu adorava ir lá por causa do ambiente familiar. Margaret e eu nos dávamos muito bem. Ela me tratava como se fosse minha segunda mãe. Era com esse carinho que eu estava acostumado antes de minha mãe morrer, quando eu tinha quatorze anos. Mas eu nunca tinha visto uma família como a deles. As únicas pessoas que eu conhecia pertenciam à classe trabalhadora de Liverpool. Essa era a Londres sofisticada; todos eles tinham uma rotina que se estendia das oito da manhã às seis ou sete da noite - uma agenda sempre cheia. Nem um segundo sequer era desperdiçado. Jane ia ao agente dela, passava o texto de uma peça teatral, encontrava-se com alguém para almoçar, tinha aula com o instrutor vocal para aprender um sotaque de Norfolk para seu próximo espetáculo. É natural que eu me apaixonasse por tudo isso. Era como se eu estivesse em uma história, vivendo em um romance.

Conversa vai, conversa vem, acabei morando com os Asher. Eu já tinha me hospedado lá algumas vezes, mas Margaret deve ter dito: "Bem, sabe, vamos deixar você ficar com o quarto do sótão". Então fui morar lá, e eles colocaram um piano naquele quarto.

Quando John vinha me visitar, também havia um piano no porão - uma salinha de música onde eu acho que a Margaret dava aulas aos alunos dela. Assim, podíamos compor ali no porão, os dois sentados ao piano ao mesmo tempo, ou frente a frente, cada qual com seu violão.

"I Want to Hold Your Hand" não é sobre Jane, mas com certeza foi escrita quando eu estava com ela. Para dizer a verdade, acho que estávamos compondo mais para o público em geral. Eu podia aproveitar minha experiência com a pessoa por quem eu estava apaixonado na época - e, às vezes, isso era muito específico -, mas em linhas gerais estávamos compondo para o mundo.

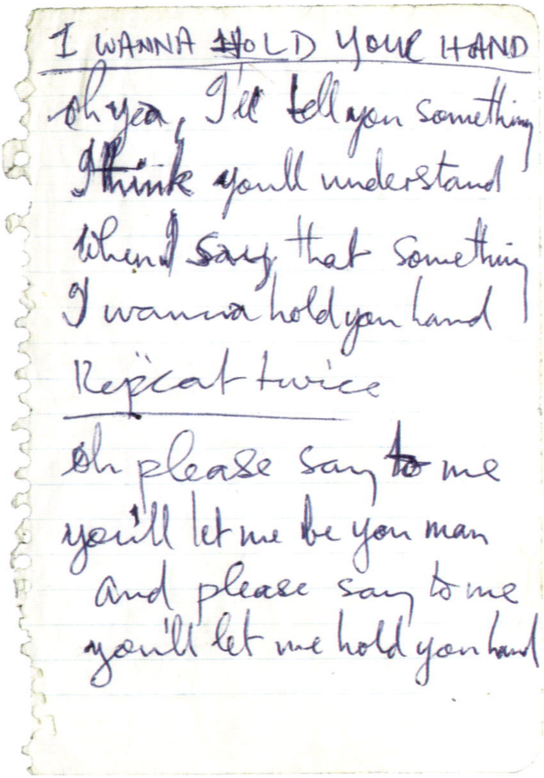

I WANNA HOLD YOUR HAND

Oh yea, I'll tell you something
I think you'll understand
When I say that something
I wanna hold your hand
Repeat twice

Oh please say to me
you'll let me be your man
And please say to me
you'll let me hold your hand

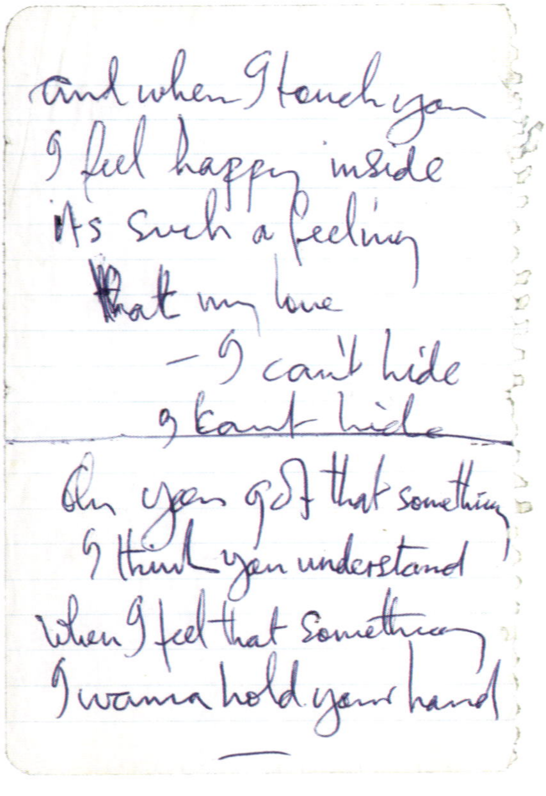

And when I touch you
I feel happy inside
It's such a feeling
that my love
— I can't hide
I can't hide
Oh you got that something
I think you understand
When I feel that something
I wanna hold your hand

À direita: Com Jane Asher
na estreia do filme *Como
eu ganhei a guerra*. Pavilion
Theatre, Londres, 18 de
outubro de 1967

I Will

COMPOSITORES	Paul McCartney e John Lennon
ARTISTA	The Beatles
GRAVAÇÃO	Abbey Road Studios, Londres
LANÇAMENTO	*The Beatles*, 1968

Who knows how long I've loved you
You know I love you still
Will I wait a lonely lifetime
If you want me to I will

For if I ever saw you
I didn't catch your name
But it never really mattered
I will always feel the same

Love you forever and forever
Love you with all my heart
Love you whenever we're together
Love you when we're apart

And when at last I find you
Your song will fill the air
Sing it loud so I can hear you
Make it easy to be near you
For the things you do endear you to me
You know I will
I will

ALAN-A-DALE. O TROVADOR VAGANDO PELA FLORESTA DE Sherwood na lenda de Robin Hood. Sou eu mesmo. Nesta canção ativei o meu modo menestrel.

Existe uma tese de que as canções de amor mais interessantes são aquelas sobre um amor que deu errado. Não concordo com isso. Esta canção é sobre a alegria do amor. Às vezes, essas canções são rotuladas de piegas, doces ou açucaradas. Sim, eu compreendo isso. Mas o amor pode ser a força mais poderosa e intensa do planeta. Agora mesmo, no Vietnã ou no Brasil, pessoas se apaixonam. Muitas vezes, querem ter filhos. É uma força universal e profunda. Não tem nada de piegas.

Quando eu me sento para tentar compor uma canção, é comum eu pensar: "Ah, como eu gostaria de capturar aquele sentimento de estar apaixonado pela primeira vez". Esta canção foi iniciada em fevereiro de 1968, quando eu estava na Índia com Jane Asher. Pelo que eu me lembro, a melodia já existia havia um tempo e a música ganhou forma bem rápido. Continua sendo uma de minhas melodias favoritas que eu compus. Escrever a letra levou mais tempo. Sei que parece estranho, porque é um conjunto de ideias bem básico. O cantor folk Donovan, que passou algum tempo conosco em nossa viagem para visitar o Maharishi Mahesh Yogi, contribuiu com uma versão inicial da letra, mas não foi aproveitada. Era mais básica ainda, com rimas do tipo "*moon/June*".

De novo, só porque eu estava envolvido com Jane na época, isso não significa que esta canção seja dedicada a Jane ou sobre ela. Quando estou compondo, é como se eu definisse o texto e a música para o filme que estou assistindo em minha cabeça. É uma declaração de amor, sim, mas nem sempre para alguém em especial. A menos que seja para a pessoa que estiver ouvindo a canção. E ela tem que estar pronta para isso. Com certeza quase absoluta não é para a pessoa que disser: "Lá vem ele de novo com aquelas canções de amor bobinhas". Então, este sou eu no meu modo menestrel.

Acima: Com Jane Asher e o Maharishi. Rishikesh, Índia, abril de 1968

À esquerda: Sessões de gravação do álbum *The Beatles*. Abbey Road Studios, Londres, 1968

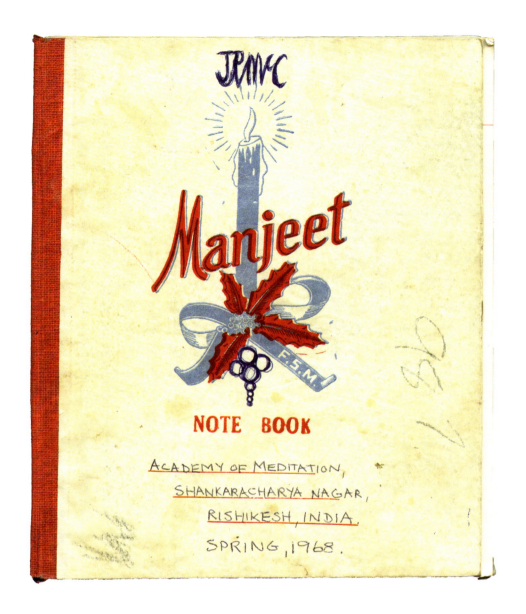

Esta canção é sobre a alegria do amor. Às vezes, essas canções são rotuladas de piegas, doces ou açucaradas. Sim, eu compreendo isso. Mas o amor pode ser a força mais poderosa e intensa do planeta. Agora mesmo, no Vietnã ou no Brasil, pessoas se apaixonam. Muitas vezes, querem ter filhos. É uma força universal e profunda. Não tem nada de piegas.

I'll Follow the Sun

COMPOSITORES   Paul McCartney e John Lennon
ARTISTA   The Beatles
GRAVAÇÃO   Abbey Road Studios, Londres
LANÇAMENTO   *Beatles for Sale*, 1964; *Beatles '65*, 1964

One day you'll look
To see I've gone
For tomorrow may rain, so
I'll follow the sun

Some day you'll know
I was the one
But tomorrow may rain, so
I'll follow the sun

And now the time has come
And so, my love, I must go
And though I lose a friend
In the end you will know, oh

One day you'll find
That I have gone
But tomorrow may rain, so
I'll follow the sun

Yes tomorrow may rain, so
I'll follow the sun

And now the time has come
And so, my love, I must go
And though I lose a friend
In the end you will know, oh

One day you'll find
That I have gone
But tomorrow may rain, so
I'll follow the sun

A ÚLTIMA CASA EM QUE MOREI EM LIVERPOOL FICA NO ENDEREÇO 20 Forthlin Road. A essa altura, já tínhamos melhorado de vida. A minha mãe tinha grandes aspirações para nós e encontrou essa casa numa área relativamente agradável. As cortinas eram de renda, talvez por isso eu ainda faça questão de ter cortinas de renda em todos os lugares. Um hábito irlandês, acho eu. Assim, o pessoal não consegue espiar lá dentro. Eu me lembro de tocar esta canção na sala de estar com meu violão. Se você for analisar, é uma canção sobre "deixar Liverpool". Estou deixando esta cidade chuvosa nortista e indo a um lugar onde as coisas acontecem.

A melodia é interessante também. Eu estava procurando novas combinações de notas marcantes. Tem algo de muito original nela. Uma das minhas canções favoritas da época do meu pai era "Cheek to Cheek", a canção de Fred Astaire, e eu gosto que o verso *Heaven, I'm in heaven* aparece em duas estrofes e, depois do contraste, o "céu" volta na última estrofe. É uma frase que resume tudo. Era como a nossa casa na Forthlin Road. Você entra pela porta da frente, passa na sala de estar, na sala de jantar, cozinha, corredor e está de volta ao ponto de partida. "I'll Follow the Sun" também faz isso.

Mesmo se estivéssemos abertos a receber influências, uma das melhores coisas nos Beatles era nossa aversão a nos repetirmos. Éramos moços inteligentes; tédio não era conosco. Quando tocamos em Hamburgo, às vezes tínhamos que preencher um período de oito horas. Tentamos aprender canções suficientes para não precisarmos repeti-las. Algumas bandas tinham só um set de uma hora, folgavam uma hora e depois repetiam o mesmo set. Tentávamos variar, porque decidimos que, caso contrário, simplesmente não sobreviveríamos. Quando voltamos à Inglaterra, tínhamos um vasto repertório, e acho que, quando começamos a fazer discos, essa ideia persistiu. Por que ficar nos repetindo? Por que fazer duas vezes o mesmo disco?

É verdade que, como já falei, existia uma certa fórmula para algumas das primeiras canções - a recorrência de pronomes como "eu", "você", "mim", "dele", "dela", "meu", "ela" -, mas isso era porque queríamos estabelecer contato com os fãs. Criar um vínculo com eles. Mas não eram padronizadas. O que fez dos Beatles uma banda tão sensacional foi a diversidade do repertório: não há duas músicas iguais. É incrível quando você pensa nessa produção. E tem outra coisa. John e eu escrevemos cerca de trezentas canções em sessões que duravam poucas horas ou um só dia, e nunca - nunca mesmo - saímos de uma sessão dessas sem terminar uma canção. Sempre que nos sentávamos para compor, só saíamos dali quando tínhamos uma canção.

Acima: Lista de canções, final dos anos 1950

À esquerda: No jardim da 20 Forthlin Road, fotografado pelo irmão, Mike. Liverpool, início dos anos 1960. Esta imagem foi usada mais tarde na capa do álbum de 2005, *Chaos and Creation in the Backyard*

I'll Get You

COMPOSITORES Paul McCartney e John Lennon
ARTISTA The Beatles
GRAVAÇÃO Abbey Road Studios, Londres
LANÇAMENTO Lado B do single "She Loves You", 1963
The Beatles' Second Album, 1964

Oh yeah, oh yeah
Oh yeah, oh yeah

Imagine I'm in love with you
It's easy 'cause I know
I've imagined I'm in love with you
Many, many, many times before
It's not like me to pretend
But I'll get you, I'll get you in the end
Yes I will, I'll get you in the end
Oh yeah, oh yeah

I think about you night and day
I need you and it's true
When I think about you, I can say
I'm never, never, never, never blue
So I'm telling you, my friend
That I'll get you, I'll get you in the end
Yes I will, I'll get you in the end
Oh yeah, oh yeah

Well there's gonna be a time
When I'm gonna change your mind
So you might as well resign yourself to me
Oh yeah

Imagine I'm in love with you
It's easy 'cause I know
I've imagined I'm in love with you
Many, many, many times before
It's not like me to pretend
But I'll get you, I'll get you in the end
Yes I will, I'll get you in the end

Oh yeah, oh yeah
Oh yeah, oh yeah, oh yeah

ESTA CANÇÃO FOI COMPOSTA NA MENLOVE AVENUE, EM Liverpool, onde John ainda morava com a tia dele, Mimi. Ela era uma senhora bondosa, de vontade férrea; sem dúvida, ela era decidida. O estranho nisso é que Mimi não ligava muito para a nossa música e preferia não nos ver por perto, porque ela achava que estávamos incentivando John a dedicar mais tempo ao violão dele do que aos estudos. Mimi sempre dizia: "O violão serve como hobby, John, mas você nunca vai ganhar a vida com isso!".

Esta canção traz a palavra "*imagine*", e essa ideia de "imaginar" é algo que John reaproveitaria em sua própria canção "Imagine". Também funciona um pouco como a abertura de "Lucy in the Sky With Diamonds", com sua exortação: "*Picture yourself...*". Portanto, tem um lance cinematográfico, além de literário. Quando eu digo "literário", estou pensando no mundo imaginário de Lewis Carroll que John e eu tanto amávamos. Carroll foi uma grande influência para nós dois. Isso pode ser mesmo percebido nos livros de John, *In His Own Write* e *A Spaniard in the Works* [no Brasil, coligidos no volume *Um atrapalho no trabalho*, transcriação de Paulo Leminski].

Com relação à estrutura musical, essa é uma abertura realmente eficaz - acorde de Ré maior enquanto cantamos "*oh yeah*" em oitava. Havíamos aprendido o tipo de sequências em Dó, Lá menor, Fá, Sol e Ré - as tradicionais tríades. Mas então você começa a justapô-las um pouco, e a abertura de "I'll Get You" é um exemplo do que acontece. No mais, temos acordes na forma padrão até chegarmos a "*It's not like me to pretend*". Esse verso termina com um acorde esquisito. Parece que destoa um pouco, mas esse que é o segredo desta canção.

Talvez seja um pouco demais dizer que o acorde faz um comentário sobre "fingir", sugerindo que o personagem da canção talvez não seja confiável, que ele é realmente um fingidor, mostrando um sentimento com o qual não está comprometido. Que ele pode estar só brincando. Em geral, porém, os sentimentos nessas primeiras canções são bem diretos. Sem muita ironia. E é por isso que o público gostou e ainda gosta dessas canções. Elas dizem o que elas querem dizer. "*It's not like me to pretend/ But I'll get you, I'll get you in the end*". Pensando bem, acho que é justo dizer que também temos uma pitada de humor escolar pairando no ar.

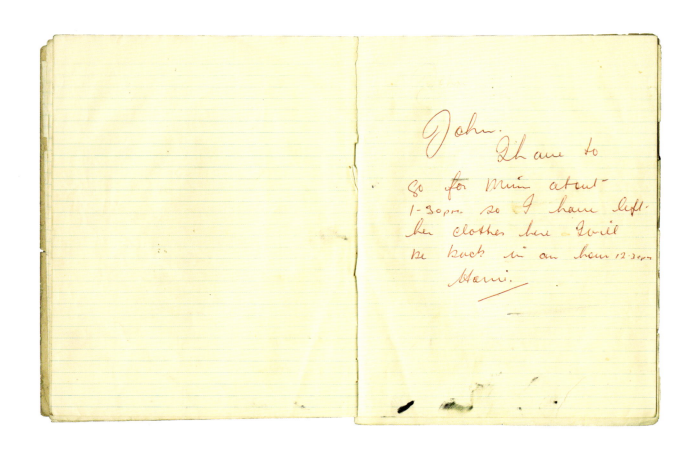

Bilhete para John Lennon escrito pela tia dele, Mimi, no fim dos anos 1950

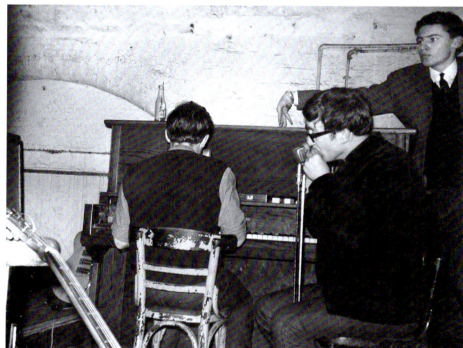

Acima: Os Beatles ensaiando. The Cavern Club, Liverpool, começo dos anos 1960

À direita: Com John Lennon e o irmão Mike, fotografados por George Harrison. The Cavern Club, Liverpool, começo dos anos 1960

I'm Carrying

COMPOSITOR	Paul McCartney
ARTISTA	Wings
GRAVAÇÃO	*Fair Carol*, Ilhas Virgens; e Abbey Road Studios, Londres
LANÇAMENTO	*London Town*, 1978
	Lado B do single "London Town", 1978

By dawn's first light I'll come back to your room again
With my carnation hidden by the packages
I'm carrying
Something
I'm carrying something for you

Ah long time no see, baby, sure has been a while
And if my reappearance lacks a sense of style
I'm carrying
Something
I'm carrying something for you

I'm carrying
Can't help it
I'm carrying something for you

I'm carrying
Something
I'm carrying something for you

CONTINUAR A CARREIRA APÓS O TÉRMINO DOS BEATLES SEMPRE seria difícil. Na cabeça de muita gente, eu estava carregando bagagem emocional. Mas, após uns lançamentos solo, eu queria voltar à camaradagem de estar numa banda, e poderia ter abordado o Wings de duas maneiras: entrar no topo como um Beatle ao lado de um ex-membro do Small Faces ou Cream e fazer o que eles costumavam chamar de "supergrupo", ou eu poderia simplesmente começar algo que fosse agradável e tentar construir uma trajetória, como os Beatles fizeram. Escolhi a segunda opção. O único problema era que dessa vez teríamos que cometer nossos erros em público. Com os Beatles, foi tudo no privado, porque o público nos clubes de Hamburgo era reduzido, então pouca gente nos ouvia pisando na bola.

No início, a caminhada foi dura, porque o Wings não tinha sucessos e eu não queria tocar nada dos Beatles. Eu queria fazer uma divisão clara. Todos os promotores renomados da época me indagavam: "Vai tocar 'Yesterday'?". Era possível ver no semblante deles: era isso que eles queriam. E tínhamos que lutar contra isso. Isso dá uma ideia de quem eu sou; eu abomino duplicar qualquer coisa ou pessoa. Por isso, eu queria que o grupo Wings fosse bem-sucedido por méritos próprios. Assim, desde o começo, ficou óbvio que teríamos de nos conformar com o fato de que esse processo levaria tempo. Começamos em escala pequena, crescemos um pouquinho, excursionamos na Europa. No começo não éramos uma banda muito boa, faltava aparar as arestas. Um show aqui, outro ali, aparecendo nas universidades e pedindo para tocar nas entidades estudantis naquela noite, sem ter nenhuma canção conhecida do público. Mas então fomos melhorando e nos entrosando mais. Súbito, em meados dos anos 1970, já tínhamos sucessos como "Band on the Run", "Silly Love Songs" e um repertório suficiente para sermos conhecidos sem depender dos Beatles.

As pessoas me indagam: "O que significa esta canção?", e eu respondo: "Bem, depende de você". Pode significar um milhão de coisas. O que é que estou carregando aqui? Fica claro que são pacotes. Sou como um dândi com pacotes que escondem meu cravo na lapela. Estou trazendo presentes pra você, estou carregando algo pra você, mas também, quando a mulher está grávida, ela "carrega" um neném. Talvez pudéssemos descartar outros significados. Uma pessoa carrega uma arma. E outra está carregando drogas. Um significado que pode funcionar aqui é a ideia de a pessoa "carregar" uma banda nas costas, com os outros se beneficiando do sucesso alheio. Não estou bem certo em relação a isso. Só estou brincando com a palavra "carregar". É uma cançãozinha pra lá de ambígua, mas esse é o tipo de liberdade do Wings, de fazer algo meio ambíguo.

Já insinuaram que esta canção soa lennoniana. Eu admitiria se fosse, mas para mim soa mais mccartniana: apenas a vozinha. Não consigo imaginar John fazendo uma vozinha dessas. Mas sabe, se alguém a considerar lennoniana, não tem problema. Afinal de contas, aprendemos a compor canções juntos.

As pessoas me indagam: "O que significa esta canção?", e eu respondo: "Bem, depende de você". Pode significar um milhão de coisas.

Ao alto: Wings partindo para sua *University Tour*, 1972

Acima: Arte para a capa dupla de *London Town*, 1979

À esquerda: Sessões de gravação de *London Town*. Ilhas Virgens, 1977

I'm Down

COMPOSITORES Paul McCartney e John Lennon
ARTISTA The Beatles
GRAVAÇÃO Abbey Road Studios, Londres
LANÇAMENTO Lado B do single "Help!", 1965

You tell lies thinkin' I can't see
You can't cry 'cause you're laughing at me

I'm down (I'm really down)
I'm down (down on the ground)
I'm down (I'm really down)
How can you laugh when you know I'm down?
(How can you laugh?) When you know I'm down?

Man buys ring
Woman throws it away
Same old thing
Happen every day

I'm down (I'm really down)
I'm down (down on the ground)
I'm down (I'm really down)
How can you laugh when you know I'm down?
(How can you laugh?) When you know I'm down?

We're all alone
And there's nobody else
You still moan
Keep your hands to yourself

I'm down (I'm really down)
Oh babe, I'm down (down on the ground)
I'm down (I'm really down)
How can you laugh when you know I'm down?
(How can you laugh?) When you know I'm down?

Oh babe, you know I'm down (I'm really down)
Oh yes I'm down (I'm really down)
I'm down on the ground (I'm really down)
I'm down (I'm really down)
Ah baby, I'm upside down
Oh yeah, yeah, yeah, yeah, yeah

É UM GRITO DE ROCK'N'ROLL, E A VOZ PERTENCE A LITTLE RICHARD. Na escola, eu cantava "Long Tall Sally" nas festas do final de semestre. Você só podia levar o violão para a escola no último dia. O professor de história se chamava Walter Edge, mas o apelidamos de "Cliff" Edge, para fazer um trocadilho com "*edge*" ("beira") e "*cliff*" ("penhasco"). Ele era um dos professores favoritos da turma. Nesse dia ele nos deixava tocar, por isso eu ia lá na frente da turma e cantava "Long Tall Sally" com meu violão.

Nunca prestei muita atenção em minha voz. E foi sorte minha não ter precisado fazer isso. As pessoas me dizem: "Você usa a voz da cabeça ou a voz do peito?". Eu digo: "Acho que nem sei a diferença". Não fico analisando isso.

Com o lance do Little Richard, você só tem que se deixar levar. Não tem como ficar racionalizando uma coisa dessas. Certa vez, fiquei pensando nisso quando estávamos gravando "Kansas City" com os Beatles. John tinha me perguntado, semanas antes, como eu fazia aquele lance do Little Richard. Eu disse: "É algo espontâneo, que vem de dentro". Então, eu estava gravando "Kansas City" e enfrentando problemas, pois me flagrei pensando: "Esta tem de ser a minha melhor performance de todos os tempos", e não estava conseguindo acertar. E John estava na sala de controle com todos os outros caras, enquanto eu estava no estúdio fazendo o vocal. Ele desce um minuto, entra e sussurra em meu ouvido: "É algo que vem de dentro, lembra?".

Já na redação da primeira estrofe, você praticamente estabelece tudo o que está acontecendo. Depois é só desenvolver. Além disso, quando você está gritando uma canção de rock'n'roll, você quer ser prático; não quer muita sofisticação. O seu padrão natural de rima é tentar encontrar as duas rimas. "*Man buys ring/ Woman throws it away/ Same old thing/ Happen every day*". Parece um telegrama.

Uma das melhores coisas sobre o rock'n'roll e o blues é ser tão econômico. Na primeira estrofe, você encontra seu padrãozinho de rimas, e então basta mantê-lo nas estrofes sucessivas. Vai ser uma canção de três minutos; não há tempo para ser muito sofisticado. Temos que definir a ideia e transmiti-la de forma poderosa e rápida, em dois minutos e meio ou três minutos. Claro, com o tempo, as canções começaram a ficar um pouco mais extensas. Duravam uns três minutos, talvez três minutos e dez ou três minutos e trinta segundos.

Páginas 356-357:
Os Beatles com Little Richard. The Tower Ballroom, New Brighton, Merseyside, 12 de outubro de 1962

In Spite of All the Danger

COMPOSITORES	Paul McCartney e George Harrison
ARTISTA	The Quarry Men
GRAVAÇÃO	Phillips Sound Recording Service, Liverpool
LANÇAMENTO	*Anthology 1*, 1995

Gravada no verão de 1958

In spite of all the danger
In spite of all that may be
I'll do anything for you
Anything you want me to
If you'll be true to me

In spite of all the heartache
That you may cause me
I'll do anything for you
Anything you want me to
If you'll be true to me

I'll look after you
Like I've never done before
I'll keep all the others
From knocking at your door

In spite of all the danger
In spite of all that may be
I'll do anything for you
Anything you want me to
If you'll be true to me

In spite of all the heartache
That you may cause me
I'll do anything for you
Anything you want me to
If you'll be true to me
I'll do anything for you
Anything you want me to
If you'll be true to me

SEMPRE TIVEMOS PROBLEMAS COM BATERISTAS. BEM NO comecinho, quando éramos apenas garotos inocentes começando a formar a nossa banda, John e George estavam certos de que nós três estaríamos nela, mas nunca tínhamos certeza de quem seria o nosso baterista. Por um tempo, até começamos a dizer ao pessoal que o ritmo vinha das guitarras.

Muitas vezes, literalmente jogávamos pedrinhas na janela de um baterista, dizendo: "Temos um show na terça". Ele estava tentando dormir, ou a esposa ou namorada dele nos xingava. Naquele tempo também era difícil encontrar alguém que realmente tivesse uma bateria. Um violão era bem mais fácil de adquirir. Mas tinha um cara chamado Colin Hanton, ele era um pouco mais velho que nós, e havia tocado no grupo de John, The Quarry Men; ele ficou conosco por um tempo. Então esse foi o começo dos Beatles: eu, John, George, Colin Hanton na bateria e meu amigo da escola, John "Duff" Lowe, no piano.

No início de "Mean Woman Blues", Jerry Lee Lewis toca um arpejo. Eu nem sabia que o nome era esse, só aprendi mais tarde. É um arpejo estendido - o que em essência significa que você toca as notas de um acorde individualmente, em vez de ao mesmo tempo, e com muita rapidez, ao longo de várias oitavas. Nenhum de nós sabia fazer isso, mas Duff sabia, então ficamos muito impressionados com aquilo, e foi o bastante para o colocarmos no grupo.

O nome "The Quarry Men" veio da escola de ensino médio de John, a Quarry Bank High School. George e eu frequentávamos uma escola mais tradicional, o Liverpool Institute High School for Boys, onde hoje fica o Liverpool Institute for the Performing Arts. Mas enquanto estava na Quarry Bank, John formou uma banda e a denominou The Quarry Men, então meio que herdamos e aceitamos esse nome. Era um nome, apenas.

Ao longo de 1958, quisemos fazer um disco para dizer: "Olhem aqui, somos nós", para mostrar a nossa capacidade. Encontramos um anúncio de um pequeno estúdio, o Percy Phillips, no bairro Kensington - o Kensington de Liverpool, não tão elegante quanto o Kensington de Londres. Cerca de meia hora de ônibus. Ao custo de cinco libras, você fazia um disco de demonstração em goma-laca; é a maneira antiquada de gravar um disco. Cada um de nós precisou levantar uma libra e, assim que decidimos fazer isso, não foi tão difícil. Se fossem cinco libras para cada um, teria sido mais desafiador.

Então aparecemos no estúdio de gravação do Percy Phillips, basicamente uma salinha com um microfone. Éramos garotos com equipamento próprio, e você tinha que esperar a sua vez, como num consultório médico. Quando chegou a nossa vez, ele se limitou a dizer: "Certo, entrem lá e vamos ensaiar a canção, e em seguida vocês podem gravá-la. Só me avisem qual será o lado A e qual será o lado B". E dissemos que estava tudo certo.

Tinha uma canção de Buddy Holly, hoje um clássico, chamada "That'll Be the Day", da qual gostávamos muito, e decidimos que íamos gravá-la. E então, para o lado B, arriscamos um épico de nossa lavra, que se chamava "In Spite of All the Danger". John e eu já tínhamos começado nossas carreiras como compositores e feito algumas canções na época. Ele tinha um par de canções e eu também, e quando nos reuníamos, consertávamos as canções um do outro e, de fato, elas permanecem sem registro em disco, o que provavelmente é uma coisa boa, porque não eram canções muito boas. Mas levamos essas duas – "That'll Be the Day" e "In Spite of All the Danger" – e as gravamos nesse escuro e acanhado estúdio de gravação, ao preço de cinco libras.

O único problema foi que só recebemos uma cópia do disco, a qual foi sendo alegremente compartilhada. Combinamos que cada um ficaria com ele por uma semana. Mostrávamos para os nossos parentes e dizíamos: "Olhem só isto. Nós que fizemos". Só de ouvir um disco nosso já ficávamos muito empolgados, porque nunca fizéramos isso antes. John ficou com ele por uma semana e depois me passou. Fiquei com ele por uma semana, George ficou com ele por uma semana, Colin ficou com ele por uma semana e então Duff Lowe, por vinte e três anos.

Meio que nos esquecemos do assunto, afinal de contas, pois cada um pôde ouvi-lo por uma semana. Além disso, não havia muito mais a fazer. Não tínhamos promotores ou empresários para quem tocar o disco. Realmente foi só para nós mesmos e nossas famílias. Eu o recebi de volta em 1981 e mandei fazer cópias para amigos e familiares. Na verdade, você não pode tocar o acetato original, porque a goma-laca se desgasta. É considerado um dos discos mais valiosos do mundo, mas para mim o valor está nas memórias daqueles sulcos.

Com frequência, alguns têm considerado "In Spite of All the Danger" um grito de socorro, que reflete, de alguma forma, a angústia de John em relação a tudo. Isso ficou ainda pior quando a mãe dele, Julia, morreu logo depois de gravarmos a canção; talvez isso tenha acontecido apenas uns dias depois. Mas, nesse caso, John não se envolveu na ideia inicial da canção. Eu já notei uma coisa. O pessoal imagina que muitas de nossas canções, especialmente as bem antigas, vieram de mim, como em "I Saw Her Standing There", que realmente começou comigo, com John me ajudando a consertar alguns versos.

Sim, é verdade. Uma parte dessas canções começou comigo, outra parte com John, ou em parceria. Entretanto, a informação mais importante sobre "In Spite of All the Danger" é que se trata da única gravação cujo crédito traz a parceria McCartney-Harrison. Isso foi antes de entendermos como funcionavam os créditos de composição. George fez o solo, mas uma parte veio de John. Foi a primeira canção original que gravamos, a primeira coisa em que nossos nomes apareceram, a primeira gravação oficial da banda que mais tarde se tornou os Beatles.

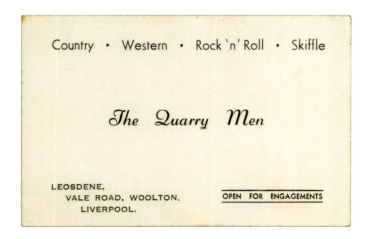

À direita: Primitiva lista de canções manuscrita por John Lennon

JOHN

UP A LAZY RIVER.
AIN'T SHE SWEET
MAILMAN.
VACATION TIME
BEAUTIFUL DELILAH.
I'LL NEVER LET YOU GO.
KEEP A KNOCKIN
KEEP LOOKING THAT WAY,
TRUE LOVE
BLUE SUEDE SHOES.
GONNA BACK UP BABY
DANCE IN THE STREETS
MEMPHIS TENNASSEE

Acima: Acetato original de 1958 de "In Spite of All the Danger"

I've Got a Feeling

COMPOSITORES   Paul McCartney e John Lennon
ARTISTA   The Beatles
GRAVAÇÃO   Terraço da Apple Corps
LANÇAMENTO   *Let It Be*, 1970

I've got a feeling
A feeling deep inside, oh yeah
I've got a feeling
A feeling I can't hide, oh no
I've got a feeling

Oh please believe me
I'd hate to miss the train, oh yeah
And if you leave me
I won't be late again, oh no
I've got a feeling

All these years I've been wandering around
Wondering how come nobody told me
All that I've been looking for was
Somebody who looked like you

I've got a feeling
That keeps me on my toes, oh yeah
I've got a feeling
I think that everybody knows, oh yeah
I've got a feeling

Everybody had a hard year
Everybody had a good time
Everybody had a wet dream
Everybody saw the sunshine
Oh yeah

Everybody had a good year
Everybody let their hair down
Everybody pulled their socks up
Everybody put their foot down
Oh yeah

Everybody had a good year
   (I've got a feeling)
Everybody had a hard time
   (A feeling deep inside, oh yeah)
Everybody had a wet dream
   (Oh yeah)
Everybody saw the sunshine

Everybody had a good year
   (I've got a feeling)
Everybody let their hair down
   (A feeling deep inside, oh no)
Everybody pulled their socks up
   (Oh no)
Everybody put their foot down
Oh yeah
I've got a feeling

ESTA CANÇÃO É UM CASAMENTO APRESSADO ENTRE A MINHA própria "I've Got a Feeling" e outra que John escreveu, chamada "Everyone Had a Bad Year". Uma das coisas mais empolgantes em compor com John era que ele frequentemente encarava as coisas de outro ângulo. Eu dizia que a coisa estava cada vez melhor, e John rebatia que pior do que está não fica, imediatamente abrindo a canção.

Os últimos dois anos tinham sido difíceis para John. A dissolução do casamento. O afastamento do filho Julian. Um problema com heroína. E a conjuntura da banda nessa época andava crítica. Isso está encapsulado na combinação das expressões "*Everybody pulled their socks up/ Everybody put their foot down*", que literalmente significam que todo mundo puxa as meias para cima e todo mundo bate pé, mas também têm o sentido idiomático de que todo mundo tenta melhorar e todo mundo tenta se impor. De certa forma, esses versos podem se referir ao estado da nação ou à situação dos Beatles.

À medida que eu sigo compondo as minhas próprias canções, ainda estou muito consciente de que ele não está mais por perto, mas eu ainda o escuto sussurrando em meu ouvido mesmo após todos esses anos. Muitas vezes, eu fico me perguntando o que John teria pensado – "Isso é água com açúcar demais" – ou que ele teria expressado de modo diferente, então eu acabo mudando algo. Mas ser um compositor é exatamente isto: você tem que ser capaz de ficar se vigiando.

Hoje em dia, eu tenho que fazer isso sozinho. E se alguém me perguntar como foi trabalhar com John, a verdade é que foi bem mais fácil – muito mais fácil, porque eram duas mentes trabalhando. A minha estava fazendo isso, a dele fazendo aquilo, e a interação era simplesmente milagrosa. E é por isso que as pessoas ainda escutam as canções que compusemos. Elas simplesmente não caem no esquecimento como as canções pop comuns. O clima que nós dois criamos ao compor não era um clima de canção pop água com açúcar. Criamos um ambiente em que pudéssemos crescer, experimentar coisas novas, talvez até aprender uma ou duas coisas.

Agora que John se foi, eu não posso ficar sentado suspirando pelos velhos tempos. Não posso ficar de braços cruzados desejando que ele ainda estivesse conosco. É impossível substituí-lo, e não preciso fazer isso, em algum sentido mais profundo. Uma vez perguntaram a Bob Dylan por que ele não escreveu outra canção como "Mr. Tambourine Man". Ele respondeu: "Eu não sou mais aquele cara". O mesmo vale para mim.

Acima:
Filmando o
documentário
Let it Be, 1969

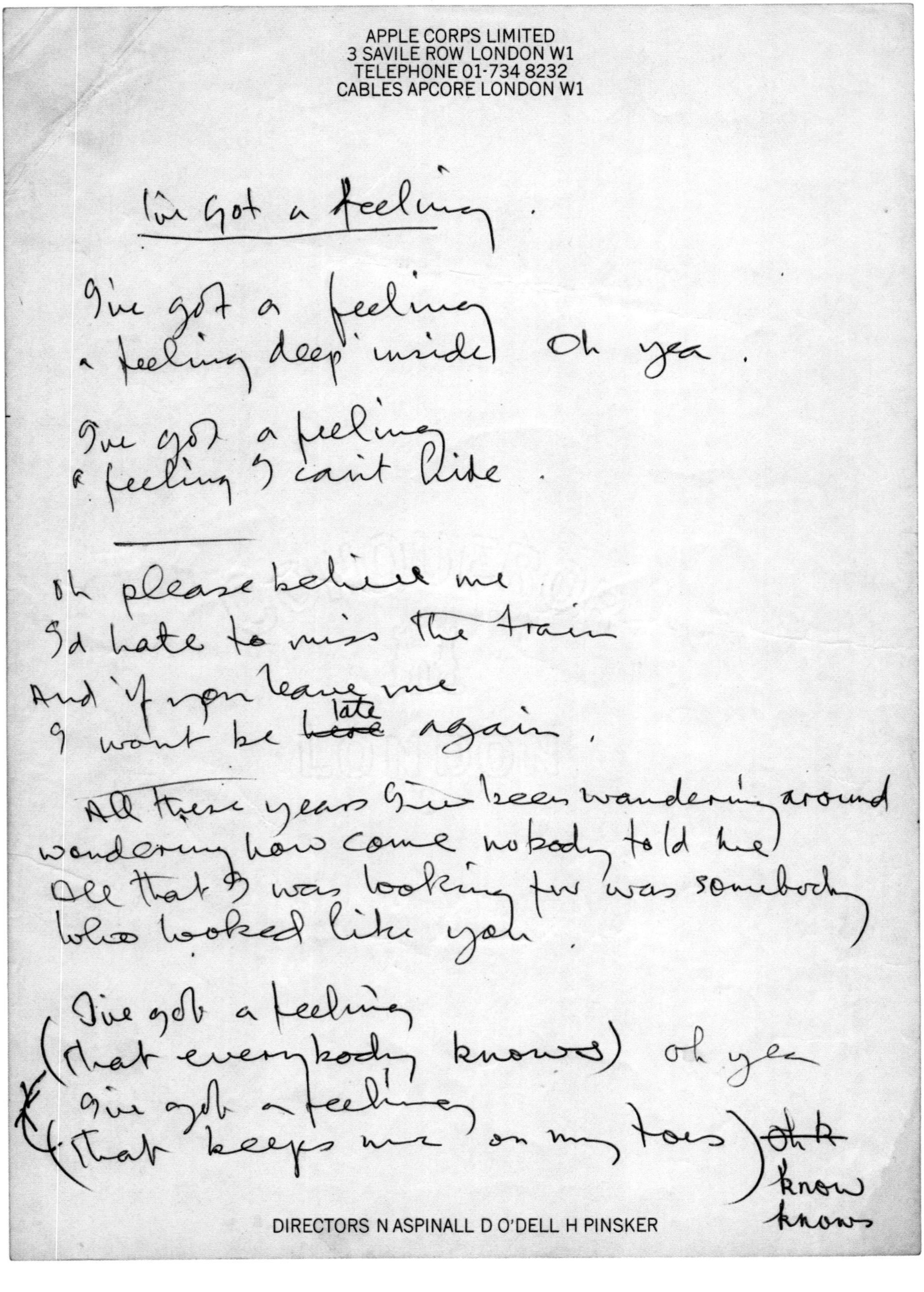

APPLE CORPS LIMITED
3 SAVILE ROW LONDON W1
TELEPHONE 01-734 8232
CABLES APCORE LONDON W1

I've Got a ~~feeling~~.

I've got a feeling
a feeling deep inside Oh yea.

I've got a feeling
a feeling I can't hide.

Oh please believe me
I'd hate to miss the train
And if you leave me
I wont be ~~here~~ late again.

All these years I've been wandering around
wondering how come nobody told me
All that I was looking for was somebody
who looked like you.

(I've got a feeling
(that everybody knows) oh yea
I've got a feeling
(that keeps me on my toes) ~~Oh k~~
know
knows

DIRECTORS N ASPINALL D O'DELL H PINSKER

À direita: Compondo com John Lennon durante as sessões do álbum *The Beatles*. Abbey Road Studios, Londres, 1968

Jenny Wren	370
Jet	376
Junior's Farm	382
Junk	388

Jenny Wren

COMPOSITOR   Paul McCartney
ARTISTA   Paul McCartney
GRAVAÇÃO   AIR Studios, Londres; e Ocean Way Recording Studios, Los Angeles
LANÇAMENTO   *Chaos and Creation in the Backyard*, 2005
    Single, 2005

Like so many girls
Jenny Wren could sing
But a broken heart
Took her song away

Like the other girls
Jenny Wren took wing
She could see the world
And its foolish ways

How we spend our days
Casting love aside
Losing sight of life
Day by day

She saw poverty
Breaking up a home
Wounded warriors
Took her song away

But the day will come
Jenny Wren will sing
When this broken world
Mends its foolish ways

Then we'll spend our days
Catching up on life
All because of you
Jenny Wren
You saw who we are
Jenny Wren

EM LOS ANGELES, HÁ UM CÂNION ONDE EU ADORO FAZER caminhadas. Tem que ir de carro para chegar lá, então muitas vezes vou sozinho. No dia em que escrevi esta canção, encontrei um lugar tranquilo para estacionar à beira da estrada, em uma área bem rural e, em vez de fazer uma caminhada, pensei: "Vou compor uma canção".

As pessoas costumam pensar que Liverpool é uma cidade industrial, mas não tive problemas para praticar a observação de pássaros quando eu era menino. Eu gostava de me desligar do corre-corre do mundo, e isso era permitido pelo simples fato de que morávamos em Speke, no sul de Liverpool, a apenas um quilômetro e meio da área rural. Eu tinha um livrinho de bolso, *The Observer's Book of Birds*, e costumava sair sozinho para fazer caminhadas no campo, em busca de um pouco de solidão. Eu curtia me distanciar das coisas normais – escola, vida familiar, rádio, televisão, incumbências, seja lá o que fosse – e só ficar na minha, capaz de perambular e meditar. Logo aprendi a identificar os pássaros, e a corruíra ("*wren*") provavelmente se tornou a minha ave favorita – pequenina, muito reservada, uma coisinha tão delicada. Não é fácil de avistá-la, mas súbito ela surge, pulando de arbusto em arbusto. Por isso, se o assunto é passarinho – os melros-pretos, também entre os meus favoritos, ou as cotovias, ou as Jenny Wrens –, estamos falando de uma coisa pela qual há muito tempo eu cultivo uma afeição.

Sempre é bom, quando você está escrevendo algo, escrever sobre um mundo de que você gosta. Então, quando estou falando sobre Jenny Wren, primeiro estou me lembrando da ficção, da corajosa moça de *Our Mutual Friend* (*O amigo comum*), de Dickens, cuja atitude positiva lhe permitiu superar suas deformidades dolorosas, mas num átimo me vem à mente a corruíra, e em seguida estou vendo de novo uma personagem, e nessa história ela canta como ninguém. A criançada talvez não tenha mais ouvido falar nela, mas as gerações de meus pais e avós conheciam a grande cantora de ópera sueca Jenny Lind, que tinha o cognome de "Jenny Wren".

Na minha narrativa, eis que Jenny Wren, tendo sido privada de sua alma, parou de cantar como forma de protesto. Por isso, a canção se torna um pouco reflexiva sobre nossa sociedade – como nós colocamos as coisas a perder e como nos solidarizamos com a pessoa que protesta. Ela presenciou as nossas tolas decisões, a maneira como deixamos o amor de lado, a maneira como perdemos de perspectiva as nossas vidas – a pobreza destruindo lares, criando guerreiros feridos. Ela percebeu quem somos e, como todo mundo, só está buscando um caminho melhor. E se estivermos, digamos, num ano de eleição, e isso pode ser em qualquer lugar do mundo, você espera que a perturbação, este mundo fraturado ("*this broken world*") em que estamos no momento – vá embora, assim como as pessoas que criaram isso, e alguém melhor virá para que consigamos retomar o nosso lado melhor, consertar as nossas tolas decisões ("*foolish ways*"). Você sabe que lá está o nosso lado melhor, mas nem sempre é tão fácil de acessá-lo.

Mesmo assim, preciso manter o otimismo – afinal de contas, eu nasci em plena Segunda Guerra Mundial, e a Grã-Bretanha conseguiu superar aqueles dias sombrios. Por isso, ainda estou convencido de que é um bom velho mundo, de verdade, mas acho que estamos pisando na bola. Por exemplo, o oceano se enchendo de plástico é um caso óbvio; o plástico não chegou lá sozinho. Pensar que a mudança climática é uma farsa é outro vacilo, e eu espero que ainda consigamos consertar isso a tempo de beneficiar nossos filhos e os filhos de nossos filhos.

Estou ciente de que estou cantando para pessoas que podem estar passando por momentos difíceis, porque, no meio onde eu cresci, muita gente passava por momentos difíceis pela falta de dinheiro, e nunca me esqueci que há um monte de coisas que você não consegue se não tiver dinheiro. Por isso, estou sempre muito ciente do poder de uma bela canção, pois sei que quando eu ouvia uma - mesmo uma canção sobre um passarinho - na minha adolescência em Liverpool, isso me dava esperança e me deixava feliz. Compreendi o quanto aquele sentimento era valioso para mim. E agora sou eu o cara que diz: "Olha só, as coisas nem sempre são ruins". Isso me dá um lugar para ir na canção, e também me dá um lugar onde eu gostaria de estar. Lembra muito a canção "Smile", de Charlie Chaplin. É a SCO - Síndrome da Canção Otimista.

Muitas vezes, as canções estabelecem um diálogo com outras canções, e esta obviamente conversa com "Blackbird". Acho que, se você está ali sentado com o violão, pode seguir alguns caminhos. Em "Blackbird", o canto responde ao dedilhar dos acordes, e eu acho que "Jenny Wren" tem essa mesma ideia. É provável que eu estivesse revisitando "Blackbird", talvez intencionalmente. Eu não admitiria isso pra ninguém caso eu não estivesse trabalhando neste livro, que, como diz a letra de "Jenny Wren", está me permitindo pôr a vida em dia ("*catching up on life*").

Abaixo: Jamaica, 1979

À direita: Ao volante. Sussex, Inglaterra, 1978

Muitas vezes, as canções estabelecem um diálogo com outras canções, e esta obviamente conversa com "Blackbird". Acho que, se você está ali sentado com o violão, pode seguir alguns caminhos. Em "Blackbird", o canto responde ao dedilhar dos acordes, e eu acho que "Jenny Wren" tem essa mesma ideia.

Like so many birds
(Jenny wren) could sing
morning Dove)
but a broken heart
took
kept her song away

Like the other birds
(to wren?)   took away
(high above)
she could see the world
& its foolish ways

She saw poverty
breaking up a home
So much violence
Took her song away
P.H. How we spend our days

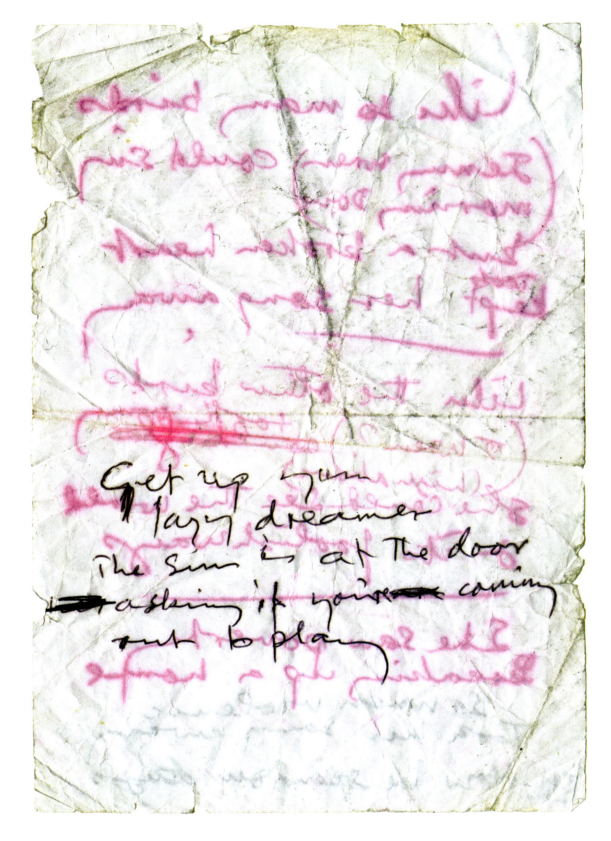

Jet

COMPOSITORES	Paul McCartney e Linda McCartney
ARTISTA	Paul McCartney e Wings
GRAVAÇÃO	EMI Studios, Lagos; e AIR Studios, Londres
LANÇAMENTO	*Band on the Run*, 1973
	Single, 1974

Jet
Jet
Jet, I can almost remember their funny faces
That time you told them that you were going to be
  marrying soon
And Jet, I thought the only lonely place was on the
  moon
Jet
Jet

Jet, was your father as bold as the sergeant major
How come he told you that you were hardly old
  enough yet
And Jet, I thought the major was a lady suffragette
Jet
Jet

Ah Mater
Want Jet to always love me
Ah Mater
Want Jet to always love me
Ah Mater
Much later
Jet

And Jet, I thought the major was a lady suffragette
Jet
Jet

Ah Mater
Want Jet to always love me
Ah Mater
Want Jet to always love me
Ah Mater
Much later

Jet, with the wind in your hair of a thousand laces
Climb on the back and we'll go for a ride in the sky
And Jet, I thought that the major was a little lady
  suffragette

Jet
Jet
And Jet, you know I thought you was a little lady
  suffragette
Jet

A little lady
My little lady, yes

Acima: Mary e Stella com Jet. Escócia, 1975

QUANDO ESTÁVAMOS NOS BEATLES, APRENDEMOS A COMPOR canções de sucesso. Afinal de contas, éramos os Beatles, então tínhamos que fazer isso. Não podíamos compor fracassos. Isso não seria adequado para os Beatles.

Por isso, desenvolvi um talento para escrever uma canção popular ou um hit. Naquela época, eu estava tentando intencionalmente fazer o Wings soar diferente dos Beatles, mas os truques do ramo ainda se aplicavam. Então, quando se trata de "Jet", eu lancei mão de um monte de truques. Um deles é gritar; isso funciona. Um grito é sempre uma boa maneira de abrir uma canção.

Na verdade, "Jet" é o nome de um pônei, um poneizinho Shetland que tínhamos na fazenda para a criançada. Minha filha Mary nasceu em 1969, por isso, em 1973, quando a canção foi escrita, ela estava com quatro anos. Stella tinha uns dois anos, então elas eram pequenas. Mas saber que Jet é um pônei é tão importante ou desimportante quanto saber que Martha, de "Martha My Dear", é um cão pastor inglês.

Eu me lembro exatamente o que me fez começar a canção. Estávamos na Escócia, e adivinha só! Eu tinha o meu violão. No alto de uma grande colina havia uma fortaleza, um antigo forte celta. Hoje serve principalmente como um marco da agência de mapeamento Ordnance Survey. É um local com uma vista extraordinária. O tipo de lugar em que você pode imaginar os vikings tentando subir a colina enquanto derramávamos óleo quente em cima deles ou, senão, caso isso não funcionasse, arremessávamos uma chuva de lanças sobre eles. Na encosta da colina havia uns locais adoráveis, onde todos nós gostávamos de passear.

Eu disse a Linda que eu ia ficar um tempo no campo e me deitei ali, naquele lindo dia de verão, e deixei a mente vagar. Algumas das imagens são extraídas do relacionamento entre Linda e seu pai. Ele era um cara legal – muito bem--sucedido –, mas um pouco patriarcal demais para o meu gosto. Eu me dava

À esquerda: O pai de Linda, Lee Eastman. Sussex, 1983

À direita: Mary e Jet, fim dos anos 1970

bem com ele, mas ele era um pouco severo. É meio daí que vem o "sargento-mor". Em parte, é uma referência à canção de Gilbert e Sullivan "I Am the Very Model of a Modern Major-General". Parcialmente, também, uma citação de *Bootsie and Snudge*, seriado de televisão do Reino Unido, que tinha um personagem chamado Sargento-mor Claude Snudge.

"*Mater*", que significa "mãe", remonta às minhas aulas de latim na escola. Essa é uma figura materna imaginária, embora eu ache justo dizer que, ao fundo, o fantasma de minha mãe verdadeira sempre assoma em algum lugar.

O fato é que inventei tudo, toquei no violão, voltei à casa da fazenda e toquei para Linda. Perguntei o que ela achava. Ela gostou! E foi esse o resultado de minha tarde no alto da colina. Não era o Monte Sinai e não voltei com as Tábuas da Lei, mas voltei com "Jet".

ready for take off...

JET

PAUL McCARTNEY and WINGS

Apple Single 1871

Junior's Farm

COMPOSITORES Paul McCartney e Linda McCartney
ARTISTA Paul McCartney e Wings
GRAVAÇÃO Soundshop Recording Studios, Nashville
LANÇAMENTO Single, 1974

You should have seen me with the poker man
I had a honey and I bet a grand
Just in the nick of time I looked at his hand
I was talking to an Eskimo
Said he was hoping for a fall of snow
When up popped a sea lion ready to go

Let's go, let's go, let's go, let's go
Down to Junior's Farm where I want to lay low
Low life, high life, oh let's go
Take me down to Junior's Farm

At the Houses of Parliament
Everybody's talking 'bout the President
We all chip in for a bag of cement
Ollie Hardy should have had more sense
He bought a gee-gee and he jumped the fence
All for the sake of a couple of pence

Let's go, let's go, let's go, let's go
Down to Junior's Farm where I want to lay low
Low life, high life, oh let's go
Take me down to Junior's Farm
Let's go, let's go
Down to Junior's Farm where I want to lay low
Low life, high life, oh let's go
Take me down to Junior's Farm
Everybody tag along

I took my bag into a grocer's store
The price is higher than the time before
Old man asked me, why is it more?
I said, you should have seen me with
the poker man
I had a honey and I bet a grand
Just in the nick of time I looked at his hand

Let's go, let's go, let's go, let's go
Down to Junior's Farm where I want to lay low
Low life, high life, oh let's go
Take me down to Junior's Farm
Let's go, let's go
Down to Junior's Farm where I want to lay low
Low life, high life, oh let's go
Take me down to Junior's Farm
Everybody tag along
Take me down to Junior's Farm

Take me back
Take me back
I want to go back
Yeah, yeah, yeah

Acima: Com Stella e James. Escócia, 1982

LINDA E EU FUGIMOS – FRONTEIRA ESCOCESA ADENTRO, PASSANDO reto por Gretna Green, que na verdade fica no caminho – e fomos morar na fazenda que eu tinha comprado uns anos antes. Para ser sincero, eu não estava muito convicto disso, mas Linda sim. Ela abriu meus olhos para ver como o local era lindo.

Passamos um bom tempo na fazenda, só criando os filhos e trabalhando na agropecuária. Tornou-se uma espécie de refúgio, e era bom se afastar de Londres e da cidade – mas tudo tem seus prós e contras. Eu pilotava um trator Massey Ferguson 315 para segar o feno, e adorava isso porque quando criança sempre fui um fanático pela natureza e, em meio a toda essa liberdade, não me faltava tempo para pensar – "*Down to Junior's Farm where I want to lay low*". Era um alívio sair daquelas reuniões de negócios com esse pessoal de terno, o tempo inteiro falando tão sério, e ir à Escócia e poder ficar à vontade, só de camiseta e calça de veludo cotelê. Era essa a mentalidade que me dominava quando fui compor esta canção. A mensagem básica é: vamos dar o fora daqui. Você pode dizer que é minha canção pós-Beatles sobre "dar-o-fora-da-cidade".

O Wings se bandeou para Nashville para se aglutinar como banda. Tínhamos perdido um guitarrista e um baterista antes de gravar *Band on the Run*, e agora tínhamos dois novos membros. Então a ideia era ensaiar e gravar umas canções, e uma delas era esta. Ficamos na casa de um compositor chamado Curly Put-man, que compôs "The Green, Green Grass of Home". Acho que ele e a esposa tinham saído de férias, e o lugar ficou só para nós.

Minha própria fazenda ficava bem retirada, mas ali estávamos numa espécie de rancho, muito estadunidense e muito diferente da Escócia. Vastas planícies em vez de colinas onduladas. Cadeiras de balanço na varanda. Então decidi entrar numa fantasia para criar as estrofes. A canção "Maggie's Farm", de Bob Dylan, tinha sido lançada quase uma década antes, em 1965, e sem dúvida foi uma influência para esta canção. E o "esquimó" é provavelmente o Mighty Quinn da canção de Dylan, "Quinn the Eskimo". A estrofe que começa com *I took my bag into a grocer's store/ The price is higher than the time before* - bem, isso é sempre muito relevante, porque muita gente precisou apertar o cinto, já que o começo dos anos 1970 foi um período financeiro difícil para o povo, e a grana andava curta. Por que tudo está bem mais caro do que de costume?

Agora, aquela segunda estrofe. Nem sempre eu canto essa estrofe quando tocamos esta canção ao vivo, por isso, às vezes ela não aparece na letra: "*At the Houses of Parlia-ment/ Everybody's talking 'bout the President/ We all chip in for a bag of cement*". Esta canção foi gravada no verão de 1974 e lançada em outubro do mesmo ano. Por volta da mesma época, Richard Nixon teve sua audiência de impeachment; na verdade, acho que ele teve que renunciar em desonra naquele verão. A ideia da canção era dar a ele a chamada despedida da Máfia. Não acho que exista um motivo para não cantarmos essa estrofe hoje. Pode ser apenas que isso torne a canção muito longa e já temos quarenta canções em nosso set list.

Existem modismos na música e nas canções, e na época do álbum *Band on the Run*, que esta canção seguiu, a moda era essa ideia do bandido, parcialmente um reflexo da canção "Desperado", dos Eagles - sem falar na popularidade de Butch Cassidy e Sundance Kid. Apenas levamos isso a um nível mais amplo e pessoal. A ideia era que todos estávamos fugindo da lei. Quando você está fumando maconha, os policiais se tornam uma preocupação, caso perguntem: "Que cheiro é esse?". Você sabe que não é culpado, mas se sente culpado porque acha que será acusado de uma contravenção, e eles podem prendê-lo por isso. Na minha infância era diferente; naquela época, um policial para mim era só um velho e amigável guardinha fazendo sua ronda, e não havia muitas associações negativas com a polícia. Uma vez, porém - uma ou duas vezes -, me fizeram parar quando eu estava ao volante de meu carro novo, o meu primeiro carro, um Ford Consul Classic. Eu era um pouco novinho demais para ter um carro tão reluzente, e o policial me parou: "Onde é que você conseguiu este carro?". Sabe, eu era um garoto de Liverpool e parecia que eu tinha acabado de roubá-lo. Respondi: "É meu. Eu o comprei".

"Junior's Farm" continua funcionando ao vivo, e em geral a colocamos no início do set. Tem muitos elementos que funcionam bem - uma introdução reconhecível, uma boa e constante levada rock'n'roll, sem falar na letra interessante e ligeiramente surreal e no refrão empolgante de "*Let's go, let's go*". Isso insufla nas pessoas a vontade de espairecer e, bem na hora H ("*just in the nick of time*"), escapulir para sua própria variante da "Junior's Farm", seja lá qual for o seu refúgio - seja onde for, um lugar para sumir, se esconder e só se enfurnar.

1. You should have seen me with the Poker man
I had a honey and I bet a grand
Just in the nick of time I looked at his hand
I was talking to an Eskimo
Said he was hoping for a fall of snow
When up popped a sea-lion ready to go

2. At the Houses of Parliament
Everybody's talking 'bout the President
We all chip in for a bag of cement
Ollie Hardy should have had more sense
He bought a gee-gee and he jumped the fence
All for the sake of a couple of pence

3. I took my bag into a grocer's store
The price is higher than the time before
Old man asked me "Why is it more?"
You should have seen me with the Poker man
I had a honey and I bet a grand
Just in the nick of time I looked at his hand

Chorus: Let's go, let's go, let's go, let's go
Down to Junior's Farm where I want to lay low
Low life, high life, let's go, let's go
Take me down to Junior's Farm
Everybody tag along
Take me down to Junior's Farm

apple single R 5999
Marketed by EMI Records
20 Manchester Square, London, W1A 1ES.

Acima, à esquerda: Escócia, 1974

Acima, à direita: Nashville, 1974

But just in the nick of time I looked at his hand.
lets go, lets go –

(2) I was talking to an Eskimo –
said he was hoping for a fall of snow –
And up popped a sea lion ready to go

CHORUS   lets go .. .. down to juniors farm
                              where I wanna lay low
                                    when
low life ~~lets~~ high life   oh lets go (go life go!)
                        Take me
                heading down to Juniors Farm

~... students union – – – – –

(3) At the houses of Parliament,
Everybodys talkin bout the President
All chip in for a bag of cement.
   (Everybody Tags along.)

(4) Ollie Hardy should have had
                              more sense
He bought a geegee and he
                              jumper a
                                    fence
All for the sake of a couple
          3 – of pence!

(3) Took my bag into a grocery store (gross restore)
The prices too higher than the time before
Old man asking Colin is it more?   (Everybody tags along)

Junk

COMPOSITOR	Paul McCartney
ARTISTA	Paul McCartney
GRAVAÇÃO	Em casa, Londres; e Morgan Studios, Londres
LANÇAMENTO	*McCartney*, 1970

Motor cars, handlebars, bicycles for two
Broken-hearted jubilee
Parachutes, army boots, sleeping bags for two
Sentimental jamboree

Buy, buy, says the sign in the shop window
Why? Why? says the junk in the yard

Candlesticks, building bricks, something old and new
Memories for you and me

Buy, buy, says the sign in the shop window
Why? Why? says the junk in the yard

Acima: Com Wilfrid Brambell. *A Hard Day's Night*, 1964

<blockquote>
W
</blockquote>

ILFRID BRAMBELL, O ATOR IRLANDÊS, INTERPRETOU O personagem do meu avô "bem limpinho" no filme dos Beatles *A Hard Day's Night*. Ele também estrelava *Steptoe and Son*, o famoso sitcom da BBC. O seriado enfocava os constantes conflitos entre Albert Steptoe, muitas vezes chamado de "velhote sujo", e o filho dele, Harold, um personagem fadado a ter aspirações sociais que aparentemente nunca vão se materializar. Acho que todos nós estamos familiarizados com esse cenário!

Se me permitem usar uma expressão antiquada, o ambiente de "Junk" foi influenciado pela loja de "trecos e cacarecos", o cenário principal de *Steptoe and Son*. Essa loja, um misto de quinquilharias e ferro-velho, se tornou tão familiar para o público britânico nas décadas de 1960 e 1970 quanto o rancho de *Bonanza* ou a mansão em *The Beverly Hillbillies*.

O gatilho da canção, como de muitas outras, foi uma sequência de acordes legais e, depois, a melodia. Sei que pode soar estranho, mas o acorde inicial desta canção realmente me faz pensar em um ferro-velho ou nos fundos de uma loja. O tipo de atmosfera na qual, se eu estivesse escrevendo um romance, eu gostaria de situar uma cena. Quem costuma fazer isso é o Dickens. Os fundos de uma loja, um porão ou até mesmo a fundição Rouncewell em *A casa soturna*. Aqui temos "*Motor cars, handlebars, bicycles for two*". Muita gente vai reconhecer que "bicicletas para duas pessoas" é uma reciclagem da canção "Daisy Bell (Bicycle Built for Two)". Essa canção de Harry Dacre, feita em 1892, tornou-se um grande sucesso com Nat King Cole, em 1963.

Não que a reciclagem fosse um tópico muito importante na década de 1960. Em parte, é porque a ideia de obsolescência programada ainda não havia decolado. Naquela época, se você comprasse um carro, ele precisava durar muito tempo. Poderia até ser transmitido de geração em geração. Quando eu era menino, você se apegava às coisas. Hoje eu tenho o instinto de me apegar às coisas e, mais do que isso, espero que elas durem. Por isso, esta canção serve de

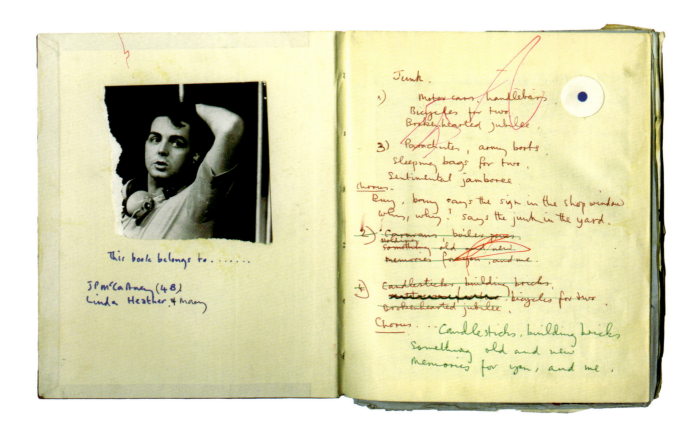

comentário sobre a sociedade de consumo. Esta é uma coisa que você faz como compositor: comenta sobre a sociedade e transmite uma opinião. Coloco opiniões em minhas canções – nem sempre uma opinião que eu tenho, mas pode ser uma opinião que ouvi, gostei ou que me interessa. Assim, a ideia de que as coisas vão ficar inúteis depois que você comprar é um comentário sobre o consumismo da sociedade. Ao que parece, foi só a partir da década de 1960 que atravessamos a linha de ter necessidades para ter desejos e então agir de acordo com esses desejos. De modo que esta canção entra nesse contexto.

Mas é basicamente uma canção de amor. De bicicletas para duas pessoas passamos a sacos de dormir para duas pessoas ("*sleeping bags for two*"). E logo depois temos o verso "*Buy, buy, says the sign in the shop window*", que soa como um amante dizendo "*Bye-bye*", e então o interlocutor indaga melancolicamente: Por quê, por quê? ("*Why, why?*"). É como se a sucata no quintal ("*the junk in the Yard*") estivesse exigindo uma explicação para essa ânsia de obter algo – ou alguém – novo.

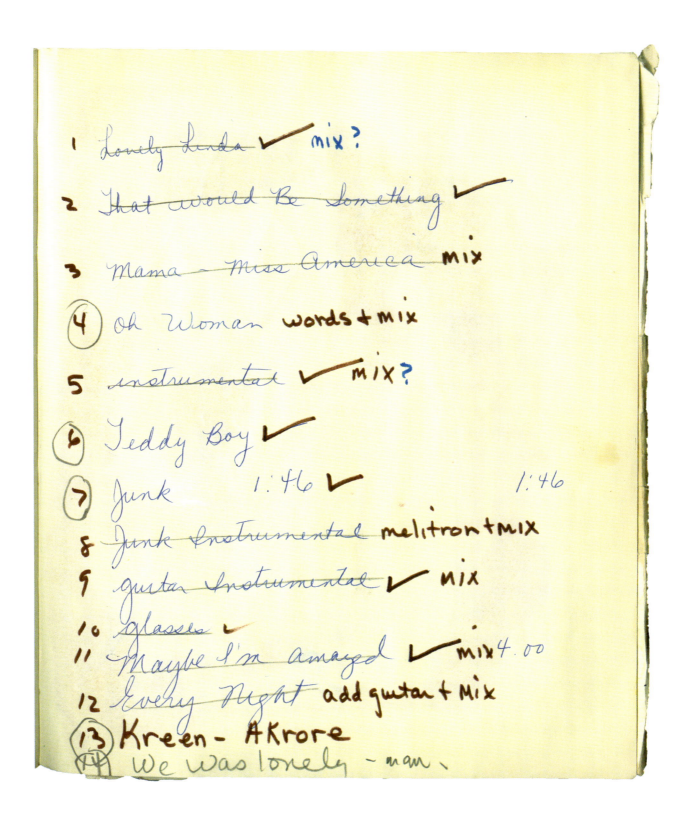

Notas para *McCartney*, 1970

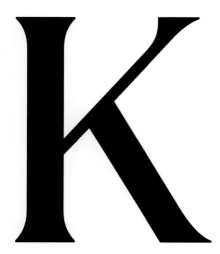

The Kiss of Venus 394

The Kiss of Venus

COMPOSITOR	Paul McCartney
ARTISTA	Paul McCartney
GRAVAÇÃO	Hog Hill Mill, Sussex
LANÇAMENTO	*McCartney III* , 2020

The kiss of Venus
Has got me on the go
She scored a bullseye
In the early morning glow
Early morning glow

Packed with illusions
Our world is turned around
This golden circle has a
Most harmonic sound
Harmonic sound

And in the sunshine
When we stand alone
We came together with
Our secrets blown
Our secrets blown

Now moving slowly
We circle through the square
Two passing planets in the
Sweet, sweet summer air
Sweet summer air

And in the sunshine
When we stand alone
We came together with
Our secrets blown
Our secrets blown

Reflected mountains in a lake
Is this too much to take?
Asleep or wide awake?
And if the world begins to shake
Will something have to break?
We have to stay awake

Packed with illusions
Our world is turned around
This golden circle has a
Most harmonic sound
Harmonic sound

And in the sunshine
When we stand alone
We came together with
Our secrets blown
Our secrets blown

The kiss of Venus
Has got me on the go
She scored a bullseye
In the early morning glow
Early morning glow

The kiss of Venus
Has got me on the go

O LIVRO DAS COINCIDÊNCIAS: A HARMONIA DOS PLANETAS, DE John Martineau, é um minitratado sobre os planetas, suas órbitas e as revoluções do Sol e da Lua. Eu o reli faz pouco tempo. É uma leitura fascinante, pois quem concebeu esse livro visualizou essas órbitas e revoluções. Por exemplo, do ponto de vista geocêntrico, Vênus traça um pentagrama ao redor da Terra a cada oito anos.

Quando eu li o livro pela primeira vez, fiquei surpreso ao ver esses designs complexos no universo, e isso me fez pensar: "Sim, é mágico... Essa vida, a interdependência de tudo, as árvores fornecendo oxigênio; há tanta coisa mágica acontecendo".

Falando em coisas mágicas, quando tocamos no Festival de Glastonbury em 2004, adorei a ideia de que provavelmente estávamos na confluência de linhas retas, as linhas que cruzam o globo e ao longo das quais se acredita que nossos ancestrais fundaram cidades significativas. Esse tipo de história me atrai. Glastonbury também é considerado o lugar em que o Rei Arthur está enterrado. De uma forma ou de outra, é um lugar muito especial e tem uma *vibe* muito vívida. Não há como negar: o local tem uma aura distinta.

Desde os anos 1960 eu me interesso por constelações, cosmologia e sons cósmicos. O livro de Martineau também aborda o som - a música das esferas -, em que cada planeta emite uma nota diferente. Isso, para mim, é muito "hippie" - toda essa ideia de apenas curtir as coisas simples da vida e de estar em harmonia com a natureza. "*We came together with/ Our secrets blown*" - não estamos tentando esconder nada, estamos desnudos na chuva, entramos em sintonia com nossos segredos revelados, e o cosmos cuida de seus afazeres.

Pensar nessas coisas maiores nos torna humildes. Aqui estamos nós, pequenos pontos neste planeta, ele próprio um pontinho no universo, e ao mesmo tempo no coração de tudo. E temos esse modelo da flor de lótus, que ao menos algumas religiões (budismo e hinduísmo) consideram um símbolo importante.

Outra coisa que aprendi no livro de Martineau é que de vez em quando Vênus passa bem pertinho da Terra, fenômeno conhecido como "o beijo de Vênus". Isso bastou para incendiar a minha imaginação. Esse foi o embalo que me pôs em movimento.

"*Two passing planets in the/ Sweet, sweet summer air*". É como se nós, na condição de pessoas, fôssemos planetas que passam - um pouco como navios passando à noite. A sequência "*Now moving slowly/ We circle through the square*" me lembra de "*through the fair*" ("pela feira"), expressão usada em muitas baladas, inclusive na tradicional balada irlandesa, "She Moved Through the Fair". A ideia de esquadrar o círculo ("*squaring the circle*") - de fazer algo impossível - também está à espreita em algum lugar na vegetação rasteira desse verso. Em certo sentido, cada canção supera a grande chance de acabar nem sendo escrita.

Car Ave 12.7.18.

HARMONIC SOUND

1. Packed with illusions
My world is ~~turning~~ turned around
~~The~~ This golden circle
~~The kiss of Venus~~
Has a most harmonic sound
      (harmonic sound)

~~Any golden circles~~

2. The kiss of Venus
Has got me on the go
She scored a bulls eye
In the early morning glow
      (early morning glow)

CH   And in the Sunshine
where we stand alone
we came together
with our secrets blown
      (secrets blown)

3. Now moving slowly
we circled in the Square
~~Two passing planets~~
~~and came together~~ in the
Sweet sweet summer air
      (sweet summer air)

CH.   And in the Sunshine ... etc.

[MID] Reflected mountains
in a lake
Is this too much to take.
Asleep or wide awake

1. Packed with illusion
my world is turned around
This golden circle
Has a most harmonic sound.

THE KISS OF VENUS

① The kiss of Venus
Has got me on the go
She scored a bullseye
In the early morning (glow) ↑show
("   ")

② Packed with illusion
Our world is turned around
This golden circle has a
Most harmonic sound
("   /   "   ")

(Bridge) And in the sunshine
When we stand alone
We came together with
Our secrets blown
("   ")

③ Now moving slowly
We circle through [IN] the square
Two passing planets in the
Sweet sweet summer air
("   "   ")

(Bridge) And in the sunshine when we stand alone
We came together with our secrets blown (our)

[MID] Reflected mountain in a lake / is this too much to take?
Asleep or wide awake /   REPEAT
And if the world begins to shake / will something have to
We have to stay awake .   break?

④ The kiss of Venus   ↗ ("   ")
Has got me on the go   ("   ")
She scored a bullseye
In the early morning g (show) ↑low
("   "   ")

V 1
V 2
① B
V 3
② B
m
V 2 ─ B ③
m
V 1
end

Como atração principal
do Festival de Glastonbury,
Inglaterra, 26 de junho
de 2004